ミネルヴァ日本評伝選

道理を信じ、道理に生きる

天野貞祐

貝塚茂樹著

ミネルヴァ書房

刊行の趣意

「学問は歴史に極まり候ことに候」とは、先哲荻生徂徠のことばである。
歴史のなかにこそ人間の智恵は宿されている。人間の愚かさもそこにはあらわだ。この歴史を探り、歴史に学んでこそ、人間はようやくみずからの正体を知り、いくらかは賢くなることができる。新しい勇気を得て未来に向かうことができる。徂徠はそう言いたかったのだろう。

「ミネルヴァ日本評伝選」は、私たちの直接の先人について、この人間知を学びなおそうという試みである。日本列島の過去に生きた人々の言行を、深く、くわしく探って、そこに現代への批判を聴きとろうとする試みである。日本人ばかりではない。列島の歴史にかかわった多くの異国の人々の声にも耳を傾けよう。

先人たちの書き残した文章をそのひだにまで立ち入って読み、彼らの旅した跡をたどりなおし、彼らのなしとげた事業を広い文脈のなかで注意深く観察しなおす——そのとき、はじめて先人たちはいまの私たちのかたわらによみがえってくる。彼らのなまの声で歴史の智恵を、また人間であることのよろこびと苦しみを、私たちに伝えてくれもするだろう。

この「評伝選」のつらなりのなかから、列島の歴史はおのずからその複雑さと奥ゆきの深さをもって浮かび上がってくるはずだ。これを読むとき、私たちのなかに新たな自信と勇気が湧いてきて、その矜持と勇気をもって「グローバリゼーション」の世紀に立ち向かってゆくことができる——そのような「ミネルヴァ日本評伝選」にしたいと、私たちは願っている。

平成十五年（二〇〇三）九月

上横手雅敬
芳賀　徹

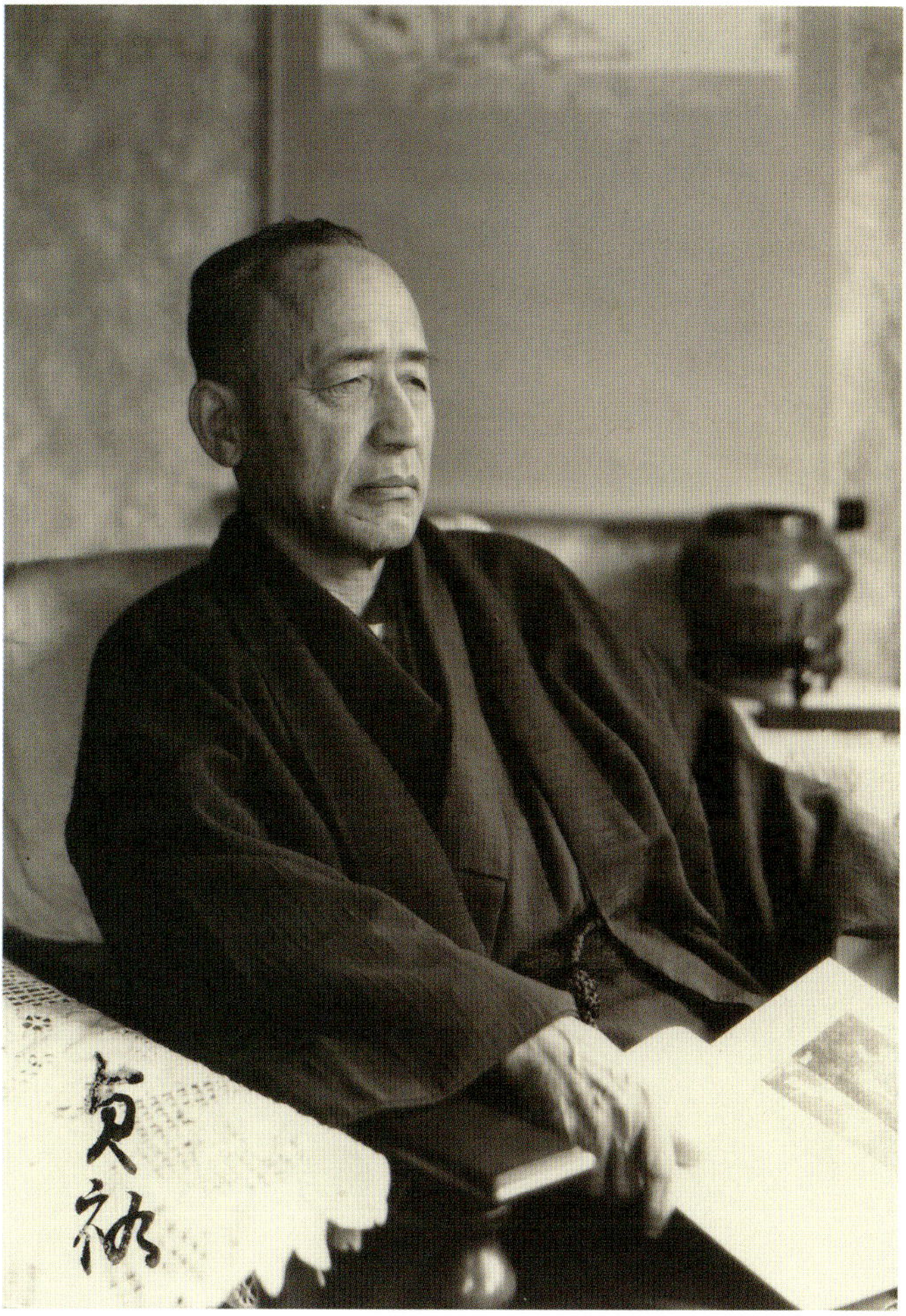

自宅で思索する天野

復元された書斎（獨協学園史資料センター内）

最後の揮毫となった『独協百年』の題字

一高時代の天野（右端）

はしがき

野球殿堂入りした哲学者

ＪＲ総武線の水道橋駅、地下鉄丸の内線では後楽園駅から徒歩四分程で東京ドームに着く。東京ドーム二十一ゲート右側に野球殿堂博物館がある。日本の野球の発展に多大な貢献をした人々の功績を永久に讃え、これを顕彰する目的で一九五九年（昭和三十四）に設立された。設立時の名称は、野球専門博物館で東京ドームの前身である後楽園球場に隣接する場所に開設されていたが、一九八八年（昭和六十三）の東京ドームの完成にともなって移設された。野球殿堂博物館のモデルとなったのは、一九三九年にアメリカに創設された野球殿堂であると言われている。

館内に入ってすぐの受付隣にあるエレベーターか階段を降りて行くと、正面に殿堂ホールがある。中に入ると殿堂入りされた人々の表彰レリーフ（ブロンズ製胸像額）が整然と掲げられている。野球ファンならずとも聞き覚えのある懐かしい名前と再会することができ、時を忘れて往事を懐かしむことができる。決して広くはないが、静かでゆったりとした空間の中で、往年の業績を記したレリーフはどこか誇らしげであり、数々の偉業は訪れる人々を温かく圧倒する。

ここに意外な人物のレリーフがある。本書の主人公の天野《あまの》貞祐《ていゆう》（一八八四〜一九八〇）である。野球選手ではない。野球の経験はあるが、選手として何ら特筆すべき足跡を残したわけでもない。おそらく、野球殿堂博物館を訪れる人々のほとんどは天野を知らないはずである。実は、野球殿堂の表彰者には、大きく競技者表彰と特別表彰に分けられていた（現在は、「プレーヤー部門」「エキスパート部門」「特別表彰」の三つに分類されている）。かつての競技者表彰は、現役を引退したプロ野球選手で、引退後五年を経過した人が選考対象となる。一方、特別表彰は、現役を引退したアマチュア野球の競技者やプロ及びアマチュア野球の発展に顕著な貢献をした人を対象としたものである。選手としての業績が皆無といってよい天野は、いうまでもなく特別表彰である。

天野は、一九七三年（昭和四十八）に野球殿堂入りを果たした。満八十九歳の時である。天野の表彰レリーフには次のような顕彰文が刻まれている。

カント哲学の権威で一高校長。文部大臣、日本育英会会長などを歴任。少年時代から野球を熱愛し、50余年の教育生活で常にスポーツ精神の尊さとその実践の必要を説きつゞけた。安部磯雄について第二代学生野球協会の会長となり、戦後学生野球の復興と秩序の確立に尽瘁し、学生野球憲章の制定、学生野球会館の創設など多くの業績を残した。

「学生野球の父」と称され、早稲田大学野球部の創設者であった安部磯雄《あべいそお》が一九四九年（昭和二十四）二月に八十三歳で死去した。空席となった日本学生野球協会の会長として推挙されたのが、当時、大日本育英会（現在の日本学生支援機構）の会長を務めていた天野であった。同年六月三十日に会長就任の要請を受けた天野はこれを承諾し、同年七月十日に第二代日本学生野球協会会長に就任した。この時、東京大学野球部監督を務めていた神田順治《かんだじゅんじ》は、一九八〇年（昭和五十五）三月六日の天野の逝去に寄せた談話の中で、天野の会長就任の経緯を次のように述べている（『毎日新聞』一九八〇年三月六日夕刊）。

日本学生野球協会の初代会長、安部磯雄さんが亡くなられた時、僕が強く推して二代目会長に就任していただいた。西田幾多郎先生の弟子だった天野先生が豊富な著書の中で、難解な西田哲学も野球にたとえればたやすく説明できると、独特の野球哲学を展開しておられるのを読んだからだ。戦時中、軍部からＮＨＫの野球放送をやめろと圧力がかかった時「この困難な時代に唯一の娯楽である野球をとりあげてしまうのは愚の骨頂だ」と抵抗された。

神田は、一九五二年（昭和二十七）に天野の野球などのスポーツに関わる論稿をまとめた『私のスポーツ観』（河出書房）を天野貞祐著、神田順治編として出版している。その動機を神田は、「先生の多くの文章の中に先生の愛好される野球によってスポーツを語り、スポーツを通して人生を説き、スポーツマンシップやフェア・プレーを述べておられ、それが青少年の教養の糧になり、又正しいスポーツ普及に大に寄与すると考え、そのような文章を一書にまとめることを思い至った」と述べている。

たしかに野球に言及した天野の文章は決して少なくはない。また、講演でもしばしば野球に触れた話をしている。神田がいうように、野球を引き合いに出した天野の話は、時として自らの人生観や人間観、そして道徳観と重ね合わされた。例えば、野球のチームは一つの社会であり、「生きた全体」であるという天野は、「野球チームという全体的使命をはなれて投手も捕手もその他いずれの役割も意味を有しない、逆に各選手の職分を別にしてチームの使命は成立しない」と説明する。このことは野球だけでなく一般社会にも敷衍される。私達の社会も全体をはなれて個体は成立せず、個体をはなれて全体も成立しないために、各成員がそれぞれ独立の活動を営むことで全体の活動となる。全体の活動は各成員の活動であり、各成員の活動の調和が全体の活動となる。したがって、「全体を強くする道は、各自がそれぞれの持ち場において全力を傾けるにある。各自の持ち場に全身全力を傾けることがチームを強くすることである」というのが天野の説明であった。ただし、それは各成員の個性を否定することではなく、むしろその充実であるとする天野は次のように続ける（『私のスポーツ観』）。

全体的とは各成員が同一になることではない、その特殊性を放棄してしまうことではない、直接にではなくして各自の持ち場を通じて全体へ参与することである。直接に全体へ関与する為めに他人の持ち場にまで干渉することをもって全体的と考える人があるならば、この上ない迷妄と言わねばならぬ。自己の分を守り自己の分に誠を尽すことが全体的なのである。

「自己の分を守り自己の分に誠を尽す」。これがスポーツ精神であるという天野は、ここに人間の本分があるとも述べている。絶えず自己のみのことを考え、自己の利害だけに関心を向けることは卑しむべきことである。自己を超え、自己を否定することなしに道徳はあり得ず、道徳のないところに人間的存在はない。しかし、自己のない生存は人間的な存在とはいえず、その分かれ目は自覚的か否かにある。問題は、「この自覚が単なる個人的自覚に止まらずして全体のモメントとしての個人の自覚へと高められねばならぬ」ということである。

西田哲学と野球

神田が目にしたのは、こうした趣旨の天野の文章であったに違いない。神田がいうように、天野を西田幾多郎《にしだきたろう》（一八七〇～一九四五）の「弟子」というべきかどうかは評価が分かれる。少なくとも直接の弟子ではない。しかし、天野が生涯にわたって西田を尊敬し、西田哲学に傾倒しながら、一般には難解な西田哲学を野球に喩えてわかりやすく説明したのは確かである。

たとえば、『学生に与ふる書』（一九四三年）に収載された講演記録「創造的人生観」で天野は、西田哲学における「一即多、多即一」に言及している。天野によれば、西田哲学の最も重要な命題は次のようなものである。すなわち、「個体は自己によって存在し、自己によって働き自ら自己を限定する。けれども個体は他の個体をまって個物たりうるのであって唯一の個体というものはない。個体として考えられうるためには他の個体と区別せられねばならない。更に一が他と区別せられるためには両者に共通のものがなければならない」。そして両者を媒介するものが環境であり世界である。この世界は一でもなく多でもない。一であって多であり、多であって一である。「一即多、多即一」は矛盾したことであるが、世界はそうした矛盾の統一、矛盾の自己同一である。世界が「一即多、多即一」の矛盾的自己同一であることを天野は次のように続けている（天野貞祐全集2）。

> 一つのチームは即ち九人の選手であり、九人の選手は即ち一つのチームであります。投手は投手だけでは投手たり得ない、捕手その他のメンバーをまってはじめて投手たり得ます。他の選手においても同様であります。各成員がそれぞれ独立な活動を営み、しかも一つの活動となる。一つの活動は多の活動であり、多の活動は一つの活動であります。世界は一と多との矛盾的自己同一であるという西田哲学の命題はこの卑近な事実を考えることによって把握されうるように考えられるのであります。

本書で述べるように、こうした理解は、天野の中では「国家と個人」「日本と世界」の関係性の問題として敷衍され、天野の国家観、教育観の骨子となっていった。

「日本学生野球憲章」の起草

天野の野球界への功績は、「日本学生野球憲章」の制定である。これは、天野の指導の下で、副会長の外岡《とのおか》茂《も》十郎《じゅうろう》（早稲田大学教授）、尾高《おだか》朝雄《あさお》（東京大学教授）らが参加して一九四九年（昭和二十四）八月から起草作業が開始され、一九五〇年（昭和二十五）一月二十二日に発表されたものである。

「日本学生野球憲章」は、前文と全四章二十五条からなり、アマチュアリズムの確立、無報酬主義の宣言などを掲げたが、その趣旨と理想を高らかに宣言した前文は天野が自ら筆をとったものであった。「日本学生野球憲章」の制定は一九六一年（昭和三十六）までの十二年六ヶ月に及ぶ天野の会長在任期間の中で特筆すべき業績であるが、特に前文には天野の教育観が色濃く反映されたといえる。それは、次のような文章である。

われらの野球は日本学生野球として日本人たることと学生たることとの自覚を基礎とする。日本人たることを忘れたり、学生の持場を逸脱したりしてはわれらの野球は成り立ち得ない。勤勉と規律とはつねにわれらと共にあり、怠惰と放縦とに対しては不断に警戒されなければならない。元来野球はスポーツとして其れ自身意味と価値とを持つであろう。しかし学生野球としてはそれに止まらず試合を通じてフェアの精神を体得すること、幸運にも驕らず非運にも屈せぬ明朗強靭な情意を涵養すること、いかなる艱難をも凌ぎうる強健な身体を鍛錬すること。これこそ実にわれらの野球を導く理念でなければならない。この理念を想望してわれらここに憲章を定める。

この前文には、これまで述べてきた天野の野球観や学生観が如実に示されている。ところが、この冒頭の文章は、後に「われらの野球は日本の学生野球として学生たることの自覚を基礎とし、学生たることを忘れてはわれわれの野球は成り立ち得ない」と変更された。つまり、天野の起草した前文から、「日本人たること」や「学生の持場を逸脱しては」といった表現が削除されたのである。この二つの表現は、天野の思想の特徴をなす重要な要素でもあるが、これらが削除されたことは天野の思想が戦後社会との間で緊張と乖離を抱え込んだことを象徴的に示していた。同時にそれは、戦後社会における天野の位置を見定める一つの指標ともなっている。

天野を考え、天野から考える　筆者はかつて、戦後教育における天野の役割をまとめた小稿を書いたことがある。そこでは副題を「道理を尊び、道理を畏れた教育改革の実践者」とし、天野の人生を大よそ次のように略記した（「天野貞祐」『人物で見る日本の教育』）。

一八八四（明治十七）年、神奈川県津久井郡鳥屋村（現在の相模原市）生まれ。獨逸学協会学校中学校、第一高等学校を経て京都帝国大学に入学。カント哲学を学ぶ。第七高等学校教授、学習院教授を経て、一九三一（昭和六）年に京都帝国大学教授。退官後は、甲南高等学校校長、第一高等学校校長を歴任した後、一九五〇（昭和二十五）年に文部大臣に就任。中央教育審議会会長、獨協大学学長、自由学園理事長などを歴任した。一九八〇（昭和五十五）年に死去。享年九十五歳。

もちろん、この程度の記述で一人の人物の人生の断片すら描けるはずはない。事実、ここには天野と野球とを結びつける痕跡すら表現されてはいない。しかし、実際には天野と野球との関わりを窓口に見ただけでも、天野の人生の奥行きと幅広さ、そして天野の思想の重要な一端を導き出すことができる。また、西田哲学とは一見関係のない野球を例としながら、難解な哲学の核心を具体的でわかりやすく説明することは天野の特徴であった。それがまた、天野の著作が数多くの読者を得た魅力であったといえる。

ところで、天野貞祐という一人の教育者であり哲学者の評伝を書く作業は、一見すれば難しいことではない。なぜなら、天野自身が、『忘れえぬ人々――自伝的回想』（一九四九年）や『教育五十年』（一九七四年）をはじめ多くの自伝的文章を書き残しているからである。また、志賀《しが》太郎《たろう》『教育者天野貞祐先生の生涯と思想』（一九八六年）、蝦《えび》名《な》賢三《けんぞう》『天野貞祐伝』（一九八七年）などの評伝も刊行されている。さらに、獨協学園からは天野の思い出や追想をまとめた『回想　天野貞祐』（一九八六年）が詳しい年譜を添えて刊行されている。天野の人生を辿るための資料は比較的充実しており、天野の人生と向き合うための環境には恵まれている。

しかし、その上で新たな評伝を書くということは、こうした天野の自伝や評伝に依拠し、整理するだけでは済まされない、ということでもある。求められるのは、叙述する側がどのような観点から対象と向き合うか、言い換えれば、天野の何を知りたいのかという視点と思いであろう。

本書では天野の何が知りたいのか。そう自問した時、私の頭には二つのことが浮かんだ。一つは、天野という一人の人間の歩みを人間形成史、思想形成史として捉えて見たいということである。そしてもう一つは、天野を時代の「格闘者」として捉えることで、天野から見えてくる「時代」を照射してみたいということであった。つまり、天野を初めから一個の完成された人格と捉えるのではなく、天野自身が時代と格闘し、思い悩み、挫折を繰り返しながら、如何にして自身の思想と教育観、そして人生観を形成していったのか。また、天野から見えてくる「時代」の意味を考えて見たいということであった。本書が念頭においたのは、いわば、「天野を考え、天野から考える」ということである。

天野とは何者なのか。天野の生きた「時代」とは何だったのか。天野は如何にして自らの人生と向き合い格闘したのか。こうした視点から、改めて天野の人生を辿った時、天野がどのような姿を見せてくれるのか。そして、それは現在の私達に何を問いかけるのか。そうしたことを考える旅に共に参加して頂ければ幸いである。

天野貞祐——道理を信じ、道理に生きる　目次

図版一覧

凡　例

一．原文が旧字体・歴史的仮名遣いの場合は、原則として新字体・現代仮名遣いに改めた。ただし、人名の表記など一部そのままとしたものもある。

二．年号については、西暦・元号の順で併記した。

三．人物の年齢は満年齢を基本とした。

四．引用の出典は、原則として書名・論文名のみを記載した。出版社、刊行年については、巻末の参考文献に明記した。

五．引用の出典のうち、全集については『天野貞祐全集』全九巻（栗田出版会）に拠った。本文の引用の表記にあたっては、（天野貞祐全集5）のように簡略化し、巻数を算用数字で示した。

六．人物の生没年は省略したが、特に天野と関わりの深い人物については表記した場合もある。

七．人物名及び難解な漢字には可能な限り振り仮名を付した。

第一章　挫折と立志

1　生い立ちと母

生い立ち

神奈川県相模原市緑区に鳥屋《とや》という地名がある。山梨県との県境にあり、相模湖からほど近い。二〇〇六年（平成十八）に相模原市に編入される前は、神奈川県津久井郡津久井町鳥屋であった。

天野貞祐は、一八八四年（明治十七）九月三十日に天野藤三《とうぞう》、タネ（種）の四男として生まれた。当時はまだ鳥屋村であった。「相模というと、ひとは鎌倉とか小田原とかいう湘南地方を考えるでしょうが、甲州境はひどい山国で、冬には硯の水もこおります。（中略）鳥屋村というのは、鳥のおる場処とでもいう意味から来た名なのでしょうか、とにかくひどい山国でありますと天野はたびたび述べている。硯の水が凍るばかりでなく、「浴後の手拭はたちまち板のようになる」ほどの寒さは、こ

津久井村（現相模原市）鳥屋の生家

の地方の特徴でもあった。「戸数は二百ほどで、文字通りの僻村」であった鳥屋村は、「時計のある家も新聞をとっている家も一、二軒にすぎなかった」（『忘れえぬ人々――自伝的回想』）という。天野の生まれた当時、文化の中心は横浜ではなく八王子であった。鳥屋村から八王子までの交通機関はなく、約二十キロの山道を歩かねばならなかった。

　天野家は、三多摩郷士の流れを汲む名門であり、代々地元の名主総代を務めた旧家であった。祖父の天野《あまの》三郎助《さぶろうすけ》（英景）は、塩野《しおの》適斎《てきさい》に儒学を学び、学問を好み漢学の素養があった。鳥屋村の中央を流れる串川を号とした。三郎助は主な和漢書のほとんどを所蔵しており、蔵書の虫干しは天野家の年中行事であった。「文明の風に遠く、質朴そのもの」の鳥屋にあって、天野家は名実ともに地方名望家の家柄であったといえる。三郎助の代には、旧旗本御家人たちが経済的な庇護を求めて数多く出入りしており、文人の食客がいつも家にいた。三郎助の蔵書もそうした人々を通じて買い求められた。三郎助と妻ハル（春）との間には一男二女があったが、長男の逸作は早逝している。三郎助は、長女のソウ（操）を嫁がせ、神奈川県南多摩郡の井上太郎兵衛の二男藤三を次女タネの婿養子とした。この二人が天野の両親である。ちなみに、三郎助とは天野家代々の襲名であり、天野家では三郎助と八郎兵衛を交互に使っていた。祖父の三郎助は隠居して後、三郎右衛門となった。天野家では、藤三の代から本名を名乗るようになった。

藤三は、一八七九年（明治十二）に鳥屋戸長となり、一八八九年（明治二十二）に村制が敷かれると鳥屋村長となった。この時まだ三十四歳の若さであった。藤三は、三多摩の自由党員として知られた森久保作造《もりくぼさくぞう》、村野常右衛門《むらのつねえもん》らと親しく交わり、藤三の代には三多摩壮士の出入りが多かった。藤三は、一八九九年（明治三十二）に県議会議員に当選して初代議長を務め、一九〇四年（明治三十七）に四十九歳で衆議院議員に当選し、中央政界に進出した。一九二五年（大正十四）に中央政界を引退した後は、再び鳥屋村の村長となり、一九二八年（昭和三）三月に七十四歳で逝去した。天野はこの時、四十四歳。京都帝国大学文学部の助教授であった。

藤三とタネは五男二女の子供に恵まれた。長兄の康三《こうぞう》は早稲田大学を卒業後に鳥屋に戻り、同じ津久井出身で「憲政の神様」「議会政治の父」と称された尾崎行雄《おざきゆきお》の妹である千代子《ちよこ》を娶った。行雄の父である尾崎行正《おざきゆきまさ》は、津久井郡又野村の医者であり、天野の祖父、三郎助とは旧知の間柄であった。二男の康虎《やすとら》は第一高等学校の法科へ二番で合格し、東京帝国大学へ進んだ。卒業後は司法官となり、朝鮮総督府判事として赴任したが、赴任からわずか一年後の一九一四年（大正三）に三十七歳で肺炎のために早逝している。また、三男の三祐《さんゆう》も第一高等学校の理科へ一番の成績で合格する秀才であり、後に広島大学教授となった。

藤三とタネとの夫婦関係は非常に良く、両親の姿は天野の理想でもあった。母のタネは外で仕事をする機会の多い藤三を助けながら子供の教育と家事を切り盛りした。後年天野は、「父も母を尊敬していたことが子供心にもわかっていました」としているが、「父と母とはいろんな意味で対蹠的」であったとも述べている。天野の回想は次のようなものである（『天野貞祐――わたしの生涯から』）。

父は頭脳が綿密で、計数に長じ、いわゆる秀才肌の人でした。父の理知的なのに対して、母は情意的で、父は背が高いのに母はひくく、父は字が上手なのに、母は下手でした。（中略）父に似た子供は頭脳が綿密で、字も上手ですが、母に似た子供はむしろ情意的で字も下手です。わたしは母に似た方で、背が短く、字も下手、秀才型ではありません。五人の兄弟のうち二男と三男は非常な秀才でした。祖父母も両親もこの二人を自慢にし、頼みにしていたことは当然のこととして、弟の私なども承認していました。

秀才であった二男の康虎と三男の三祐に対する「ひけめ」を天野はしばしば口にした。たしかに、祖父の三郎助が二人の兄、とりわけ康虎に向けた期待は大きく、康虎と三祐に対しては、三郎助が自ら漢籍の素読の手ほどきをした。もっとも、祖父母や両親の兄達への期待は、天野や他の兄弟への卑下を伴うものではなかった。しかし、「わたしなどは兄達にはどういう点でも及ばないから、自然なんとなく圧せられて、小さくなっていました。今日でもわたしがとかく不必要なほどにはにかみやで人おじをするのは、少年の頃の小さくなっていた影響ではないかとしばしば感じます」というように、天野の中では、二人への「ひけめ」が終生抜けることはなかった。

小学校への入学

天野は、一八九一年（明治二十四）に鳥屋村小学校（鳥屋学校）に入学した。天野が入学した時期、鳥屋村小学校（一八九二年に鳥屋村立尋常鳥屋小学校に改称）では、一時、高等科が廃止され、二ヵ年の補習科が置かれていた。校舎は諏訪神社境内の高いところにあり、裏は森で校舎も教室も広かった。校舎は二階建てで、二人いた教師は一階の尋常科と二階の補習科をそれぞれ担当し、複数の学級を同時に教えた。それは、「ある組で習字をしていると、他の組は読み方とか算数とかをする」というものであった。「学校は全くゆったりとのびのびしたもので、教科書を家へもってかえることなどはめったになく、持ちかえるにしてもせいぜい読本だけでした。その読本もわたしは家で復習や予習をした記憶を全くもちません」（『忘れえぬ人々——自伝的回想』）と天野は回想している。

天野は小学校から帰ると毎日のように串川に釣りに出かけ、夏になると四キロほど先の相模川の上流まで出かけて行って、泳いだり魚をとったりして過ごした。また、春と秋には、「山に入って茸類や珍しい草木などを探したり、栗を拾ったり、冬になると小鳥を捕る仕掛けを雑木林の中に造ったりした」という。天野にとって、学校よりも川や山の方がはるかに興味を惹く世界であった。

祖母と素読

天野の日常に変化が訪れたのは、祖父の三郎助の死によってであった。三郎助の没後、天野と姉と祖母のハル（春）の三人が祖父の書斎で寝起きを共にすることになった。目の衰えた祖母のために、天野は学校から帰ると本の「読み役」を務めた。この経験を通して天野は、

『三国志』『太平記』『平家物語』『八犬伝』『弓張月』などの古典に親しんだ。なかでも、『三国志』には興味を惹かれ、天野は学校から走って帰ると、これをむさぼり読んだという。天野家で所蔵していた『三国志』は、和綴五十冊のものであったが、後年天野は、「少年の日を追憶するごとに柔和な祖母とともにこの五十冊の三国志をなつかしく思い出さずにはいられません」と述べている。『三国志』をはじめとした古典との出会いは、天野を祖母の「読み役」に止めず、学問への興味と関心を刺激した。

古典の「読み役」は、母のタネから受けた素読の手解きが素地となっていた。天野にとってタネは、情意ゆたかな優れた女性であり、母としても女性としても理想の存在であった。「他人に厚くし、自分には薄くする、という人で労苦をいとわない力行の人でした。一家の尊敬の的だったばかりでなく、一村のだれからも敬われていた」。天野は母をこう評することを躊躇しなかった。もっとも、一方でタネは天野にとっては「厳しい人」とも記憶されている。とりわけ、素読の際は、「暗いランプの下で、母と向き合って正座し、母が読む『大学』なども繰り返し読ませられました。このことはわたしの人生行路へのまことに厳しい出発でした」と述懐している。

豊かな自然の中で何不自由なくのんびりした生活を送っていた天野は、次第に学問の世界へと目が開かれ、その素地が形成されていった。それを可能としたのが天野の育った家庭環境であり、特に祖父の残した蔵書は、幼少期の人間形成にとって貴重な財産であり恩恵でもあった。「少年の頃から和漢古典の書名を覚え、知らず識らず書物に親しんだことは、教育者への私の道の発端といえる」。天野はこう振り返っている。

恩師と野球との出会い

先にも述べたように天野が康虎と三祐に対する「ひけめ」を抱いていたとしても、天野が決して優秀でなかったわけではない。天野は、尋常小学校二年からは首席であったし、兄ほどではなかったとしても成績は良かった。とはいえ、兄達のように東京の中学校へ進学するためには、相当の受験準備が必要であった。補習科に入ると校長の中島庄太郎《なかじましょうたろう》が天野に「残り勉強」をさせるようになった。天野は、受験準備のために両親が特に中島に依頼したと考えていた。

中島は鳥屋の出身で、鎌倉師範学校に進学、卒業の後に鳥屋村小学校の校長として赴任していた。放課後の中島との「残り勉強」が終わると、チフス予防のために石炭酸をお互いに霧吹きで掛け合ったことを天野は懐かしい思い出として記憶している。また、天野の人生で大きな意味を持つ野球を教えたのも中島であった。

ところが、皮肉なことに、その中島がチフスに罹り帰らぬ人となってしまう。校長になってわずか二年余りの短い生涯であった。悲嘆に暮れた葬儀では、天野が児童を代表して弔辞を読んだ。中島の教育者としての熱意は、天野にあるべき教師像を提供することとなった。

2　獨逸学協会学校中学校への入学と「挫折」

一八九七年（明治三十）、天野は獨逸学協会学校中学校へ入学した。「兄弟のうち一人ぐらい医者になってもいいだろう」という父や兄の勧めという消極的な理由であった。この時、天野はまだ自分の将来については何も考えてはいない。

獨逸学協会学校は、一八八三年（明治十六）に創設された。天野が入学した当時、東京神田西小川町に校舎があり、一八九三年（明治二十六）には、普通科を獨逸学協会学校中学校と改称していた。

天野は、東京府立第一中学校（現在の日比谷高校）に通っていた康虎、三祐の兄達と有楽町の日比谷公園のそばに下宿し、神田まで徒歩で通学した。獨逸学協会学校は、品川弥二郎《しながわやじろう》を校祖・設立者とした長州閥系の名門私学であり、帝国議会開会前までは、明治法制官僚の登竜門であった。旧制中学の外に新制大学並みの「専修学校」をもち、西周《にしあまね》、青木周蔵《あおきしゅうぞう》をはじめ、加藤弘之《かとうひろゆき》、山脇玄《やまわきげん》や平田東助《ひらたとうすけ》などが獨逸学協会学校の委員長、校長を務めた。特に明治二十年代後半から大正期の獨逸学協会学校は、ドイツ語を第一語学にした特色を生かし、医師希望の全国の優秀な青少年を集めた進学校となっていた。大正のはじめまで、獨逸学協会学校中学校の第一高等学校への進学者数は全国一位であり、明治三十年代末には、第一高等学校への無試験推薦入学の枠を三名持っていたという（『回想　天野貞祐』）。当時の学校の様子を天野は次のように記している（『忘れえぬ人々――自伝的回想』）。

その頃は官公立と私立とのあいだにいわゆる学校差なるものはありませんでした。成績がわるいから私立というのではなく、大隈さんびいきは早稲田中学へ、江原さんのファンは麻布へ、医者になろうとする者は獨協へ、というぐあいに学校が選択され、開成、正則、日本などすぐれた私立中学がありました。（中略）獨協も伝統をもった品位ある中学で、生徒は矜持をもち、優秀な先生方がおられました。（中略）こういう卓越した学者から中学時代教えをうけたわたくしたちの幸福は非常なものでありました。

西小川町時代の獨逸学協会学校

天野のいう「優秀な先生方」には、大村仁太郎《おおむらじんたろう》、谷口秀太郎《たにぐちひでたろう》、山口小太郎《やまぐちこたろう》、津田左右吉《つだそうきち》、森涖蔵《もりこうぞう》らがいた。なかでも、ドイツ語学者の大村は、当時のドイツ語研究の水準を高める一方、品川弥二郎、山脇玄、加藤弘之からの厚い信頼を得ていた。大村は、知育・徳育・体育の「三育」の調和的な教育を基盤としながら、近代ヨーロッパの合理的精神によって明治の教育界の旧慣を克服することで新しい校風を作り上げようとしていた。天野が獨逸学協会学校中学校へ入学したのは、まさに大村による改革が進められていた時であった。

大村との出会いは、天野にとって大きな転機となった。「大村校長先生にドイツ語と修身とを教えていただきました。わたくしは今でも先生に習ったゲーテの詩を暗誦いたします。毎週書取りを直して返していただき、それでどれほど学力がついたかしれません」。天野はこう回想している。勉学面だけでなく、大村が天野に与えた恩恵は別のところにもあったが、それを述べるためには、もう少し天野の中学時代を辿っておかなければならない。

怠惰な生活と怪我

天野が中学校に入学した頃、東京駅はまだなく、現在の丸の内付近は一面の芝地であった。そのため天野は、神田西小川町の中学校まで皇居のお堀端を歩いて通学した。夏の暑い日に体感した柳の陰の涼しさとお堀の鯉が跳ねた光景を天野は懐かしく記憶している。

兄達との下宿生活は「非常に粗食」だったという。兄は食事に対して厳しく、何でも食べることを天野に強いた。食べ物に好き嫌いがなくなったのは兄達のお蔭であるとしながらも、下宿の粗食によって「味のセンス」を養うことができず、味に無頓着になったとも振り返っている。

食事には煩かった兄達は、勉強については何も言わなかったという。「もともと虚弱な弟には勉強について期待せず、落第しなければよい位に考えていた」のではないかと天野は推測していた。兄達への「ひけめ」から出た言葉ともいえるがその真偽はわからない。いずれにしても、中学入学後の天野は、学業に対しては熱心ではなく、また医者となる気持ちもなかった（『天野貞祐――わたしの生涯から』）。

それでも天野は兄の勧めで野球部に籍を置いた。当時の野球部には、後に「一高第二次黄金時代」

の左投手として活躍する守山恒太郎《もりやまつねたろう》が主将をしており、東京高等師範学校（現在の筑波大学）附属中学校、郁文館中学校と並んで強豪であった。しかし、天野は、「体力がない上に野球の素養がなく」、ほとんど活躍することもなく、突き指や怪我をすることも多かった。学業も野球も全く振るわなかった、というのがこの時期の天野であった。当時の生活を天野は次のように振り返っている（『忘れえぬ人々――自伝的回想』）。

わたくしら一二年生の者は、守山さんの騒ぐ方だけまねて、勉強の方は少しもまねず、怠け者ばかりでした。学校から帰ると包みをば放り出し、翌朝その日に必要な書物をつつみ直して持って出る。予習もしなければ復習もしない。それがだんだんひどくなっていって、学校をエスケイプして終日ぶらぶら遊んでいるという始末になってしまいました。わたくしはこういう生活を四年級までしました。ほんとうの怠惰そのものだったのです。

「怠惰そのもの」の天野ではあったが、特に「不良」にはならなかった。その理由を天野は、「全く健康な家庭に育ったお蔭である」という。「強健な者は少々わるい空気を吸おうと、寒い風にあたろうと風邪などひかぬと同じように、健康な家庭の子供は少しくらいわるい環境にいても容易に堕落しない」。天野はそう信じていた。そしてそれは、両親への感謝につながっていた。

ところが、「怠惰そのもの」の生活を続け、学業も落第をしない程度であった中学四年の時、天野に人生を変える不幸な出来事が襲った。野球の試合で一塁に滑り込んだ時に足に酷い捻挫をしたのである。捻挫の具合は思わしくなく、やむなく天野は学校を休学しなければならなかった。父の藤三は怪我の具合を心配し、天野を伴って神奈川県の湯河原で湯治までするが、その効果は芳しくなく、天野は鳥屋へ帰って治療を続けた。

母の死

一九〇一年（明治三十四）、中学校を休学して鳥屋に帰っていた天野にさらなる悲劇が襲う。天野の捻挫は何とか回復したものの、鳥屋でチフスが流行し、天野と母タネが感染してしまうのである。幸い天野は完治したが、不幸なことにタネは命を落としてしまう。最愛の母を喪った哀しみを天野は次のように記している（『教育五十年』）。

わるい時にはわるいことが重なり易いもので、足のねんざが快癒した年、母と一緒に、チフスにかかり、わたしは全快したが、母は亡くなった。田舎のことで医療が不十分であったことが残念でならない。母はまだ四十五歳でわたしは十七歳であった。家の中心であった母が亡くなって「積善の家には余慶あり」と云われ、幸福そのもののような明るい家は急に暗くなってしまった。それまで無邪気で暢気であったわたしは厳しい現実世界へ突き落とされてしまった。

後に天野は、「母を失った悲しみはこの不幸の経験者はもちろん、そうでない幸福者も容易に想像できるであろう」と述べ、「母の死を回想すると私のあらゆる悲しみが其所に結晶し、四十年を隔ててなおその悲しみが生き生きと私のところに甦り来る」（『若き女性のために』）と述懐している。学校を休学し、さらに追い討ちをかけた母の死は、十七歳の天野にとっては、堪えがたい悲嘆と絶望の経験であった。

悲しみと失意のうちに、とうとう天野は休学していた獨逸学協会学校中学校を退学してしまう。「胃病に苦しみ、健康にすぐれず」というのが退学の表向きの理由であったが、それが母の死によるものであったことは誰の目にも明らかであった。「うちでは一人くらい遊んでいる人間がいてもかまわない」。将来への希望を見出せず、奈落の底へ突き落とされた気持ちになっていた天野は、藤三から かけられた言葉に慰められたという。

内村鑑三との出会い

母の死に直面し、強い「精神的打撃」を受けた天野は、しばらく鳥屋で「ぶらぶら」とした無為な日々を送っていた。そうした天野に人生観を根底から変える運命的な出会いがもたらされた。内村鑑三《うちむらかんぞう》（一八六一～一九三〇）の著作『後世への最大遺物』との出会いである。母を喪い、中学校までも退学した天野にとって、『後世への最大遺物』は「暗黒な心の世界」に光明を与えた。

天野がどのような経緯で内村の著作に接したのかは定かではない。しかし、天野家では『万朝報』や『国民新聞』を定期購読しており、天野も折に触れて『万朝報』に寄稿された内村や堺利彦《さかいとしひこ》（枯川）、幸徳秋水《こうとくしゅうすい》などの文章に接していたと述べていることからすれば、『後世への最大遺物』との出会いも特に不思議ではない。『後世への最大遺物』で語りかけられた内村の言葉は、絶望の淵にあった天野の心底に響き、天野に「精神革命」をもたらすものとなった。天野は、晩年まで『後世への最大遺物』から学んだ「人生観によって今日まで生きて来た。（中略）この道に生きこの道に死にたいと思う。それはこの世に輝く道ではなくして神と人に仕える道である」（『如何に生くべきか』）と繰り返し述べている。

『後世への最大遺物』は、一八九四年（明治二十七）の夏、箱根で開催されたキリスト教青年会第六回夏期学校で行った講演をまとめたものである。講演は、この美しい地球に生まれた我々が、「後世」に遺すことができるものは何か。誰にとっても実践可能な生き方とは何かというこの問いに対して、内村が自らの答えを紐解いていく形式で進められた。同書は、一八九七年（明治三十）に刊行されて以降、多くの読者を得ていた。同書との出会いによって「暗夜に光明を見出した」という天野は、次のように続けている（『教育五十年』）。

先生によれば人間は生れ来った以上、何かを後世へ遺したいと希うものであるが、先ず第一に挙げらるべきは莫大な財を後世に遺して社会事業に貢献することである。第二に事業を遺すこと。第三には著作等によって思想を遺すことである。これらはいずれも立派な遺物であるけれども誰にでもできるというわけにはゆかない。しかし最大の遺物は人間誰にでもできることでなければならない。それは高尚にして勇気ある生涯である、と云うのはこの世を悪魔の支配する世界でなくして神の支配する世界だと信じ、その信念に従って勇ましく生きる生涯である。これは誰にでもできる

「後世への最大遺物」だというのである。これなら自分にもできる、と私はここに生活勇気を振い起したのである。（中略）未熟ながら一種の精神革命を体験した。

「この世を悪魔の支配する世界でなくして神の支配する世界だと信じ、その信念に従って勇ましく生きる」。「高尚にして勇気ある生涯」という言葉に天野は強く魅せられた。同書をきっかけとして天野は、『聖書の研究』『求安録』『キリスト教徒の慰め』などの内村の著作を貪るように読み進めていく。内村との出会いは、天野にとって文字通りの「精神革命」というべきものであった。

中学校への再入学

「精神革命」を経験した天野は、徐々に気力と体力も戻り、一九〇五年（明治三十八）、獨逸学協会学校中学校の五学年への編入試験を受験した。十六名の志願者があったが、天野一人が合格し、四年遅れて再入学を果たした。天野が二十一歳となる年であった。中学校へ復学した時にはすでに、かつて天野が有楽町から徒歩で通学した神田西小川町の校舎は、小石川区（現在の文京区）の目白台へと移転していた。

大村仁太郎

中学校へ戻った天野は、これまでの怠惰な生活態度を一変させ、「一心不乱な勉強家」へと変貌した。天野は、かつて自らが属した野球部の悪習慣にも批判的となり、校内で開催された弁論大会で「運動部振興策」という演題の弁論を行った。この弁論は校長の大村仁太郎（一八六三～一九〇七）と口演部（弁論部）の部長であった津田左右吉から「激賞」されたという。二人の兄達への「ひけめ」と四年遅れて再入学したことに負い目を感じていた天野にとって、弁論大会での経験は大きな自信をもたらした。またこの経験は、「怠惰な学生を無くすような教育者に成ろうという志」を天野に喚起させた。天野の回想は次のようなものである（『天野貞祐――私の生涯から』）。

少年の頃から兄達の才能に圧せられ、先生からも親からも秀才だとか有望だとかいうようなことは一度も言われたことはなく、事実また平凡な子供なのですが、事実以上に自信を持たなかったのです。これはわたしにとってよい事であったか、わるい事であったかはわかりません。とにかく自信はなく、その上四年もおくれているために、いわゆる大志を抱いたことなどは全然なく、なんとかして他人に厄介にならぬ独立人になりたいとだけ考えたのでした。元来、医者になるつもりでしたが、自分の怠惰であったこれまでの生活を反省し、後悔しどうかして自分の轍を踏む人のないように教育者に成ろうと決意しました。

弁論大会で天野を「激賞」した大村は、校長室に天野を呼び、「卒業生の答辞がいつも型にはまってつまらぬから、今年は君に口頭でやってもらう」と命じた。大村の期待に応えて天野はドイツ大使、平田東助らの臨席した卒業式で口頭での答辞を行った。口頭での答辞は珍しく、『ドイツ新聞』でも報道された。「昔月の怠け者は、ここに意外な面目を施すことになった」。天野には珍しく誇らしげな回想を残している。

一心不乱な勉強家

もちろん天野が答辞を読むことになったのは、天野の弁論が秀でていたばかりでなく最終学年である五年次（一九〇五年度）の学年成績が首席であったためである。学年末の平均点は九十二点。卒業時には優秀賞を授与された。ちなみに二番は、天野の親友であり後に第一高等学校の教授となった立沢剛《たちざわつよし》であった。学業から遠ざかっていた四年間の空白を一年で埋めるには、天野が相当な努力を払ったことはいうまでもない。しかも、その空白を埋めるに余りある成績で中学校を卒業したことは、天野に確固とした自信と将来への希望を脹らませる糧となった。

ただし、四年遅れて中学校へ戻ったことは、天野にとっては「心の非常な重荷」でもあった。四歳下の無邪気な「同期生」から、「天野、それでも中学生か」といわれたことは、「決してよい心持はしなかった」と天野は事あるごとに口にした。「この道においてわたしのいつも背負っていた重荷は四年の滞学に由来する年をとっているという事実でありました。この重荷を負う気持も体験者でないと、よくわからぬかも知れません」という天野は、次のように続けた（『天野貞祐――私の生涯から』）。

一つでも年の若いことが得意でありがちな青年時代に、四年の年長だということは大人の想像以上の重荷なのです。この重みのためにわたしは嘗て若いという気持ちをもったことがありません。

事実上わたしには青春という時代はなかったのであります。中学でも高等学校でも大学でも、いつになっても、どこへいってもわたしは年をとっている人間だったのです。若いという誇りは一度も感じたことはありません。

内村の著作によって「精神革命」を経験した天野にとって、中学校への再入学は、「再生」と「自己変革」への第一歩であった。一方で、卒業が四年遅れなければならなかったという現実は、天野に「青春なき青春」という傷跡を確実に残すことになった。その現実に必死に耐えようとすることが、天野の「反骨」の精神を培い、「一心不乱な勉強家」へと駆り立てる原動力となったといえる。

後年の話となるが、一九四一年（昭和十六）、天野が書いた「わが母のことなど」というエッセイはこんな書き出しから始まる。「ひとりの青年から突然斯ういう問いを受けた――私のこれまでの生存において最も悲しかったことと最も嬉しかったことは何であったかと。私は言下に答えた。母を失ったことと中学を卒業できたこととがそれであると」。これを書いた当時、天野は京都帝国大学の教授であり、六十歳の定年を三年後に控えていた。本書で後述するように、天野の人生は、このあたりから歴史の表舞台に上がり大きく躍動し始めるが、中学校時代の経験は、そこに至るまでの準備を着々と積み上げる貴重な時間となった。

中学校を首席で卒業した天野は、校長の大村の勧めで第一高等学校を受験した。「少年天野がもし大村仁太郎に出会わなかったら、たぶん天野のカント哲学研究と教育家志望は実現されていなかっただろう」と獨協学園史は伝える（『目でみる獨協百年　1883―1983』)。学校史特有のいくぶん我田引水的な評価であることを差し引いても、再入学した天野に対して、大村がドイツ語の力ばかりでなく生きる上での自信と励ましを与えたことは事実である。天野もまたそのことを自覚していた。

一九〇六年（明治三十九）八月、天野は第一高等学校の文科に入学した。天野は入学試験の席次は、「二十何番であったが、とにかくおしまいから数えた方が早い順位だった」という。そのことがまた、二人の兄達との間に「ひけめ」を抱く要因ともなったが、常識的に言えば、天野は「エリート」であることに間違いはなかった。

第二章　内村鑑三とカント哲学

1　第一高等学校での「修業」時代

天野は一九〇六年（明治三十九）九月に東京市本郷区（現在の東京都文京区）にあった第一高等学校文科に入学し、学校の寄宿舎に入った。獨逸学協会学校中学校の卒業生は医学を志す生徒が多かったため、文科への入学は、天野と立沢剛、木村勝三のわずか三名であった。天野と同じ学年には、九鬼周造《くきしゅうぞう》、児島喜久雄《こじまきくお》、吉野信次《よしのしんじ》（吉野作造の弟）、岩下壮一《いわしたそういち》、和辻哲郎《わつじてつろう》、戸田貞三《とだていぞう》らがおり、第一高等学校の歴史の中でも際立って秀才が揃っていた。

新渡戸稲造との出会い

内村の著作によって「精神革命」を経験した天野は、「非常な勉強家」へと変貌したが、それは第一高等学校に入学して以後も変わらなかった。「独協五年に再入学して以来わたしは一心不乱に勉強した。一高に入っても勉強以外何も考えなかった」という天野は、高校生活を次のように振り返って

第一高等学校

いる（天野貞祐全集5）。

その勉強は学校教課の勉強よりは一般教養のためであった。学校の復習予習は昼の間に片づけて、夜は主として学校教課以外の読書に励んだ。休暇も読書に没頭した。わたしは晩学であるだけでなく、思想も生活一般も晩熟であった。年は学友よりも四つ上でも、心身の成熟はむしろおくれていたように今日からは思われる。晩学と晩熟とがわたしの特色で、一高時代勉強と健康のための配慮以外何も考えず、全くの世間知らずであった。野球は好きであったが、選手の練習を時々見るくらいのことで、それ以上の熱はなく演芸なぞ全然見ることはなく、酒も飲まず、政治や社会の事柄にも全然無関心でどこにいるか分からぬような存在であった。

天野が入学した年の九月、京都帝国大学法科大学から新渡戸稲造《にとべいなぞう》（一八六二～一九三三）が校長として赴任してきた。文部大臣であった牧野伸顕《まきののぶあき》の懇望に応えたもので、当初は二年間の約束での校長就任であった。天野の入学以前の第一高等学校には、従来からの閉鎖的で独善的な風潮を是とする空気が顕著であった。藤村操《ふじむらみさお》、魚住影雄《うおずみかげお》（折蘆）、安倍能成《あべよししげ》などによる個人主義への注目はあったものの、まだ社会的な意識の自覚には乏しかった。新渡戸は、新任校長の歓迎会において、「自己の周囲に城府を設くることなく、襟度を広くして性格の修養に努められよ」と説いた。その教養主義的な人格的感化によって、生徒たちの魂はより深く内省に向かっていった。天野は、こうした新渡戸校長の下での第一高等学校の空気を最も自覚的に感受した一人であった。

新渡戸は、校長として週一回、生徒を大教場に集めて修身講話を行った。修身講話は正課の講義であったが、試験もなく出欠を取ることもなかった。それでも大教場はいつも一杯の生徒に埋め尽くされた。その様子を和辻哲郎は、「わたくしたちはむしろ待ち兼ねるほどの気持で、非常に楽しみにして出席したものである。わたくしは生涯を通じてあれほど強く魅せられるような気持で聞いたことはなかった」（『自叙伝の試み』）と回想している。

新渡戸稲造

修身講話への思いは、天野も同じであった。「新渡戸校長の修身講話は毎週その時間の来るのを楽しみにして聴いた。演舌口調でなく座談的な如何にも親しみのある態度で懇切に話された。深淵なことから卑近な日常のことに至るまで凡て実践に媒介された訓話であった。私達は道の近きにあることを思わざるをえなかった。（中略）先生において私達は知らず識らず教養の何たるかを感得したと思う。尊敬と感謝なしに私は先生を追想することができない」（『忘れえぬ人々――自伝的回想』）。天野はこう回想している。新渡戸が行った修身講話の内容はどのようなものであったのか。天野がいうように、新渡戸の修身訓話は、日記をつけること、冷水浴、冷水摩擦など日常の具体的な実践を踏まえたものが多く、和辻哲郎（一八八九～一九六〇）は、長い間それらを習慣として実践したと伝えている。また和辻は、新渡戸が講話の最後をゲーテやカーライル、ロングフェローなどの詩や聖書の一句でまとめることが多かったとしながら、次のような内容を覚えている（『自叙伝の試み』）。

日本人は、おのれの意志で内からきめるべきことを、ともすると世間体というような外の事情からきめることがある。これは道徳が良心の問題であることを理解しない態度だといわなくてはならぬ。自分が良心の命令に従い確信をもって行為する場合には、世間体がどうであろうと、人が何と言おうと、毅然としておのれを守らなくてはならない。こういう意味のことをいろいろ例を引いて述べられたあとで、「見る人の心々にまかせおきて高嶺に澄める秋の夜の月」の歌を誦せられたのであったように思う。

天野は、校長新渡戸の影響は、「若い魂を内に向かわせるだけでなく、それを個人と国家より知らざる浅薄な個人主義から救い国家、社会、個人という構造を自覚せしめたこと」にあり、それによって、生徒は、「独善的個人主義や独善的国家主義から解放されて個人・社会・国家・世界という具体的世界・人生観を学んだ」（『教育五十年』）と評した。

天野もまた、寄宿舎生活の「卑近な実践」として説いた新渡戸の訓話について「寄宿寮の不潔な生活を止めるよう厳重に戒められたが、単に清潔にしろと言われるのではなく、具体的に寝床は毎朝あげるように、しかし起きてすぐたたんではいけない、先ずひろげて風を入れておいて洗面に行き、帰ってからたたむようにせよ、とお教えられるのである」（『教育五十年』）と述べている。

天野の寄宿舎生活

新渡戸の訓話による実践かどうかはともかく、天野の寄宿舎での生活は相当に禁欲的なものであった。早寝早起き、間食をしない、十分に咀嚼するなどの日常を貫いた。ひとえにそれは、中学校時代の病気の経験から、虚弱な体質の克服であったというが、特に、間食をしないという習慣は、コンパの多い寄宿生活には不都合であった。寄宿舎では、午後四時半になるかならぬうちに、生徒が食堂の扉をドンドン叩いて開けさせて夕食を摂ることが普通であった。しかし、間食をしないと決めていた天野は、「五時過ぎでないと夕食を食べぬことにしていたのでいつもボツネンと冷飯を食べた」という。天野の頑なまでの規則正しい生活習慣は、他の生徒には異様に映ったはずである。なかでも、早寝早起きは、同室の者には迷惑であったに違いない、と天野も認めている。しかし、それも、天野は間食はしない、早寝早起きであると周囲が認めるまでであった。一たび認知されれば、「少しの不都合もなかった」と天野は平気であった。

自らが「年長者」であることの負い目は抜けなかったが、それでも天野は旧制高等学校生らしい生活を謳歌したといえる。「寄宿生活で楽しかった思い出の一つは、毎夜図書館が九時にしまると暗い長い廊下づたいに寄宿舎に帰るのだが、誰かが暗闇の中で寮歌を歌うと皆がそれについて歌う時の気持である。一日の仕事はすんだ、また明日だという希望にみちた幸福感にひたった」（『忘れえぬ人々——自伝的回想』）と天野は述べている。

九鬼周造

第一高等学校での学生生活は、「感謝なしには回想し得ない」と天野はいう。「われわれの学園は学問の花園であるだけでなく、友情の花園でもあった。その恩恵はどんなに高く評価しても、したりないことを痛感している」（『教育五十年』）。天野の第一高等学校への強い愛着は生涯変わることはなかった。

九鬼周造との出会い

天野のいう「恩恵」とは、新渡戸をはじめとする第一高等学校の恩師であり、多くの友人達を指している。なかでも、九鬼周造、岩下壮一、児島喜久雄、和辻哲郎、立沢剛らの友人や恩師である岩元《いわもと》禎《てい》との交流は、天野の人生観と進路に大きな影響を与えた。特に、九鬼と岩下は終生変わらぬ友人であった。

九鬼周造（一八八八〜一九四一）は、九鬼が一九四一年（昭和十六）に五十三歳の若さで短い生涯を閉じるまで天野にとっての「無二の親友」であった。二人が永遠の別れを告げた時、天野と九鬼は京都帝国大学の同僚でもあった。「わたしはかれと交わっただけでも生まれて来たねうちはあったと考えています」。こう公言することに、天野は何ら憚ることも躊躇することもなかった。

九鬼は、駐米大使、帝室博物館長、枢密顧問官などを歴任した男爵九鬼隆一《くきりゅういち》の四男として東京港区芝に生まれた。第一高等学校は、約八十年の歴史があるが、その卒業生の中でも九鬼は「超A級の秀才」であった（高橋英夫『偉大なる暗闇』）。東京帝国大学哲学科でケーベル博士に師事し、大学院卒業後には八年に及ぶヨーロッパ留学をしている。この間、リッケルト、ハイデッガーについて学び、日本における実存哲学の先駆者となった。

天野と九鬼が親しくなったのは、第一高等学校二年生の時であり、九鬼から天野に声をかけてきたことが発端であった。しかし、このことは天野には意外であった。天野にとって九鬼は、自分とはかけ離れた遠い世界の人間であり、生きる世界も住む世界も違う人間と考えていたからである。たしかに、天野と九鬼は対蹠的であった。「彼は貴族であるが私は平民であり、彼は五尺八寸の長身であるが私は五尺二寸に足らぬ矮躯である。彼が稀に見る美貌の持ち主であるのに私はその正反対であるような外面的なことから言っても、彼が非常な秀才であり、頭脳の明晰鋭利、周匝《しゅうそう》綿密群を抜くという点においても、卓越した芸術的才能においても、おうように見えてしかも強情我慢な性格においても、美的享楽的人生態度においても、その他どういう点を考えてみても彼の言う通り私達は対蹠的な人間である」（『忘れえぬ人々――自伝的回想』）。天野はそう思っていた。ここで「彼の言う通り」というのは、お互いの対蹠的な性格を九鬼もまた認めていたからであるが、九鬼にとっても天野は間違いなく「無二の親友」であった。九鬼は天野との友情を次のように述べている（『をりにふれて』）。

天野君が私の性格とはおよそ対蹠的な性格の持主であることは、同君の早寝早起と私の宵張朝寝坊にもおのづから現はれてゐるが、私は天野君によって真の友情の何であるかを常に教へられて来た。私が今日比較的順調な軌道を辿ってゐるとすれば、その多くを天野君の一高以来変らない友情に負うてゐるといってもいい。

天野と九鬼との友情については本書でも改めて言及するが、第一高等学校時代の二人の関係について特筆すべきことは、天野が九鬼を通じて岩元禎（一八六九～一九四一）とも関わりを持ったことである。

九鬼と岩元禎

「偉大なる暗闇」と綽名される岩元は、第一高等学校の中でも筆頭に挙げられる名物教授であった。周知のように、「偉大なる暗闇」とは夏目漱石の『三四郎』に登場する英語教師、広田先生に対して、学生の佐々木与次郎が付けた綽名である。もっとも、『三四郎』の連載が『朝日新聞』で開始されたのは、一九〇八年（明治四十一）九月のことであり、天野と九鬼が在学していた時に、この綽名が学生の間に広まっていたかどうかは微妙である。しかし、このことはそれほど重要なことではない。問題は、「偉大なる暗闇」が岩元の「窺い知りがたい精神の内奥を言い当てていた」（『偉大なる暗闇』）ということである。それほど、岩元は評価の難しい人物であった。

岩元が一高生の間で怖れられ、名物教授とされた現実的な理由は、情け容赦なく注意点（赤点）を付け、落第させることにあった。しかも、ここにはもう少し複雑な要素が付け加わる。和辻哲郎もドイツ語で注意点（赤点）をもらった一人であるが、和辻は岩元についてこう言及している（『戦後の自叙伝』）。

　岩元先生はそのころドイツ語の試験で実に無遠慮に落第点をつけ、それによって多数に落第生を出していた。時には組の半数までが落第させられることもあった。（中略）そういう厳格すぎる態度を一面に取っていながら、他面においてドイツ語のよくできる眉目秀麗な生徒に対すると、実に露骨に寵愛の態度を示し、試験の採点などにも遠慮なく最高点をつける。その差別待遇が実に顕著で、そのことも噂の種になっていた。

岩元の厳しい採点と「美少年趣味」については、天野も「先生は教えるクラスに特別に愛する学生を持っていた。その学生は学問のとびぬけて出来ることは必要な条件だけれども、それだけでは足りない、美少年でなければならない。これは先生がギリシャ文化を深く愛されたギリシャ趣味にも一つの誘因をもつのではないであろうか」（『教育五十年』）と指摘している。田中耕太郎《たなかこうたろう》、三谷隆正《みたにたかまさ》、岩下壮一と並んで九鬼周造も岩元に最も「寵愛」された一人であった。

和辻の岩元批判

岩元と九鬼の関係については、一つの噂があった。これも和辻の回想である。

「九鬼はわたくしたちよりも一年前に入学して独法の組にいたのであるが、この、誰の眼にも抜群の秀才と見える九鬼が、その年落第してわたくしたちと同じ級になったのである」という和辻は、その理由を次のように続けた(『自叙伝の試み』)。

岩元禎

わたくしたちの伝え聞いたところによると、原勝郎《はらかつろう》先生の西洋史の試験の点数が少し足りなくて、それで進級ができなかったのだということであった。通例の場合には、他の諸学科の成績が優れていれば、一科目だけの点数の不足は、受持の教師の命乞いによって、たいてい救ってもらえたのであるが、この時には原先生が頑として妥協に応じなかったのだという。なぜ原先生がそういう強硬な態度を取ったかというと、それは岩元先生に反省を促すためであった。

和辻は「この噂にどれほど事実が含まれているかを知らない」としながらも、「後に九鬼となじみになってからも、この点について問いただしたりなどしたことはない。しかし岩元先生にドイツ語を受け持たれてからの経験や、さらに後年に原先生と接触した時の印象などから考えて、必ずしも作り事とは言えないように思う」と述べている。また、天野も「岩元、原両教授の性格から考えて、いかにも有りそうなことである」と曖昧な表現ながらも認めている。

もっとも、岩元と九鬼との関係について天野は「先生が九鬼君を特に愛することは同級中知らぬ人はなかったであろう。しかし誰一人これを不快としたり、嫉妬的羨望的な気もちを抱いたりすることはなかったと思う。（中略）一般に教師が特に一人の秀才を愛するといふことは同級生にとっては女学生でなくとも快くないのが人間的であるかもしれない。しかるに私達のクラスでは全然そういうことはなかった」（『忘れえぬ人々——自伝的回想』）と述べている。しかしこの点は疑問である。少なくとも和辻はそうではなかったし、噂が立つこと自体が、岩元と九鬼との関係に「不快」や「嫉妬的羨望的な気もち」があったことを十分に裏付けている。天野の言葉は、九鬼を擁護したいという気持の表われと見るべきであろう。

岩元の助言

話題がいくぶん横道に逸れたかもしれない。しかし九鬼が西洋史の単位を落として留年し、天野と同学年になったことは、天野の人生にとっては幸いであった。なぜなら、九鬼が留年をしなければ、二人の関係はおそらく生まれず、九鬼を経由した天野と岩元との関係もごく形式的なもので終わったと思えるからである。

天野は、二年生で初めて岩元のドイツ語の授業を受講し、ヒルティの『幸福論』を講読した。「先生からヒルティを学んだことは私の生涯にとって実に大きな出来事であった」という天野は、「当時まだ白紙であったともいえる私の心情はヒルティから深刻な影響を受けた。其れ以後大学入学まで私は余暇という余暇、休暇という休暇にはヒルティばかり読んでいた。手に入る限りのヒルティの著作を読んでみた。この読書欲とヒルティの思想とは先生を通ずることなくしては私に媒介されなかった」（『忘れえぬ人々——自伝的回想』）と続けている。

天野は九鬼に連れられて何度か岩元の自宅を訪問している。しかしそれは自ら望んだものではなく、あくまでも九鬼からの誘いに応じたものであった。ドイツ語の授業で学生を「馬鹿」と怒鳴りつける岩元の態度には、「何か其処に不自然とも言うべきものを感じて心の底からの傾倒を妨げられる」というのが天野の率直な思いであった。したがって、何度訪れても自分が岩元の「愛弟子」であるという自覚は芽生えなかった。

しかし、たとえそうであっても、結果的に岩元は天野の人生に重要な役割を果たすことになる。岩元からの助言が、その後の天野の人生の歯車を大きく回転させることになるからである。その助言はどのようなものであったのか。天野は次のように述べている（『忘れえぬ人々——自伝的回想』）。

私は中学時代病気をして学業を廃していた間に一生を教育事業に捧げたいという念願を起し、大学では教育学を専攻しようと考えていた。もっとも教育学については少しも知る所はなかった。そのことを先生に話すと教育者に成りたいから教育学をやるなどは馬鹿げている、哲学をやった方がいい、哲学をやれ、という御話であった。私が大学で哲学を専攻したのは全く先生の助言に由るものなのである。

岩元の助言は、天野の人生を決定づけた。岩元の助言に従い、天野は京都帝国大学へ進学し哲学を学ぶことになるからである。天野の人生の特徴は、多くの人々と出会い、その出会いに幾重にも織り合いながら影響し合い、人生を切り拓いていったところにある。第一高等学校での数多くの人々との出会いは、その後の天野を大きく成長させ、自らの生き方と人生観を形成して行く核となった。もし新渡戸が校長として着任していなかったら、もし九鬼や岩元と出会わなかったら、天野の人生は確実に違ったものとなったはずである。その一人として、ここでは岩下壮一について触れておかなければならない。

岩下壮一との邂逅

岩下壮一（一八八九～一九四〇）は、東京帝国大学卒業後、欧米に留学。帰国後、第七高等学校教授を務めた後、カトリック司祭となり、特にハンセン病患者の福祉に尽力し、一九三〇年（昭和五）に神山復生病院の第六代目院長となった。

岩下の父である岩下清周《いわしたきよちか》は実業家であり、三井銀行副支配人を経て一八九七年（明治三十）に北浜銀行を設立した。同行の常務、頭取を歴任する一方、衆議院議員や箕面有馬電気軌道（現在の阪急阪神ホールディングス）の初代社長も務めた。自身も聖公会に所属したクリスチャンであり、一九二〇年（大正九）に恩情舎小学校（現在の不二聖心女子中学校・高等学校）を設立した。もっとも、第一高等学校時代には、天野と岩下は特に親しかったわけではなく、挨拶をする程度で話をしたことはなかった。天野からすれば、岩下が「九鬼君と親しいので一種の親しみを感じていた」という程度であった。

その後、天野が京都帝国大学在学中に鎌倉の九鬼を訪ねた折、たまたま鶴岡八幡宮で岩下と会い、岩下の別邸で昼食を御馳走になったことがあった。その食卓は質素で贅沢という感じは微塵もなかったことに天野は驚いている。「関西財界の巨頭を父とし、将来は外交官になるというすばらしい秀才という以外何も知るところがなかったから、その生活は定めし贅沢なものであろうと想像していたわたしは、ここに尋常ならざる富者を見出すことを直感した」（『忘れえぬ人々――自伝的回想』）。これがこの時の天野の回想である。後述するように、天野と岩下との交流は、天野が第七高等学校教授に就任してから濃密な時間を刻み始めることになる。

2　内村鑑三からの思想的な影響

中学時代の挫折を経験した天野にとって、内村鑑三は特別な存在となっていた。内村は尊敬の的であり、天野の言葉を借りれば「生来初めて強い敬慕の念を懐いた人」であった。獨逸学協会学校中学校へ復学した天野は、中学五年の時に東京の本郷教会で「神の智恵と人の智恵」という内村の講演を聴いている。この時が内村と会った最初であった。この講演の中身に「驚歎させられた」と天野はいうが、その後は内村と会う機会もなく、また講演や説教を聴く機会にも恵まれなかった。この当時、内村は自宅で日曜集会をしていたが、これは誰に対しても門戸が開かれていたわけではなく、家族と僅かな「知友」のみの参加が許されたものであった。

内村鑑三への違和感

天野が知人の紹介でやっと内村の説教を聴く機会を得たのは、一九〇七年（明治四十）のことである。この時、天野は第一高等学校の二年になっていた。天野は内村と初めて言葉を交わした場面を次のように記している（『忘れえぬ人々――自伝的回想』）。

快晴の冬の或る朝霜柱をふんで東京郊外柏木における先生の講義所へ出かけて行った。洋服を着た長身の先生は聖書をかかえ献金袋をさげ高下駄を引っかけて隣の自宅から出て来られた。実に特徴のあるあのニーチェに似た風貌は一見して尋常人ではない。新参の私が挨拶すると「君はいつまでもくるつもりか」とややはげしく尋ねられた。ひやかしが癪にさわるのであろう。「まいります」と答えたものの然し私は心の底になんとなくしっくりこないものを感じた。（中略）崇拝される者にとって崇拝者などは迷惑至極なものに相違ない。しかし若い者としては何とか少し味わいのある扱い方を望んでも無理ならぬことであろう。

内村鑑三

「君はいつまでもくるつもりか」。内村の言葉は天野にとっては激しい衝撃であった。「生来初めて強い敬慕の念を懐いた人」からの言葉は、それまでの内村に対する「敬慕の念」を一気に冷却させるものであった。天野は内村のこの言葉を自身の回想でしばしば引用しているが、それだけ天野にとって内村の言葉は冷たく響いた。

それでも天野は、その日から第一高等学校を卒業して京都帝国大学に入学するまでの約二年の間、帰省で鳥屋に戻った以外は毎週柏木に通った。「雨が降っても風が吹いても試験中でも本郷の寄宿舎から柏木の講義所まで歩いて行って、説教というよりはむしろ聖書講義といわるべき講話を聞いて魂を養った」（『教育五十年』）と天野はいう。内村から多くを学ぼうとした天野は、事実、内村の講話から多くを得ていった。しかし、日曜日に休まず通い続けたのは、「君はいつまでもくるつもりか」と言われた内村に対する天野の「反骨」であったのではないか。天野の人生には強い「反骨」がしばしば頭をもたげるが、おそらくこの時もそうであったに違いない。

単なる一聴講者

結局、天野は内村との間に個人的な交流を持つことはなかった。それは、天野が京都帝国大学に入学した後の一九〇九年（明治四十二）十月に結成された「柏会」のメンバーと内村との親密な関係に比べれば対照的であった。

「柏会」は、新渡戸稲造のもとで読書会をしていたグループが、新渡戸の紹介状をもって内村の聖書研究会に大挙して入会して結成されたもので、一九一六年（大正五）まで存続した。この間、塚本《つかもと》虎二《とらじ》、高木《たかぎ》八尺《やつか》、田中耕太郎、鶴見《つるみ》祐輔《しゅんすけ》、前田《まえだ》多門《たもん》、森戸《もりと》辰男《たつお》、矢内原忠雄《やないはらただお》、膳桂《ぜんけい》之助《のすけ》らが内村の下で学んだ。京都へ行った天野が「柏会」に参加することは不可能であったが、たとえ第一高等学校在学中に「柏会」が結成されていたとしても、天野がこれに参加したとは考えにくい。初対面の時に感じた内村への違和感がそれを許さなかったと思えるからである。

実際天野は、内村の集会に欠かさず参加してはいても、自分は「単なる一聴講者にすぎなかった」と一歩距離を置いていたし、京都帝国大学へ進学してからは、内村と書簡を交わすこともなかった。それどころか、天野は自らを内村の「門下」と称することを意図的に憚ったようにさえ見える。「内村先生の影響下にある人達を一つの山脈にたとえるならばそしてこの山脈は幅を持つと考え、これを先生の正統のキリスト教を受けついだ人達にのみ限らないならば、わたしなどもその周辺に座を占めるということもできるであろう」（天野貞祐全集3）と天野はいう。内村に対する天野の思いと関わり方は、あくまでも控えめであった。

違和感の相対化

天野が内村に感じた「なんとなくしっくりこないもの」の端緒が、「君はいつまでもくるつもりか」という言葉への違和感にあったことは間違いない。しかし、この最初の違和感は、結果的に天野には幸いであったかもしれない。「単なる一聴講者」として、また弟子達のようには近くもなく、「言わば程良き距離に立ち、全然個人的関心を離れて」内村を見ることができたからである。『後世への最大遺物』を読んだ熱情から離れ、内村を冷静にしかも客観的に見ることができた天野は、内村の思想をリアルに正面から捉える恩恵を得ることになった。

「人は先生を呼んで柏木の聖者といった。然し私は普通の語義に従う限り聖者という語は先生にふさわしくない」と天野はいう。なぜか。「神に酔う円満無害な心境は決して先生のものではなかった」し、「絶対者のうちへ自己を没了し能うにしては、あまりに強い個我の所有者」であったからである。「焼きつくされたはずの旧き個我がつねに新たに本源的な力をもって心境を脅かしたこともまた先生の体験」であるという天野は次のように続けた（天野貞祐全集1）。

私は先生ほど純粋に痛切に霊界を慕い求めた人を多く知らない。その要求には一点の塵も一抹の濁もなかったことを私は確信する。そのためにまた常人にあっては更に介意せられざる人間的なることも先生にとっては罪として痛感され、心はつねに霊肉の激しき戦場とならざるを得なかったであろう。この相剋の苦悩を味わいつくし、この戦闘を戦いとおす所に先生の生涯は成立したと思う。そして先生に固有だった凡ての矛盾不調和はその源泉をここに持っていたと思う。先生が一方では聖者として崇められながら他方からは偽善者とさえも罵られた根拠もまたここに存したであろうと思う。

「もともと先生はいわゆる円満な高徳者ではない。主我の人である。激情の人である。私は先生を精神的英雄と、詩人的天才宗教家と、否、端的に詩人と呼びたい。然し聖者と呼ぶに躊躇する」と天野は内村を評した。また「光のみを見て影を見ざる人も、影のみを知って光を認め能わざる人も共にものの一面を捉えたに過ぎない。先生は強烈な光であるためにその影も濃かった。確かに多くの人間的欠点を持った人であったろうと思う。然し先生ほど純粋に痛切に自己の罪を意識し、自己否定のために戦った人は稀有であるといわねばならぬ。その深刻な自己否定を生み来たるものが、かえって普通に先生の欠点といわれるものなのである。先生にあっては、かの欠点をまってこの聖なるものが生まれ、卓越した宗教家としての資格が用意されたといわるべきであろう。何が見当違いだといって、先生のごとき天才的詩人的宗教家において円満なる性格を見出さんとするがごときはないであろう」（天野貞祐全集1）と内村を言い表している。

これを書いた時、天野は京都帝国大学教授となっていた。内村に対する評価は、冷静で客観的である。当然そこには、「思想内容そのものについてはわたしも一個の個性人として一々それに同ずることができなかった」あるいは、「先生の社会批判や道徳論には抽象的な傾向もなかったとは言えず、しかのみならず先生の言説行為に矛盾がなかったとも言えないと思う」という言葉に示されるように、内村への思想的な批判も含まれていた。

しかし、一方で天野は、内村の思想が「血肉に骨髄に滲透している」ことも明確に自覚していた。それは、天野にとって内村が「敬慕の念を懐いた人」から「偉大な思想家」へと大きく変貌を遂げたことを意味していた。

内村鑑三の歴史観

天野が内村から強い影響を受けたと自覚しているものの一つが歴史観である。内村から学んだ歴史観とは何だったのか。「わたしは先生の史観を専ら『興国史談』において学んだ。それによれば歴史は人類進歩の記録である。その一部はいかに堕落することあるもその全部は月に年に完全の域に向って進みつつあるものである」と天野は端的に答えている（天野貞祐全集3）。

『興国史談』は一九〇〇年（明治三十三）に刊行されたもので、一八九四年（明治二十七）に刊行された『地人論』と並んで内村の地理学と歴史観を説いた「最大の著作」と評されるものである。その内容は「人類は徐々に、しかも無限に進歩発達するものである」という歴史観に貫かれている（『内村鑑三信仰著作全集』第四巻）。そして、この歴史に対する信念は、進化論とともに内村の信仰、思想、世界観、人生観を理解する上で支柱となるものであった。

『興国史談』で展開された内村の歴史観の原型は、内村がアマスト大学に留学した第一日目に、モース教授(Anson D. Morse)から受けた歴史学の講義が土台となっている。モースによる講義の要諦は、「歴史は人類進歩の記録」であり、「歴史の要は人類の発達を知る」ことであるというものであるが、内村がその歴史観に強く心を動かされたことは、次の言葉からも窺い知ることができる(『内村鑑三全集』第三巻)。

> 是れ余に取りては実に歴史的新天啓なりし、日本を以て世界の中心と思ひし予、歴史を以て昔話の一種と思ひし予、英雄巨人の言行を学ぶを以て歴史の大目的と信ぜし予は此第一回の講義に参して長き迷夢より醒めしの感ありたり、余は直ちに予の無飾の室に帰り、新感激の失せざる前に予の三脚の椅子に寄り掛り、破れテーブルの上に教授の言を彼の単純なる英語にて其儘《そのまま》紙に写したり、(中略)是れ予の歴史的経典なり、予は史学の好味を創《はじ》めて彼の教場に得たり、終生の快楽と慰藉とは斯《か》くして予に供せられたり

日本を世界の中心と思い、歴史は昔話の類のものであり、偉人の言行を学ぶことが歴史であると考えていた内村にとって、歴史の本来の目的は人類の発達の進歩の過程を学ぶことであるというモースの言葉は、「歴史的新天啓」となった。モースの言葉を書き写し、それこそが「歴史的経典」となっ

たという言葉から内村の感動が伝わる。

「歴史は人類進歩の記録である、或は人類の発育学である、進歩の記録で又発育学であるから歴史の全躰は開発的振興的のものでなくてはならない」と書き起こされた『興国史談』は、「興と云ひ亡と云ふは真理に与《く》みすると之を棄つるとの二者孰《いず》れか其一に由るのである」と続けた。そして、「真理は個人に生命を与ふる者で、国民の生命とて真理を除いて外にあるものではない、振興とは真理に与みし之を発顕することであって、衰亡とは之を斥け或は之が発顕を妨げる事である、真理を離れて個人に生命なきやうに之を離れて国民の活力は失するものである」と述べられた。

また内村は、「人類進歩の記録たる歴史は殺伐的領土拡張を以て興国とは認めない、興国とは新国家の組成である、新制度の設定である、即ち国民の秩序的発育である」という。すなわち「或は積極的に、或は消極的に、或は創作的に、或は改良的に、或は保護的に、真理発顕の為めに尽せし国を文明国と云ひ、其之を為すに至りしを興国」と位置づけ、「国民が真理発顕に用なきに至りし為め其存在の理由を失ひし」ことになれば亡国となると述べたのである。つまり「偉大なる思想なく、深遠なる慈悲心なく、兵営軍艦の外、外に誇るものなきが如き卑劣醜陋の民に至れば」、日本人も亡ぶということである（『内村鑑三全集』第七巻）。

天野と『興国史談』

天野はこの『興国史談』をどう読み、ここから何を学んだのであろうか。天野は一九三三年（昭和八）に発表した「内村鑑三先生のこと（二）」の中で、「先生にとって歴史は弱肉強食の自然的闘争場ではない。道徳的なるものを根底とせざる単なる経済力、単なる武力は歴史的実在性ではない。歴史は神の意図が実現され行く理性的場面であり、道徳的過程である、従って進歩であり、発展である。理性的なるもの、道徳的なるものこそ実に歴史的実在性なのである」と述べた。そして『興国史談』が、「国家を存立せしめる実在は単なる武力でなく経済力ではなく広大な領土でなくして道徳力なのである」という歴史観に立脚しているとした上で、更に詳しく説明する（天野貞祐全集1）。

歴史をもって強者が弱者を征服圧迫する場面であって、そこには単なる力のみが支配し、道理といい、正義というがごときものは空虚な名に過ぎぬと考えるか、或いはまた理・道・理性・神等の名をもって呼ばれるものが歴史を支配し、これに従う者のみが永遠の生命を獲得し、これに反する者は一時的には繁栄の外観をもつにしても遂に永遠の滅亡に至らねばならぬと確信するか、端的に言えば理性者の実在性を確信するや否やに人生観の岐路があると私は思う。これ以外の区別は単に外観的のもので人間の本質的分岐点が存すると思う。

この言葉には明確に内村の歴史観の影響を認めることができる。また天野は、内村の歴史観が自らの代表的著書である『道理の感覚』に反映されていることを認めている。たとえばそれは、次のような記述である（天野貞祐全集1）。

・「国難は単なる軍事外交政治経済の問題につきない。それは深く道徳問題に根ざしている。国家の深慮は領土の狭隘ではない。軍備の不充実ではない。経済力の衰弱ではない。そうではなくして道徳的頽廃である。不義不正の跋扈である」
・「何よりまず国難の根源を認識せよ。国家が場合によっては滅亡するものであることを自覚せよ」
・「道徳的なるものこそ一切の力の源泉である。一切の存在の根源である。オントース・オンである。歴史は決して盲目的過程ではない。理性者自現の過程である。発展である。進歩である。理性的なるもののみが歴史の上にその存在権を要求し能うのである」

天野が『興国史談』に言及して自らの文章を紹介したのは、一九六一年（昭和三十六）の「内村山脈の一員として」という論文においてである。したがって、天野の歴史観はこの時期まで基本的には変化していないことになる。たしかに天野は戦後においても「われわれはまず歴史における道理の支配を信じなければならない。歴史を広く深く考察すればそこは決して不道理の横行がゆるされる場処ではなくして、ロゴスが自己を実現する場処である」としながら、「不道理は歴史の審判に堪えない、というのが歴史の真理性であって、われわれの確信でなければならない」（天野貞祐全集4）と繰り返し述べている。

また、「国は興るべき理ありて興り、亡ぶべき理ありて亡ぶ」とした上で、「国に興亡盛衰がある。しかし、これは人類全体の興亡盛衰ではない。世に亡びざるものは真理のみである。故に興と言い亡と言うは真理に与するとこれを棄つるとのいずれかその一によるのである」と述べながら、「興国とは謙のたまものであって、亡国とは傲の結果である」という『興国史談』の最後の言葉を引きながら、「この思想は『興国史談』の影響によるものであるが、すでに発言そのものが先生からわたしの学びとった道徳的生命力なのである」（天野貞祐全集3）と述べている。

天野における宗教

内村鑑三はいうまでもなくキリスト教徒であり、天野が感動した『後世への最大遺物』にもその根底にはキリスト教の宗教的価値観が流れている。そのため、内村への共鳴は、望むと望まざるとにかかわらずキリスト教という宗教的問題を内在化させることになる。したがって内村の著作によって「精神革命」を経験し、二年もの間、内村のもとへ通い続けた天野にとって、キリスト教の問題は決して軽いものではなかった。天野は、キリスト教という宗教的問題とどう向き合ったのか。一九五八年（昭和三十三）に刊行された『新時代に思う』の中で天野は次のように述べている（天野貞祐全集5）。少し長い引用となるが天野の人生にとっては重要な課題でもあるので詳しく見ておきたい。

わたしは先生の著作を熟読し、親しく先生の教えを受けたにかかわらず、キリスト教の救いという教説がよくつかめず、今日までキリスト信徒にはなれないでいる。しかし先生の教えによって神を信じ、神と人とに仕えることに人生の意味を見るという信念を持つに至った。宗教であるためには個人と神とを媒介する媒介者がなければならぬわけであるが、わたしの場合には媒介者が欠けているから、本来の意味において宗教とは言えぬであろう。それにもかかわらずわたしはどれだけこのいわば哲学的信仰によって慰められ励まされ強くされたか知れない。この信仰なくしてはわたしは決して生きて来られなかったであろう。すべて先生に負うところである。先生から見れば弟子というには値せぬであろう、先生がキリスト教の神髄となす教説を会得しないからである。これに反して先生はわたしの魂の救済者である。先生の教えなくしては今日のわたしはあり得ないからである。なおわたしはキリストによる救済という思想を軽視するどころでなく、これを生涯の課題とさえも考えているのである。カントによれば学びうるのは哲学ではなくして哲学することである。わたしが内村先生から学んだものは先生の哲学ではなくして哲学することだと言えないであろうか。宗教的定説ではなくして魂の宗教的活動そのものだと言えないであろうか。思想内容そのものについてはわたしも一個の個性人として一々先生のそれに同ずることはできなかった。しかし先生の精神はわたしという人間の力量がゆるす限りそれを受け取り会得したつもりである。

ここで天野は、キリスト教の教説を理解できず、それゆえにキリスト教徒になり切れないでいる自分の立場を認めている。内村から自分が看取した精神とは宗教的なものではなく、あくまでも「哲学的信仰」であると天野はいう。そして、このことが自らを内村の「弟子」と称することを憚る大きな要因となっていることは先に述べた通りである。

ところがその一方で天野は、内村が「魂の救済者」であり、内村の「神を信じ、神と人とに仕えることに人生の意味を見るという信念」こそが、内村から学んだ「哲学的信仰」であるとも述べている。では、天野がいう「神と人とに仕える道」という場合の「神」とは一体何であったのか。「わたくしは国家と歴史との根底に歴史を支配する絶対者（神とか道とか名づけられるもので、わたしは道理といいます）の存在と、従って真理と正義との勝利を信じ、日々の誠実な生活によって道理の実現に参加したいと思う者です。そうして、ここに人生の意味と価値とがあると考えております」（天野貞祐全集3）と天野は答えている。

また天野は、「人間はだれでもそれぞれの仕方で宗教を持っている、といえるであろう。わたしもわたしの仕方で宗教を持っている」と述べ、「我々がしかし広い心を持って社会を見、永い目を持って歴史を考えるならば、社会と歴史との根底に、道とか神とかいう言葉で現わされるような絶対者の存することを会得できる」としながら、次のように続けている（天野貞祐全集5）。

道の存在も人間の行為によってのみ実現される。（中略）神を宿す可能性において人間存在の意義が成立する、とわたしは信ずる。その際、神と人間とを仲介する第三者を信ずれば、本来の宗教たるわけであるが、わたしの場合はそれを欠いているから「わたしの仕方で」といったのである。とにかく道理を信じ、それにおいて生き、それにおいて死ぬというのがわたしの信念である。

天野は本書第三章でも言及するように、『道理の感覚』において、道理は「ものの一切の秩序を意味し、道徳的秩序だけでなく理論的及び美的秩序をもふくむ、道徳的道であるばかりではなく理論的美的ロゴスでもあり」、一般には「ものの秩序、もののスジミチを指す」と定義づけていた。ここでは天野が「神」を道理とほぼ同じ意味で理解していたことが明らかである。内村にとっての神、すなわち「歴史を支配する絶対者」を天野は「道理」と表現していたのである。

天野の歴史観と国家論の中に内村の影響を認めるのはそれほど難しいことではなく、何より天野自身がその思想形成における内村の影響を強く自覚していた。その意味で、天野の内村に対する思いは、宗教（信仰）的な側面と思想的・哲学的な側面とに分かれており、決して単純で直線的なものではなかった。天野は内村の宗教（キリスト教）の倫理を道理と置き換えることで、思想的・哲学的側面から内村の精神を受容したといえる。

もっとも天野は、「歴史を支配する絶対者」を「道理」と置き換えたが、それによってキリスト教という宗教問題が決着したわけではなかった。それは、「わたしは現在でも聖書を読み、キリスト教から学ぶことが多いのですが、洗礼を受けたことはありません。しかし洗礼を受けなくても、聖書を理解してゆけば、りっぱな『キリスト者』になれると信じています」とする一方、「キリストによる救済という思想を軽視するどころでなく、これを生涯の課題とさえも考えている」（わが人生）と述べたことにも表れている。結論からいえば、晩年まで天野はキリスト教と対峙し続けることになる。ただし、天野が出した結論に到達するまでには、まだまだ天野の人生を辿らなければならない。

3　京都帝国大学とカント哲学

青春なき青春の記

一九〇九年（明治四十二）、天野は第一高等学校を卒業して二十五歳で京都帝国大学文科大学哲学科に入学した。教育者をめざしていた天野が哲学科へ進むのは、前述したように岩元禎の助言によるところが大きかった。京都帝国大学文科大学は、一九〇六年（明治三十九）四月に狩野亨吉《かのうこうきち》（第一高等学校校長）、谷本富《たにもととめり》（京都帝国大学理工科大学講師）、狩野直喜《かのなおき》（台湾旧慣調査会）、松本文三郎《まつもとぶんざぶろう》（東京帝国大学文科大学講師）、桑木嚴翼《くわきげんよく》（第一高等学校教授）の五名が開設委員に任命されて創立の準備が進められ、同年九月二十五日から授業が開始されたばかりの新しい大学であった。したがって、第一高等学校からの進学者は少なく、天野の「無二の親友」である九鬼と岩下は東京帝国大学に進んでいる。

ちなみに、九鬼と岩下は共に東京帝国大学哲学科でケーベル（Raphael von Koeber, 1848-1923）の愛弟子となった。各学部の首席に天皇からの褒章として贈られた恩賜の銀時計は岩下が貰った。一般学科では九鬼が一番で岩下が二番であったが、岩下の卒業論文「アウグスチーヌの歴史哲学・神の国」にケーベルが満点を付けたことで順位が逆転したと言われている。九鬼の「物心相互の関係について」は、ケーベルには理解されなかったという説もある（『キリストに倣いて――岩下壮一神父永遠の面影』）。

天野は京都帝国大学へ進んだ理由を岩元の助言と「桑木厳翼博士の名声に心をひかれて」と説明している。しかし、大学に入るまで天野が桑木の著作を読んでいたかどうかは不明である。また、これまで静岡県の沼津より西へは行ったことがないという天野は、京都行きを「あきあきした環境をはなれて、未知の世界を見たいという心もち」が誘因の一つであったとも述べ、次のような心の裡も吐露している（『教育五十年』）。

京都帝国大学

一高三年は碩学に学び知識を蓄え、友情を営み、まことに恵まれた修業時代と云うべきである。しかし十七歳で母を失ったわたしの京都落ちはなんともみじめな姿であった。小さな竹行李一つの書物と、衣類を中に入れたフトン包み一個だけであった。それで未知の京都へ行ったわけである。如何なる未来がここから開け来るか知るよしもなかった。大学教授に成ろうなどとは夢にも思わず、ただ独立して生活できる教師に成りたいとのまことに謙遜な希望をば持っていたが、しかし一種の名状しがたき暗愁を心の底に抱いて、静かな古都に住むことになった。わたしは早く母とわかれ、学校は四年おくれ、内村先生に学んだ信仰も力と成るに至らず、いかなる方向においても遅れを感じ、いわゆる青春の活気を味わうことがなかった。

未知の土地へ行く不安はあったであろうが、「京都落ち」という表現には陰鬱な空気が漂っている。ましてや、岩元の助言と「桑木厳翼博士の名声に心をひかれて」という表現には無理がある。それが何に基づくものなのか。天野は具体的には記述していないが、当時の天野の心情を垣間見ることはできる。

将来への煩悶《はんもん》

天野は、大学に入ってからも一途に勉強した。酒や煙草も嗜まず、映画や芝居に興じることもなかった。散歩を唯一の楽しみとし、実に質素な規則正しい日常を送った。天野の生活は、「極めて無事単調」であった。しかし、「この単調な学究生活を脅かす一つの問題が一高以来わたしの心の奥底に横たわっていた」と天野はいう。天野の心にあったのは、やはり内村鑑三であった。端的にそれは、『後世への最大遺物』の中にある「他の人の行くところをきらう所へ行け、他の人のいやがることをなせ」という言葉であった。

天野にはこの言葉への拘りが青年期に一般的に見られる心理なのか、あるいは自身に特有な思いなのかはわからなかった。ただし、高校時代に内村の「理想主義的な、あまりに理想主義的な教えを真正面より受け取りそれを実践しようとした」天野にとって、この言葉はより切実な重みを持っていた。そのため、教育者を志してはいたものの、もっと「他の人のいやがること」をすべきではないか、という「思想的卵」を「いつも心に暖めていた」という。

そうした中で、天野はある行動をしている。イギリスの宣教師で熊本県に初めてのハンセン病の回春病院を作ったハンナ・リデル（Hannah Riddell, 1855-1932）に面会して直接話を聞いたのである。また大学一年の夏休みには、静岡県御殿場の神山復生病院を訪れた。この病院は、後に岩下壮一が院長として生涯を捧げることになる病院であった。「他人のいやがること」という考え方は、「大学に入ってからも時々わたしの心を不安にした」という天野は、御殿場で下車し病院まで歩いた途中で、思わぬ出来事に遭遇した。少し長いが、この経緯を「青春なきわが青春の記」と題した記述で辿っておきたい（天野貞祐全集5）。

一年の夏休みに東京から京都へ帰る途中、御殿場神山の復生病院を訪ねたのもこれがためである。御殿場で下車し、神山まで歩いて行ったが、途中でひとりの西洋人が自転車で来るのに出会い病院長であろうと考えて、尋ねると果たしてそうであった。来意を告げると、病院には係りの者がいるゆえ観せて貰ったらばよいだろうということであった。こちらは場合によれば、すべてを捨てて「他人のいやがること」に身を投じようと心を燃やしているのに、先方は極めて冷静にその火を少しも煽ろうとせずむしろとり合おうとしないふうである。ゲーテを訪ねたハイネ、カントを訪ねたフィヒテなどの恐らくは経験したであろうような冷やかさを感じたが、とにかく病院を見せてもらった。これは今まで殆ど誰にも話したことがなく、まして書いたことの全然ない出来事であった。後年この病院をわたしの親友岩下神父が経営し、ここにその稀有な天才を葬ったことを思うと運命の不思議に驚かざるを得ない。

ハイネやフィヒテだけでなく、この出来事には内村から「君はいつまでもくるつもりか」と言われた天野の姿が重なる。「その火を少しも煽ろうともせずむしろとり合おうとしない」という表現には、青年期の傲慢さと軽率さを感じないわけではないが、天野には相手の態度や言葉によって自らの熱意や相手への評価が一気に変化してしまう所がある。それは、道徳的な観点から相手の全人格を評価するという天野の特徴ともいえる。実際、病院長の言葉に従って、その後に神山復生病院を訪れたかどうかも天野は記述していない。「かようにして運命はわたしが学窓に止まって教育者になることを欲したのである」。天野は、この出来事をこのように解釈した。この言葉には迷いは見られず、教育者となることこそが天命であると確信し、吹っ切れた天野の姿がある。

桑木厳翼との出会い

京都帝国大学文科大学は、哲学、史学、文学の三学科から構成された。「哲学哲学史」講座は、哲学哲学史第一講座（哲学）、同第二講座（印度哲学史）、同第三講座（支那哲学史）、同第四講座（西洋哲学史）の四講座からなっている。教授陣には、桑木厳翼（哲学）、松本文三郎（印度哲学）、狩野直喜（支那哲学史）など錚々たる陣容であった。史学科、文学科には、米田庄太郎《よねだしょうたろう》（社会学）、松本亦太郎《まつもとまたたろう》（心理学）、谷本富（教育学）、濱田耕作《はまだこうさく》（美学美術史）がいた。

なかでも、濱田耕作（一八八一〜一九三八）との出会いはその後の天野の人生において大きな転機となった。後に京都帝国大学の総長となる濱田のもとで、天野は学生課長を兼務することになるからである。ただしそれはもうしばらく後の話である。学生として濱田の日本美術史の講義を受けた天野は、その内容に興味を喚起されたという。しかし、それ以上に天野が強く記憶しているのは、春休みに有志で濱田とともに奈良へ研修旅行に訪れ、法隆寺などの寺院廻りをしたことである。天野にとってこの寺院廻りがその後の濱田との密接な関係の起点となった。

天野は一九〇九年九月に哲学科に入学し、「哲学哲学史」講座を専攻した。天野が入学した時、桑木厳翼（一八七四～一九四六）はまだ欧州留学中であり、同年十月に帰国した。「哲学哲学史」の教授は桑木一人であった。桑木は普通講義（西洋近世哲学史）、特殊講義（「現代の哲学」）、演習（カント『純粋理性批判』）を講じた。特に「現代の哲学」は、桑木が帰国して哲学科で行った最初の講義であり、内容も充実したもので天野には新鮮であった。天野は桑木をどう見ていたのか。天野の回想は概ね次のようなもので一貫している（『教育五十年』）。

桑木厳翼

当時先生は三十五歳の壮年であったが、その前年雑誌「太陽」が日本哲学者の一般投票をして先生が第一位を占める名声の所有者であった。先生は姉崎正治《あねざきまさはる》、建部遯吾《たけべとんご》などの東大の秀才組でも首席であるような秀才であったが、非常に謙遜で正直な人でした。わたしは学生として三年、哲学教室副手として二年先生の傍にいてそのことを痛感した。（中略）かようにしてわたしは五年先生の指導を受け、先生の御世話で大正三年七高の講師と成ったが、偶然にも同じ年に先生は東大に転任されることとなった。前後五年、一度も先生に叱られたこともなく、少なくともわたしとしては至極平和で幸福な弟子であった。もっとも先生とわたしは全然ちがった傾向性格の人間であり、先生にとって満足すべき弟子で無かったことは、わたしも十分に理解していた。

天野の人生を先に進めたが、桑木との出会いはまた、正確にはカント哲学との出会いでもあった。これまでカントの著作に触れていなかった天野は、桑木の演習で初めて『純粋理性批判』に接することになる。後に、『純粋理性批判』の翻訳に膨大な時間と労力を注ぎ込むことになる天野にとって、桑木の指導の下でカント研究を開始したことが哲学者としての原点となった。

ショーペンハウエルへの関心

もっとも、京都帝国大学に入学した当時の天野の関心は、必ずしもカントに向けられていたわけではない。遡れば、大学への入学が決まった時、天野は京都へ赴く挨拶のため岩元禎のもとを訪れた。その際に岩元は、ドイッセン（Paul Jakob Deussen, 1845–1919）の『形而上学初歩』（Elemente der Metaphysik 1887）とファルケンベルク（Richard Falckenberg, 1851–1920）の『近世哲学史』（Geschichte der neueren Philosophie 1885）を勧めた。この二書を携えて京都の下鴨にあった四畳半の下宿に落ち着いた天野は、『形而上学初歩』から読み始めた。これまで哲学書を読んだことのない天野にとって、カント（Immanuel Kant, 1724–1804）の空間時間の観念性などは全く理解できなかったという。

天野は、ショーペンハウエル（Arthur Schopenhauer, 1788-1860）こそがプラトン、カントの哲学の正当を継ぐ者と理解し、「カントに関する関係をソクラテスのプラトンのそれに比し、フィヒテ、シェリング、ヘーゲルの如き哲学者達をもっていわゆる小ソクラテス学徒」と位置づけるドイッセンの見方には違和感を感じたというが、それでもドイッセンの「形而上学的情熱」には大きく心を揺さぶられた。特に、『形而上学初歩』によってショーペンハウエルに導かれ、大学時代には『意志と表象としての世界』（Die Welt als Wille und Vorstellung 1819）に没頭し、これを卒業論文のテーマにすることを考えたこともあったと述べている。

特に、同書の付録の「カント哲学批判」を「実に面白い」という天野は、「カント哲学の批判は無数にあるが、これほど独創的天才的なものを私は他に知らない」と絶賛した。「神々しきプラトンと驚嘆すべきカント」との道統を継ぐ者として自らを任じ、カントの文章について、「輝かしいがしかし蠟をかむようだ」というショーペンハウエルの指摘には、一般に躍動感の乏しいカントの哲学体系に生命を注入する主張があり、「独異な生命の哲学がある」と評価した。

ショーペンハウエルへの共鳴は、ちょうど天野が大学二年の一九一〇年（明治四十三）に姉崎正治によって翻訳、出版された『意志と表象としての世界』（博文館）へとつながっていく。「局部的には幾らかの難点はあっても全体として立派な翻訳だと思いました」という天野は、姉崎の翻訳に「ひどく敬服し激励」されたと告白している。その感動が、天野にカントの翻訳へと向かわせる意欲と決意を駆り立てた。天野は姉崎とは直接的な接点はほとんどなかった。しかし、桑木が姉崎と東京帝国大学哲学科の同級であったことから、桑木を介して姉崎を身近に感じており、一九四九年（昭和二十四）七月の姉崎逝去の折には、追悼文「姉崎博士のことなど」を認めている。

カント研究への傾注

ところが天野は、結局はショーペンハウエルではなくカント研究を選択した。それは桑木の勧めに従ったためである。しかし、いつかは「カント学徒としてのショーペンハウエル」を研究し執筆することを構想していた。天野が求めたのは、あくまでも形而上学的な観点からカントを捉えることであり、桑木のカント理解とは観点の違いを感じていた。「先生にとって満足すべき弟子で無かった」という天野の言葉は、この点を意識したものでもあった。『教育五十年』で天野は次のように回想している。

先生は非凡な秀才であり、明晰な頭脳の人として知的理論的であった。カント解釈も認識論的であった。当時ドイツにおける学界の主流もやはり認識論的であったと云えると思う。しかしわたしが哲学に求めるものは形而上学的なものだった（中略）私見によれば、「純粋理性批判」の解釈は初期には主点を感性論においた。その代表的なものはショーペンハウエルのカント解釈である。彼によればカントの最大の功績は世界の表象性（夢幻性）を明かにしたことだと云うのである。次期の解釈は分析論を主点とした。新カント派の解釈はこれである。最近は形而上学的解釈がむしろ主流となった。わたしは初めからこの傾向にあこがれ、先験的弁証論を中心としてカント哲学を理解しようと努めて来た。

天野は卒業論文に「カント物自体の問題」を執筆し本格的にカント研究を進めていった。一九一二年（明治四十五）には大学院に進学し、引き続き桑木の指導でカントの「プロレゴーメナ」の翻訳に着手した。この翻訳は、桑木が手を加えて、一九一四年（大正三）に『プロレゴーメナ（哲学序説）』（東亜堂）として出版された。また、前年の一九一三年（大正二）には、「カント学徒としてのフィヒテ」を『藝文』に発表し、カント研究者としての地歩を着実に固めていった。

西田幾多郎との出会い

前述したように天野の大学生活は規則正しく、ある意味で非常に単調であった。毎日大学へ通い、日曜日にはたまに比叡山へ登山をすることもあったが、本屋に行く他には京都の市街に出ることは滅多になかった。住居は何度か転居をしたが、京都の洛北から離れることはなかった。長期の休みには東京に帰り、東京帝国大学に学ぶ九鬼周造と会うのが楽しみであった。そんな天野の周辺が少し賑やかになるのは大学院に進学する頃からである。

西田幾多郎

天野は大学院への進学と同時に哲学倫理学研究室の副手となった。副手は無給であったが、桑木の計らいで、研究室の図書取扱いを兼ねることとなり、月五円の給与が出た。しかしこれではとても生活は出来ず、自宅からの仕送りとドイツ語の翻訳のアルバイトで生活費を補填した。

図書取扱いの仕事は、天野に教授達と直接に接する機会をもたらした。決して社交的とは言えなかった天野にとって、この仕事の経験は人間関係を広げる場ともなった。「わたしはいわば研究室の主人になった。教授方でもわたくしの許可なくしては一冊の本も持ち出すわけにはゆかない」と珍しく天野は得意げに書いている。上田敏《うえだびん》、深田康算《ふかだやすかず》、内田銀蔵《うちだぎんぞう》、谷本富など史学科、文学科の教授陣とも個人的な親交を結んだ。「カント学徒としてのフィヒテ」を発表して、研究者としても自信を持ち始めていた時期でもあった。

なかでも、天野の人生にとって大きな意味を持ったのが西田幾太郎（一八七〇～一九四五）との出会いである。西田が助教授として哲学科倫理学講座に着任したのは、一九一〇年（明治四十三）八月である。天野が二年生の時であった。西田は、翌一九一一年に『善の研究』（弘道館）を発表し、後の京都学派の礎を築くことになるが、西田に対する当初の印象を天野は以下のように伝えている（『忘れえぬ人々――自伝的回想』）。

> 私達が二回生の時西田先生が招かれてわが文科大学の人となられた。嘗てその名を聞いたことがなく、初めて教壇に見たこのひどく陰鬱に見える哲学者においては直ちに尋常ならざる或るものを感じたであったろう。けれども後年の西田哲学の創設を誰が当時想望したであろうか。「いえつくりらの棄てたる石は隅の首石となれり」という言葉を私はしみじみと考えさせられるのである。

また天野は、「強度の近眼なので目をすり付けて書物を見られ、当時誰もその名を知らず、まして読む人のないフッセルのものなどを借りてゆかれた」と西田の姿を鮮明に記憶している。当時、哲学科の倫理学講座には専任教授がおらず、桑木が倫理学講座の教授を兼任し、西田は助教授であった。その関係で哲学と倫理学講座は研究会も研究室も一緒であった。研究室の副手であった天野は次第に西田と接する機会が増えていった。西田の日記には、天野が西田の自宅をしばしば訪問したことが記述され、その数は一九四四年（昭和十九）までに実に百六十三回に及んだ（『教育者天野貞祐先生の生涯と思想』）。西田の学問と人間性に対する敬愛の念は、天野の中で生涯揺るぎないものとなったが、西田もまた天野の誠実な人間性に絶対の信頼を置いた。西田は、学習院、京都帝国大学への着任など天野の人生の転機には常に力を貸している。

第七高等学校造士館への着任

「この頃のわたしには将来の京大教授が約束されているかのような情勢であった」。研究室の副手時代を振り返って天野はそう述べている。この言葉には、青年期に見られるある種の「生意気さ」を見ることもできるが、恐らくそれは天野にはあてはまらない。教育者をめざした天野は、大学院を出ても研究者をめざす気持ちはなかったからである。「小学校でも中学校でも教育者でさえあればよいので、大学教授などということはわたしの考え及ばざる所でした」というのが、天野の偽らざる本心であった。

大学院を出て研究室の副手になった以上、大学教授になることはある意味で約束された道であった。また、一九一三年（大正二）には、西田の紹介で智山派勧学院専門学校で「西洋哲学史」の講義を担当していた。月額三十円の給与によって生活の心配もなくなり、研究者としても論文が認められ、学界でも次第に評価されつつあった。そのため、躊躇もあったであろうが、天野は「このもったいない位地を捨てて七高のドイツ語講師」となる道を選んだ。第七高等学校造士館に行くことは何人かの友人からも止められたが、天野の意志は固かった。榊《さかき》亮三郎《りょうさぶろう》教授からは、「天野君、高等学校はながく居るべき所ではない、早く帰って来い」と言われたことを天野は終生忘れられないと述べている。もっとも、天野の第七高等学校造士館への就職は順調ではなかった。当時、旧制高等学校ではドイツ語教師を哲学科の出身者から採用することはなかったためでもある。獨逸学協会学校中学校時代の恩師、森洽蔵が天野を第五高等学校への就職に尽力したこともあったが、結局は実現せず失敗に終わった。また、同じ森の紹介で某高校への紹介を受けた際には、天野は忘れることのできない屈辱も経験している。天野の回想は次のようなものである。

森先生の連絡によって、教えられたように履歴書を持ち、指定された京都駅通過の列車に校長をどれほど尋ねても校長は見当らなかった。当時わたしは北白川の奥に住んでいたから、暗いうちに宿を出て、京都駅へ行ったのであった。わたしはこれはダマサレタと直感的に感じた。そのショックはわたしをうちのめすよりは、むしろ奮起させた。見ていてくれ、大に勉強しようと覚悟した。(中略)ひとの話によれば、校長はすでに東京で採用者を決定し、ただ推薦者への言訳のためにわれわれ求道者に無駄骨を折らせたのであると。(中略)わたしは直ぐに履歴書を送ったが、不採用の立派な手紙を添えて返送された。(『教育五十年』)。

「わたしをうちのめすよりは、むしろ奮起させた」という言葉には、天野の生来の「反骨」が顔を出している。そうした折、たまたま第三高等学校の教頭であった吉田《よしだ》賢龍《けんりゅう》が第七高等学校造士館の校長へ転出することになり、吉田と親しかった桑木の推薦で同校への採用が決定した。後に天野は、京都帝国大学の大学院と副手時代を振り返って、「もし卒業同時に就職に成功して研究室を去っていったならばわたしの一生にとって取返しえない損失であったに相違ありません」と述べている。そして、「幾度の求職にも失敗したこと、しかのみならず京都駅において痛感した屈辱は今日になれば却って祝福されるべき出来事であったのです。人生の幸不幸容易に断じえないことをこの場合にも思わざるを得ません」と続けた。一九一四年八月、哲学科に別れを告げた天野は、三等車で鹿児島へ向かった。それは天野の修業時代の終焉でもあった。

第三章　京都帝国大学と『道理の感覚』

1　第七高等学校教授時代

教育者としての天野

一九一四年（大正三）七月に第一次世界大戦が勃発し、八月に日本もドイツに宣戦を布告して参加した。この年の一月、鹿児島県では桜島が大噴火し、鹿児島市と対岸の大隅半島が陸続きとなった。この年、天野は住み慣れた京都から離れ第七高等学校造士館（以下、第七高等学校）のドイツ語講師として赴任した。三十歳の時である。

天野が鹿児島に到着した八月、大噴火の影響で桜島の上空はまだ真っ赤であった。鹿児島駅には、兄の親友であり農政学者の小出満二《こいでみつじ》（鹿児島農林専門学校教授）が出迎えてくれ、鹿児島での落ち着き先が見つかるまでの間、自宅で世話をしてくれた。小出の書斎は立派であり、天野は堂々としたテーブルを借りて京都からの電車の中で構想した「プレゴーメナ」の「解題及び成立事情」と「イマーヌ

第七高等学校造士館

エル・カント年譜」を執筆した。

同年九月の新学期が始まると同時に、天野は教育者としての第一歩を踏み出した。当時の第七高等学校は、「老教授」が多く、三十歳の天野は名実ともに新進気鋭の青年教師であった。授業の鐘がなるとすぐに「老教授」がなかなか腰を上げないのも気にせず出席簿を持って教室へ飛び出した。ある教授から、「みんなに憎まれますよ」と忠告されたこともあったが、天野は意に介することなく、「誰にも遠慮せず思う通りに振舞った」という。

また、「老教授」の中には、一風変わった人物もいた。とりわけ天野の注意を引いたのが篠原益三《しのはらますぞう》であった。「長いあご髭をしごきながら歯が悪いのか絶えず奥歯をカチカチならしている」が、時々述べる意見は短くて鋭い。一見、夏目漱石の『坊ちゃん』に出てくる「山嵐」を髣髴とさせるが、「その風貌態度に豪放の趣はあっても、どことなく陰気で気味わるい感じがした」というのが天野の印象であった。たまたま、職員室の席が隣になった天野は、篠原から「君は勉強しようと思っているらしいが、そう毎日きちょうめんに学校へ来るようでは到底優れた学者にはなれない。ほんとうの学者は勉強が面白くて時々学校を休むようでなければだめだ」と忠告された。天野は篠原の言葉にも一応は納得した上で、「しかし、ひとには天分というものがある、わたしはそういう天才ではない、毎日忠実に勤めた上で、できるだけ勉強するのがわたしの身上だ」（『教育五十年』）と答えたという。この言葉通り、天野は第七高等学校に在職した五年間に二日しか欠勤しなかったと付け加えている。このエピソードからは、当時の旧制高等学校の雰囲気と共に天野の人生観を垣間見ることができる。天野は後に篠原とのささやかな思い出を「不幸な天才者」というエッセイに認めた。

天野のドイツ語授業

一週間に十八時間から二十時間の授業をした青年教師の日常は順調であった。当時の旧制高等学校の語学授業は、書くことや話すことには力点が置かれず、文献を読むことが主流であった。しかし、読書が教養を養うのはもちろん人間形成においても大きな役割を果たすと考えていた天野は、ヒルティの『幸福論』などの文献を教材として授業を行った。授業での教師と生徒との交流に教育的意味を見ていた天野にとって、ドイツ語の授業は悦びであった。

天野の授業とはどのようなものであったのか。『北辰斜にさすところ——第七高等学校造士館五〇年史』は、「講義は文学書よりエッセイ的なものを得意とし、カール・ヒルティの幸福論をテキストとして蘊蓄を傾けた」とし、「点は辛かったが、翻訳は天下一品」と天野を評している。たしかに、「一高で岩元禎先生に鍛えられた経験がまだ生きていたので、今日から考えると少し厳しすぎたかと思われる」と後年の天野が認めるように、天野の授業は評価も含めて厳しかった。天野の授業を受け、後にインド哲学者となる金倉圓照《かねくらえんしょう》は、入学したばかりの授業の様子を次のように振り返っている（『回想　天野貞祐』）。

天野先生の新入学生に対するドイツ語の教科書は、レクラム版、グリムの『メルヘン』であった。先生は教室にはいって来られると、ただちにその最初の数節を読まれ、それを訳解せられた。そして、これを生徒にあてて、復習させられたのである。ドイツ語について、いわばイロハも知らない私たちに、のっけから複雑な文章をつきつけられたのであるから、面喰わない方が、むしろどうかしているといえるであろう。私たちは無我夢中で、やみくもに先生の講読について行くより他に仕方がなかった。それには自然、原文を暗記することになり、現在でもテキストの最初の一節は暗誦することができる次第である。

また、同じく森田茂雄《もりたしげお》は、「始業ラッパが鳴ると、先生は直ぐ教室に来られ、熱心に教えられ、授業が終わると、颯爽と大股に帰って行かれた。先生の歩き方は甚だ印象的であった。先生は授業中決して世間話や雑談はされなかった。我々二十才前後の若い生徒に対して、実に丁寧な言葉を使われ、我々に対する態度も洵に丁重であった。口やかましくもなく、怖い先生でもなかった。いつも几帳面であったが温かく穏やかであった」と天野を回想している。天野の授業スタイルは、第一高等学校の岩元のドイツ語授業を髣髴とさせる。それだけ岩元の影響が大きかったといえるかもしれない。

では、天野は自身の授業をどう評価していたのか。「よく出来る生徒が揃っていたため嫌われるよりはむしろ好かれたようであった」と天野はいう。たしかに、天野を慕う生徒は少なくなかった。金倉をはじめ、天野の自宅を訪れたというかつての教え子は多い。「先生には随分ご迷惑であったであろうが、世間知らずの私が、夜分などに突然お訪ねしても、別段嫌な顔もなさらずに、こころよく引見して下さった」というのが金倉の思い出である。

天野が生徒に対して常に丁重に接したことも多くの生徒が異口同音に口にしている。自宅での天野の会話は、読書、絵画、友人、旅行など多岐にわたったが、生徒たちは天野との親しい交わりを重ねることで、多くを学んだ。森田の回想は、そうした多くの生徒の思いを代弁してもいる（『回想　天野貞祐』）。

我々は先生から、人の生きていく道について何等かの方向を指し示されたように思う。先生の丁重なのは只言葉だけではない。先生ほど人を認め、丁重に遇する人を知らない。「常に誠実であること」、「神と人とに仕える道、才能がどうあろうと、地位がどうあろうと、この道を歩む限り生存に意味がある」という先生の考えに教えられるのである。先生は御説教は一度もせられなかったが、先生の暮らし方は、常に無言の教えであった。

岩下壮一との交差

天野が第七高等学校へ着任した直後、岩下壮一から手紙が届いた。内容は、自分も第七高等学校へ就職したいので、推薦してもらいたいとの依頼であった。

一九一二年（明治四十五）、東京帝国大学哲学科を「恩賜銀時計組」の一人として卒業した岩下は、同年大学院に進学。将来は東京帝国大学のスコラ哲学講座の教授となることを嘱望されていた。しかし、

岩下壮一

当時の岩下には大学に残って研究者となる考えはなく、カトリックの司祭になることを望んでいた。しかし、天野に手紙を出した時期には、岩下の家庭は大きな問題を抱えていた。北浜銀行の不正融資事件（北浜銀行事件）で頭取をしていた父清周が逮捕・起訴されたのである。家庭と自らの将来の狭間で苦しんでいた岩下が、天野に手紙を出したのはそうした折であった。天野はこの経緯を次のように記している（『忘れえぬ人々――自伝的回想』）。

大正三年夏、私はドイツ語教師として七高へ赴任したが、間もなく彼から自分も就職したい故校長へ推薦して欲しいという手紙を受け取った。私は彼に返事を送って君の如き学才を有し、且つ生活のために教師をする必要もない人が鹿児島まで来ることに賛成できない、むしろ東京の大学に止まって学問研究に専念して貰いたい旨を述べたところ、自分はあまりに境遇に恵まれすぎている故社会に奉仕したいのだ、是非推薦を頼むとのことであった。

ところがこの時、岩下は知人の三谷隆正もまた第七高等学校の英語教師になることを望んでいると知り、これを三谷に譲ろうとしたが、哲学科出身の英語教師を望んだ吉田賢龍校長は岩下の採用を決めたと言われる（『岩下神父の生涯』）。ただし、吉田が岩下の採用を決めた背景には、天野の推薦があったことは間違いない。

一九一五年（大正四）の夏に岩下は第七高等学校へ着任した。着任した岩下に対する生徒からの人気は絶大であった。「才気煥発、小柄なからだは頭の先きから足の先きまで知力が張りきっているような風格であった。満身これ才気といった感じであった。（中略）知性に輝くその風貌はひとの心を魅するものがあった。七高生は岩下先生の時間には教科書を見ないで先生の顔ばかり見ている、というような風評のあったのも無理ないほどであった」と天野は記述している。

岩下にとって、第七高等学校の生活は、比較的安定していた時期であった。この時期、岩下は鹿児島県立志布志中学校の英語教師であったマードック（Murdoch, James, 1856-1921）と学問的な交流を重ねた。後にマードックはメルボルン大学の日本学教授として赴任することになるが、その際に岩下もマードックに同行しようとした。それを止めたのが天野である。「きみの取ろうとするのは奇道である。奇道は正道へすすめぬ時にとるものだ。君は正道をすすむ資格において欠くところがないのだから、そんなことはよせ」。天野はこう岩下を説得した。「私はまだあの島津家の菩提寺（昌福寺とかいったかと思う）の墓地で、石垣か何かに腰かけて、天野君から諄々と説かれた時のことをまざまざと再現することができる」。後に岩下はこう回想している。岩下にとって天野は「人生のよき先輩」であり、天野は岩下の中に「聖者」をみていた。

岩下は、天野と第七高等学校教授として生活を共にし、一九一七年（大正八）、天野が学習院教授として転任すると同時に文部省在外研究生として欧州へ旅立った。ただし、形式上は一九二三年（大正十二）まで第七高等学校教授の身分は続いていた。「この明敏鋭利な秀才は多望な前途をも安楽な生活も一切否定して修道の生涯を志すに至った」と天野は岩下について語った。岩下は、イギリス、フランス、ドイツ、イタリア、ベルギーなど足かけ七年にわたる時間を海外で過ごし、ベニスで司祭に叙階、神父となって帰国した。

敬虔なクリスチャンの家庭で育ったとはいえ、なぜ岩下がカトリック司祭になる道を選んだのか、その理由を天野は岩下に尋ねたことはなく、また岩下から聞かされたこともなかったという。一九二八年（昭和三）、父清周の葬儀で岩下は、「万一父が生前の所業から世間に御迷惑をかけたものがありと致しますならば、私は私の一身を以て擲て進んでその罪を贖いたいと存じます。私は終生家を成さず、心身を神に捧げ、頂天立地、我が道とする所に依りて、国家民人の福利の為に最善の力を致したいと思ふて居ります」と会葬の挨拶をしている。神に捧げる道を選んだ岩下の決意には、父清周の関与した北浜銀行事件が大きな意味を持っていた。亡き父の代わりに社会に奉仕するという決意が後に神山復生病院の院長を引き受けた動機の一つであったとはいえるであろう（輪倉一広「岩下壮一の生涯と思想形成」）。

『純粋理性批判』の翻訳と岩波茂雄

天野は、第七高等学校へ着任した一九一四年、桑木厳翼・天野貞祐共訳として、『プレゴーメナ（哲学序説）』を東亜堂から刊行した。本文の翻訳は、京都帝国大学の副手時代に完成していたものであるが、先述したように、鹿児島までの車中で構想し、小出の書斎を借りて執筆した「解題及び成立事情」と「イマーヌエル・カント略年譜」を加えた。特に、「カント略年譜」には、「亡き母に対する思慕の情がカントとの関係を通じてよく現れている」と桑木から評されたことを天野は事ある毎に披露している。「カント略年譜」の学術的な評価よりも亡き母、種への思慕に触れた桑木の言葉が嬉しかったことはいうまでもない。

第七高等学校に着任した後、天野はカントの『純粋理性批判』の翻訳に没頭した。一週間に十八時間から二十時間のドイツ語の授業をこなしながら、夜は『純粋理性批判』の翻訳に全精力を注いだ。『純粋理性批判』の翻訳は、岩波茂雄《いわなみしげお》（一八八一～一九四六）との出会いをきっかけとした。天野が岩波と出会ったのは、天野が京都帝国大学哲学科を出た頃であり、岩波がまだ岩波書店を創業して間もない時であった。二人にどのような交流と会話があったのかは定かではないが、『純粋理性批判』の翻訳を岩波書店から出版することが二人の間で約束されたことは間違いない。岩波との約束を果たすべく天野は翻訳に取り組んだが、その作業は思うようには捗らなかった。天野の言葉を借りれば、『純粋理性批判』の「『感性論』は何とか片づけたけれども『分析論』の中途でどうにも出来なくなってしまった」（『忘れえぬ人々——自伝的回想』）ということになる。焦る天野を励まし助けたのは岩波であった。天野の回想はこうである（天野貞祐全集9）。

岩波茂雄

事実を有体に語れば、上巻の翻訳は私にとって非常な難事業であった。当時まだカントの思想と文章とに習熟することの浅かった私は分析論の中途において翻訳に対する興味を全然失ひ、これを断念しようと思った。その旨を岩波氏に通じた時氏の私に寄せられた書信は私の今なほ忘れ能はざるものである。それには――貴君の翻訳が何年を要しようとも更に意に介せぬ、他に何人が「純粋理性批判」の翻訳を完成しようとも岩波書店は断じて貴君の翻訳を出版する、利害得失の如き毫末も問ふ所でない、といふ意味が記されてあった。

岩波の言葉が、天野をどれほど感激させ奮起させたかは想像に難くない。「この激励なくしては私の翻訳は生れなかったであろう。私はどんなに感謝しても感謝しきれぬものを痛感する」というのが天野の率直な思いであった。苦労を重ねた『純粋理性批判』上巻は、一九二一年（大正十）に岩波書店から刊行された。刊行の際には、親友の九鬼周造に訳稿の一部（序言）を読んでもらい意見を求めた。ただし、この時すでに天野は鹿児島を離れ学習院教授となっていた。ついでに、『純粋理性批判』下巻が刊行されたのは、さらに十年程の歳月を経た一九三〇年（昭和五）である。天野は京都帝国大学へ異動していたので少し先の話となるが、『純粋理性批判』の完成した時、天野は「私はこゝに示された業績が氏の斯の如き厚意に酬ゆるに足らざらんことを懼れながらも、しかもなお氏との多年約を果たし得たことを何ごとにもまして喜ぶ者である」（天野貞祐全集9）と岩波への感謝を認めている。

ところで、岩波の激励と共に、『純粋理性批判』の翻訳には、第七高等学校のドイツ人教師、ドクトル・クレスレル（Dr. Kressler）の存在も無視できない。天野は、毎週二回ないし三回はクレスレルに会い、日本語と日本文学の研究を助け、その代わりにクレスレルには『純粋理性批判』の翻訳について疑問をぶつけた。クレスレルは、懇切丁寧に天野の疑問に答えた。「一小詞を忽がせにせざる氏の誠実周密な解釈によって私は実に多くを教へられた」と天野は述べ、クレスレルとの出会いを「幸福」と述懐している。もっともクレスレルは、岩下に「ドイツ人にも解らないカントを日本語に翻訳するのは不可能事である」と漏らしていたという。それほど、カントの翻訳は困難な作業であったということであろう。

　クレスレルとの親交は、学問だけでなく公私に及んだ。天野はクレスレル夫妻と散歩を楽しみ、クレスレルの自宅に泊まることもあった。几帳面で神経質な天野は、他人の家に泊まることはほとんどなく、どこへいっても宿をとることが普通であったが、「クレスレル君の家には数日泊めてもらったことが再度ある」と記している。天野をクレスレルの子供たちは、天野おじさん（Onkel Amano）と慕い、クリスマスや大晦日をクレスレルの家で過ごすこともあった（『忘れ得ぬ人々――自伝的回想』）。

結婚

一九一五年（大正四）七月、天野は第七高等学校へ着任して一年で教授となった。この年の九月六日、天野は青木タマと結婚した。実はタマは、天野の兄、康虎の妻であった。康虎は東京帝国大学を卒業後に司法官となっていたが、京城に赴任中の一九一四年五月一日に急性肺炎のために死去。三十七歳の短い生涯を終えていた。残されたのが、妻のタマと一子であった。

　タマに結婚を申し入れたのは天野であった。天野の申し出をタマは強く固辞したとされるが、結局は一子を実家に引き取ってもらい、天野からの申し出を受け入れた。新居を構えたのは鹿児島市池之上町である。タマとの結婚の経緯を天野はほとんど語っていない。ただし、東京都豊島区にある雑司ヶ谷霊園の天野家の墓には、天野夫妻の墓と並んで康虎の墓が建立されている。「天野貞祐年譜」をまとめた斎藤博は、「貞祐とタマの結婚にあたっては、老父藤三を含む貞祐・タマの三人や長兄・康三らの知恵と愛のこもる判断が以後六十五年に及ぶ夫婦愛の実践によって、人間味あふれる美しさと正しさを証明された」（『回想　天野貞祐』）と記している。

一九一七年（大正六）一月、天野家には長男誠一《せいいち》が誕生し、翌一九一八年（大正七）には長女カズ（和子）が生まれ家族は四人となった。天野の月給は、当時四十円であり、そのうち十二円が家賃に支払われた。新居の広い庭には果樹と泉水があり、実に快適な住居であったという。天野は大きな家が好きだったが、生活はいたって質素であった。真面目で神経質で潔癖性も強いというのが天野に対する家族からの評価であった。タマによると、学校から帰るとまっすぐ部屋に籠もり口数も少なかったという。タマは天野を「先生」と呼ぶことが多かった。夫婦で鹿児島の街を歩いた記憶もないが、長男の誠一が生まれた時には避暑に行ったことがあったという。『純粋理性批判』の翻訳に心血を注いだ天野の姿が重なる。

天野の家庭がいたって静かな雰囲気の中にあったことは、天野の家を訪れた当時の教え子たちの回想に共通している。たとえば、森田茂雄は次のように証言している（『回想　天野貞祐』）。

先生はいつも実に丁寧に迎えて下さって、寒い日には「どうぞ火鉢に脚をおかけ下さいまし」と言われ、奥様の作られたドーナッツや紅茶を御馳走になり、よく腹の空く年頃だったので腹にしみるようにおいしかったことを憶い出す。丁度先生が奥様を迎えられた頃であったが、奥様は直ぐ近くの部屋に居られても、静かで物音が聞こえなかった。後年何処でも先生の御宅は物静かで、簡素で清潔であった。正に其頃は先生がカントの『純粋理性批判』の邦訳を熱心に手がけて居られた時代であった。

天野の教育者としての生活は、第七高等学校に始まった。家庭を持ち、教育においても、研究においても、公私ともに充実していた鹿児島での生活は、「大体として日々是好日」（『教育五十年』）であった。

2　学習院教授とドイツ留学

学習院教授への異動

一九一九年（大正八）、天野は学習院教授に転任する。三十五歳であった。学習院に大学を創設する企画があり、東北帝国大学総長の北条時敬《ほうじょうときゆき》らが教員拡充を図っていた際に、西田幾多郎が天野を推薦したことによって実現した人事であった。この間の経緯を天野はほとんど語っていないが、おそらく、恩師である西田による推薦を優先した結果であったといえる。また、父藤三が六十五歳となっていたことも学習院への転出を決断させた理由でもあったはずである。

学習院への異動については、天野はタマ夫人にも相談しなかった。後にタマが語ったところによれば、天野が職業上の事や身分上のことを予め相談することはなかったという。しかしそれは、タマに対してだけではなかった。天野は、第七高等学校への就職を唯一の例外として、自ら就職先やポストを望んだことはなく、そのための働きかけをしたこともなかった。天野は人生の転機には誰にも相談することなく、一人で判断して進むべき道を決定することを常とし、そのことに誇りを感じていた。人間の運命は自分以外の大きな力に動かされているという思いが天野には強く、おそらくそれは内村から受けた宗教的な影響によるものだったのかもしれない。

学習院の異動に最も反対したのは、第七高等学校校長の吉田であった。「大学なら転出を許すが同程度の学校では許さぬ」というのが吉田の反対理由であった。しかし、老父が一人で寂しい生活をしているというと吉田は即座に天野の異動を許可した。そんな吉田に天野は心から感謝した。「明治四十二年母のない天涯孤独のみじめな一学生として、小さな竹行李一個と一包みの寝具とを持って京都へ遊学したわたしは、ここに五年の七高生活を終り、少なからぬ親しき知己を与えられ、日夕努力の結晶というべきカントの翻訳原稿を携え、妻と二児とを伴って再び東京へ帰り来った」（『教育五十年』）。これが東京へ到着した天野の率直な思いであった。

東京での住まいは、第一高等学校からの友人で学習院に在職していた児島喜久雄が千駄ヶ谷に借家を見つけてくれた。家賃は三十七円であり、鹿児島に比べて物価の高い東京の生活には不安もあったが、東京へ帰ったことは嬉しく学習院での生活も楽しみであった。ところが、学習院の着任は一日目から天野を失望させた。九月の猛暑の中で初めて登校した天野を案内してくれる者はなく、職員室には机も席も用意されていなかった。当日は運悪く児島もおらず、天野は「全くの孤独者」であった。

「低調」の時期

天野の着任した学習院は、乃木希典《のぎまれすけ》院長時代が過ぎ、いわゆる白樺時代の面影も無くなっていた。また、東北帝国大学総長の北条時敬が一九一七年（大正六）に院長として来任し、京都帝国大学の学生鑑と第三高等学校教授（倫理学）を兼任していた山本良吉《やまもとりょうきち》が、院長の顧問役として新任教員の採用などを進めていた。西田幾多郎は、北条の第四高等中学校時代の教え子であり、天野の人事は北条と山本とのラインで進められた。そのため天野は、すでに学習院にいた教授からは、そもそも疎んじられる状況にあったのである。

学内の派閥争いの過程で、一九二〇年（大正九）に北条と山本が学習院を去り、その下で採用された教授の多くも学習院を去ったが、紀平正美《きひらまさみ》と天野だけは学習院に残った。もともと、政治的な派閥争いには関心がなく、むしろ距離を置きたいと考えていた天野は、北条らと行動を共にすることは考えていなかった。

学習院の状況は、天野には「低調」と映った。ただし、それは天野自身にもあてはまるものであった。身体的には健康がすぐれず、肺尖カタルと診断されて一時は小田原への転地療養も経験した。また、『純粋理性批判』の翻訳も行き詰まり、気分も不安陰湿なものとなっていった。「学習院も低調であったが、わたし自身も教育に関係した五十年余の間において、最も低調の時期であった」（『教育五十年』）と天野は当時を振り返っている。

ドイツ留学と関東大震災

天野は「最も低調の時期」を留学によって脱出しようとした。一九二三年（大正十二）に学習院から正式に留学の機会が与えられた。実は天野が学習院に招かれた際、北条院長と西田幾多郎との間で天野を留学させるという約束が交わされていた。北条はその約束を果たさないまま院長を辞任することになったが、西田との約束に責任を感じていたために自ら宮内庁を訪れ、大臣に直接申し入れをしていた。天野の留学が認められたのはその結果であった。

同年四月二十七日、天野は京都の自宅に西田を訪ねて留学の挨拶をし、学習院の同僚二人とともに神戸港よりマルセイユ経由で海路ドイツに向けて出発した。留学地のハイデルベルクでは、一年前に留学していた親友の九鬼周造が天野を出迎え、グランドホテル（ハイデルベルク・ホーフ）に落ち着いた。天野の留学生活は当初は順調であつた。ハイデルベルク大学、フライブルク大学、マールブルク大学の諸大学でリッケルト教授、ホフマン教授、ヘッリッゲル講師の講義を聴き、散歩と読書に静かな時間を過ごしていた。

ところが、思いがけないことが天野を襲った。同年九月一日に発生した関東大震災である。この時、天野は成瀬《なるせ》清《きよし》（無極）に誘われてスイスに旅行中で、チューリッヒ市外に滞在していた。震災の報を聞いた天野は、すぐさまハイデルベルクに引き返し、手を尽くして家族の消息を追った。幸いなことに天野の家族は無事であった。この年の三月、天野の家族は岩波茂雄や九鬼周造の世話で鎌倉に転居しており震災の被害を最小限にすることができた。鎌倉の家は倒壊したが、出産を控えていたタマと一九二〇年（大正九）に生まれた次女ミツ（光子）を加えた三人の子供は、その後タマの実家のある東京の拝島に避難することができた。十一月には三女の清子が無事に生まれている。

「ハイデルベルクの思い出」

ハイデルベルクへの留学経験は、ホフマン教授などから受けた研究面での刺激が非常に大きく、改めて学問への研究心を掻き立てられるものとなった、と天野は語っている。その意味では、ハイデルベルクへの留学が、天野の「低調」を脱するための一つの契機になったことは確かである。しかし、天野が留学経験で得たものは、学問研究だけではなかった。それは自らの歴史観と道徳観を確認し、それを強固な信念へと引き上げるもので、その経験は「ハイデルベルクの思い出」という論稿に結実した。

天野がハイデルベルクに滞在したのは、一九二三年春から翌一九二四年夏までである。この時期、ドイツでは何が起こったか。「政治的にいえばクーノー内閣の対仏強硬外交が徹頭徹尾失敗に終り、平和主義を標榜するシュトレーゼマンが首相兼外相として新内閣を組織した時に始まり、かれの力戦苦闘が辛うじてドイツを壊滅の危険から救い、復活の曙光が見え出した時に及ぶ。経済的にはマルクの低落が漸くその速度を加え来った時から、レンテンマルクの制定によって経済状態が漸く安定し始めた時期に至る」と言うのが天野の整理である。「この時期におけるドイツの国歩艱難は大戦中のそれをもはるかに凌ぎ、現在の窮迫の如きこれと比すべくもない」という天野は、「ドイツが死線を超えゆく有様を諦視してその国情と国民性とを幾分学び得たと共に深く国家の興亡盛衰について思わざるを得なかった」と述べた。

ドイツの「国家の興亡盛衰」を目の当たりにして天野は、第一次世界大戦前後のドイツを隆盛から窮地へと突き落としたものは何であったかと問う。「即ちそれは繁栄が招来したドイツ人の驕慢心である。そうしてこの驕慢心を極端に具体化したものが軍閥の専横跋扈であった」というのが天野の到達した答えであった。さらに天野は次のように続けた（天野貞祐全集1）。

道徳的なるものこそ一切の力の源泉である。一切の存在の根源である。オントース・オンである。歴史は決して盲目的過程ではない。理性者自現の過程である。発展である。進歩である。理性的なるもののみが歴史の上にその存在権を要求し能うのである。ドイツ衰微の真因は国民の驕慢心、軍閥の横暴、シーバーの跳梁の如き反道徳的諸相において存した。しかもドイツをして来るべき興隆を思わしむるものはその強靭なる道徳力である。無反省と軍閥とシーバーのみをドイツと共有してその道徳的強靭性を共有せざる国が在るならば、その国はそもそも何処へ行くのか。

ドイツの国民的窮乏を直に経験した天野は、その状況を描写して、国民の偉大さとは国民の実証しうる道徳力であると説いた。道徳的偉大さとは、道理を遵奉する実践力であるというのが天野の信念でもあった。ここには内村鑑三の歴史観と道徳観が色濃く反映されており、将来の日本国民が犯す恐れのある独善と横暴に対する予言的警告が含まれていた。後に『道理の感覚』の冒頭に収載されることになる「ハイデルベルクの思い出」は、天野の留学経験を経由することで自身の歴史観と道徳観を強固にし、それを力強く宣言する論稿となったのである。

3　京都帝国大学教授への就任

生涯の「一大転機」

一九二三年の冬、天野の滞在していた地域でインフルエンザが流行し、天野もこれに罹患した。その後、体調が思わしくなく一ヶ月以上寝ていたが、結局は一年半の留学を半年短縮して帰国した。この間の詳しい経緯は不明なことが多い。タマ夫人の回想によると、この時天野はある種の「神経衰弱」に近い状態に陥っていたという。次女のミツが、帰国した天野がなぜか近寄りがたかったと述べているのも、天野の精神状態と関係していたのかもしれない。慣れない土地での過酷な政治的混乱に直面し、さらには関東大震災による家族への心配などを重ね合わせれば、精神的な不調を引き起こしても決して不思議ではなかった。

ドイツ留学から帰国した天野は、身体的にも健康を取り戻し、留学前の「低調」から脱したように見える。学習院では週十八時間の授業を行ない、留学経験で得た学問的刺激は研究への意欲を喚起し、研究と教育に傾注する時間を過ごしている。帰国した天野には、東北帝国大学、第三高等学校から招かれ、学習院から転出する機会があったが、結果的には全てを断っている。教育者となることが素志である天野は、派閥争いも収まりかけた学習院に骨を埋める気持ちとなっていた。そのため、父藤三に援助してもらい、学習院のある豊島区の目白に自宅も建てていた。

ところが、ここで天野にとって生涯の「一大転機」が訪れた。京都帝国大学の恩師、朝永三十郎《ともながさんじゅうろう》（一八七一〜一九五二）が天野の自宅を訪れ、朝永の後任として京大に戻るように勧めたのである。実は、ドイツ留学の前、天野は京都帝国大学文学部の宗教学講座への誘いを受けている。しかしこの時は、専門とかけ離れていることもあり、「苦慮せず、辞退」したが、今度は西洋哲学史講座からの誘いであった。「わたしは一生において朝永先生に対するこの答えほど苦しんだことはなかった」という天野の言葉は、おそらく誇張ではない。

天野が躊躇した大きな理由は、京都帝国大学の哲学科に西田幾多郎、田邊元《たなべはじめ》（一八八五〜一九六二）、波多野精一《はたのせいいち》など錚々たる研究者が揃っていたためである。当時の天野は、『純粋理性批判』上巻を出版したとはいえ、翻訳の他には十分な研究業績があったとは言えなかった。「稀有の才能にめぐまれた人達がおり、そこにわたしのような学才もない上にしばらく純粋研究に遠ざかった者」が入り込むことに不安も拭えなかったというのが天野の本心であった（『天野貞祐――わたしの生涯から』）。

三木清の影

また、天野が京大へ帰ることを躊躇した大きな理由は、三木清《みききよし》の存在があったといえる。三木は一九二〇年（大正九）に京都帝国大学を卒業し、岩波茂雄の援助を受けて天野と同じ時期にドイツ留学を経験している。京都帝国大学開学以来の秀才として名を馳せ、西田の定年後は京都帝国大学の哲学科を田邊元と三木が中核となって背負うことは自然の流れと思われていた。

しかし、三木のいわゆる「女性問題」が田邊の逆鱗に触れ、京都帝国大学へ戻ることを不可能としていた（『物語「京都学派」』）。この人事には、「謀略説」まで流れたが、天野がこうした状況を知らないはずはなかった。後に天野は、京都帝国大学へ戻ることは、「私にとって苦しい決断であった」としながら、「京大哲学の教授方にとっても決して容易な決断ではなかったであろう」と述べたのは、三木の人事をめぐる混乱を意識した表現であったともいえる。

また天野は、自身の人事について「その間の消息をわたしはどなたからも全然聞知したことはなかった」と意味ありげな記述をしている。これが、言外に三木を意識した上でのものと考えるのは自然であろう。とすれば、三木の代わりとして自分が京都帝国大学へ戻ることは決して愉快なものではなかったはずである。天野は、もし学内に少しでも不賛成の声があれば「決して京大へ帰ることを考えずに、わたしの一生も別のものと成ったであろう」と敢えて述べているが、それは天野の偽らざる気持ちであったに違いない。同時にそこには、生来の「反骨」が見え隠れする。少なくとも膨大な天野の著作の中で三木に言及した記述はほとんどない。

田邊元と西田幾多郎

天野は一九二六年（大正十五）八月、「清水の舞台から飛び降りるような気持」で京都帝国大学へ帰ることを決断し、文学部助教授に就任した。四十二歳であった。学習院では留学に伴う二年間の「勤務義務年限」があったが、それも果たしていた。

田邊元

天野を京都帝国大学に戻すにあたって特に大きな役割を果たしたのが、田邊元と西田幾多郎であった。それは天野も承知していた。田邊は、天野より年齢では一年下であるが、「学力と学識において氏はわたしを遠く隔たっている。同僚というよりは師」であったという天野は、京都帝国大学に着任して以降、定年で大学を去るまで田邊の講義を聴講し続けた。「今日わたしが京大名誉教授であるのは氏のお蔭である」。天野はこう田邊への感謝を公言して憚らず、田邊との親密な交流はその後も継続された。後に天野が文部大臣への懇請を受けた時も田邊だけが引き受けることを強く勧めた。「非常の時には非常の覚悟を要す、今日は学生を識る文部大臣が必要である」というのが田邊の言葉であったという（『教育五十年』）。文部大臣在任中も何かと天野に助言したのも田邊であった。

また、西田は天野が哲学教室の副手時代からその誠実な人格に信頼を置き、天野の行く末に心を砕いてきた。おそらく後継を期待した三木への思いも複雑であったろうが、結果的に天野の人事が成功する背景には、西田の尽力があったことは否定できない。一九二五年（大正十四）三月の西田の日記には、次のような記述が認められる。

「八日（日）午前朝永君と共に波多野君を訪ひ、天野の件を話す。午後波多野来訪」

「十八日（水）午後朝永君を訪ふ。濱田君来る。天野へ手紙を出す」
「二十七日（金）昨夜眠られず、今日気分わるし。（中略）学校にて坂口君に遭い天野のこと話す」

同年四月に入ると、「四日（土）午前天野君来る、朝永君も同席」「五日（日）午後田邊君を訪ふ。天野君来る（波多野君からの帰途）。」と続く。天野の回想では朝永が天野を訪れたという記述しかなく、それも「或る日」とだけで具体的な時期は明らかではなかった。しかし、西田の日記を見る限り、一九二五年の三月から四月にかけて天野の人事が具体的に進み、天野自身も京都で西田、田邊をはじめ、波多野精一、濱田耕作と話を進めていたことがわかる。

天野は、西田について数編の論稿を残している。「先生に接して先ず人の懐く心もちは畏敬の念でないかと思う。少なくとも私はそうであった」と述べる西田への思いは常に直線的であり、西田を「愛の場所」であるとも評した。しかし一方で天野は、研究においては複雑な思いも抱えていた。西田自身が天才であり、西田が好んだものも「天才的」な才能であることを知っていた天野は、「私などは決して先生に好まれる範囲には入る人間ではない」という思いから解放されることはなかった（『忘れえぬ人々――自伝的回想』）。

『純粋理性批判』の完成

天野が京都帝国大学に在籍したのは、西田哲学の全盛の時期であった。西田を中心として、田邊元、波多野精一、深田康算、和辻哲郎、そして後に天野の親友である九鬼周造がこれに加わる。こうした中で、天野も厳しい研究と講義の緊張に身を晒した。しかも、三木の問題が重なることで、その負荷は予想を超えたものであったはずである。「先生が研究室から講義のため教室に向かわれる時、途中の廊下に待ち受けて何かお願いしようとしても先生は何か考えごとをしていて聞こえないことが度々あった」。これは、太田和彦が当時の天野について回想したものである。哲学科の講義は学会での研究発表に匹敵する、と言われた雰囲気の中で、天野の必死な様子が伝わる。

その間、一九二八年(昭和三)三月には父藤三が七十四歳でこの世を去るという大きな悲しみもあったが、天野に対して哲学科の空気は温かかった。特に朝永は、天野の講義を週一時間に止め、天野が研究に集中できる時間を確保するという特別の配慮をしている。こうした心遣いを受けながら、天野は一九三〇年(昭和五)に漸く『純粋理性批判』下巻の翻訳を完成させることができた。上巻の刊行からほぼ十年を費やしての完成であった。

天野は、「訳者付録」で「一日も早くこれを完成して責務の重荷より解放せられんことを日夜に希求して止まなかった」としながら、「昭和三年冬より五年春に至るまで、私は身辺もろもろの事象に対して一切閉目、ひたすらこの仕事に没頭した。私にゆるされた凡ての時間凡ての精根挙げてこれに傾注した(中略)客観的価値の如何を問わず、たゞ私にとっては実に十年窶身の所産である」と述べている。下巻の完成は、根気強く天野の翻訳を待ち続けた岩波茂雄との長年の約束を果たした瞬間でもあった。そして天野は、「その業績の如何を問ふ前に先づ私は完了そのことを喜ばずに居れない」としながら、「これをもって私は哲学学徒としての半生を葬り更生のこゝろをもって哲学の道に精進したいと思ふ」（天野貞祐全集9）と結んだ。
一九三一年（昭和六）三月三十一日付で天野は朝永の後任として教授に任ぜられた。また、「カント純粋理性批判の形而上学的解釈」を学位請求論文としてまとめ、「カント学徒としてのフィヒテ」「純粋理性批判の一版二版論」「プロレゴーメナの成立の事情」などを副論文として提出し、同年六月八日付で文学博士の学位を授与された。

九鬼周造の京大着任

「私は大正の終りから昭和の初めへかけて数年の間、巴里で高等遊民ぶりを発揮してゐたのだが、当時まだ京大の助教授だった天野君から手紙が来て、いい加減に帰朝して自分の仕事の手伝ひもしてくれと書いてあった。そんなことで昭和四年に帰朝すると直ぐ天野君の推薦で、従来私には何の縁故もなかった京都帝大の文学部に講師として出るようになった」（『をりにふれて』）。九鬼周造は、留学を終えて帰国した経緯をこう記している。

九鬼の将来を心配していた天野は、朝永に九鬼の件を相談していた。九鬼が京都帝国大学出身でないことが懸念材料ではあったが、幸い哲学科の同意を得ることができた。後の天野の記述によると、九鬼の人事が実現したのは学閥に捉われることなく有為な才能を愛した西田幾多郎の強い意向によるところが大きいという。九鬼は、一九二九年（昭和四）一月に帰朝し、同年四月に文学部哲学科講師として着任した。

天野と九鬼との友情は、第一高等学校より変わることなく続いていた。ドイツ留学を半年早く切り上げて日本に帰国した天野を想って九鬼が詠んだ詩がある。九鬼の眼から映し出される天野の姿が生き生きと表現されている（『巴里心景』）。詩の中にあるAとは、いうまでもなく天野である。

ああ、綺麗だ、振返って見給へ、
紫色に錆びた落着いた色の凱旋門、
いつ見てもいいな、
さう云へばAは今頃何をしてゐるだろう、
日本へ歸つてからもう一年たつた
夏休み後の新學期、
カントの倫理學の講義でもしてゐるか、
あれ程の道徳的人格は滅多にないな、
どんなに疲れた晩でも「汝の義務を爲せ」と云つて
ねむい目を擦りながら翌日の講義の調べをする人だ、
斷言的命令《カテゴリシエルインペラチイフ》があれまでに生きた力になつてゐる性格を
君は他に見た事があるか、（以下、略）

天野と九鬼の友情の基盤にあったものは何であろうか。かつて、安倍能成（一八八三〜一九六六）が、天野に九鬼のどこがよいのか、と聞いたことがあるという。天野はこの時、他人の悪口を言わぬことと他人のことに強いて立ち入らないことである、と答えた（『忘れえぬ人々——自伝的回想』）。安倍はそれに同意したものの、天野もまた九鬼に似ているように思えた。「天野君は（中略）自ら持することはつゝましやかで人に求めることの少ない人である。初対面の時にも一見旧知の如くに人の胸臆に突入して来るといふ感じは受けとらなかった。それがあんなによい師友に囲まれ世間の人々から敬愛せられるやうになったのは、天野君が信用のできる人であり、妄りに人のおせっかいをせず、人の生活を乱さぬたしなみがあり、その上ひとのよさを発見してこれに傾倒し得る『私』の少ない性格であるのによる」（『回想　天野貞祐』）というのが安倍の評価であった。

ところで、哲学科の講師に着任した九鬼に対しては、専任の教授として採用する話が強くなった。しかし、当時の哲学科には教授のポストに空きがなく、九鬼ほどの研究業績のある者を助教授で迎えることも憚られた。しかし、天野から事情を説明された九鬼は「天野の下なら助教授でも講師でも何でもよい」と答えたという。九鬼はその言葉通り、一九三三年（昭和八）三月に哲学哲学史講座（西洋哲学史）の助教授に就任した。その後、一九三四年（昭和九）七月に倫理学講座の和辻哲郎が東京帝国大学に転任したのに伴い、翌一九三五年（昭和十）三月に天野が倫理学講座の担当となり、九鬼が哲学哲学史講座（西洋哲学史）を引き継いで教授に昇任した。

家庭と大学の日常

天野の日常は規則正しく平穏であった。もともと、四季の中では夏が好きだったという天野は、早朝の爽快な空気の中で鴨川の散策を楽しみとした。夏でも冷たい物は飲まず、熱い番茶を好んだ。研究室の扇風機を使うこともなかった。こうした生活習慣は、第一高等学校の寮生活の時から変わらなかった。夜は十時には就寝し、朝は遅くとも五時には起きた。避暑も考えたことはなく、家族が旅行をしても天野は留守居を決め込み、読書と執筆に時間を費やしたと天野は書いている。ただしそれは、大学での生活が忙しくなってきてからである。一九三〇年前後には、二年続けて淡路島に海水浴に連れて行ってもらったことを、次女のミツと三女の清子は覚えている。

和辻哲郎

清子は、京都の北区と左京区の境の賀茂川にかかる出雲路橋で大学帰りの天野を待っていたことや、朝食前に下鴨神社で一緒にラジオ体操をして家に帰り、母タマが作った味噌汁を美味しく食べたことも覚えている。また、天野が大学の水泳教室に申込み、カズ（和子）、ミツ（光子）、清子の三姉妹は天野と同じ道を通って大学のプールへ通った。水泳教室通いは、三、四年の間続いた。

『純粋理性批判』の翻訳を完成させ、学位を取得した天野には、少しの余裕は出来たものの大学での日常は多忙であった。その中で天野は可能な限り家族との時間を過ごしたといえる。「忙しい中にも、その頃は珍しかったと思われる中華料理を時々頂き、とりわけ鯉の丸揚げや甘藷の飴煮のおいしかったこと、また河原町三条の十字屋でレコードを買った帰りに、西洋料理を御馳走になったり、私達にとっては平穏な毎日でした」というのも清子の思い出である。天野は家庭ではあまり話はせず、家族の揃った夕食で時折、その日の出来事を話す程度であったというが、清子が最も心に残っている単語が「中庸」であるというのは天野らしい逸話である（『回想　天野貞祐』）。

文学部では教授の面会日が設けられていた。天野の面会日は土曜日の夕方で、京都下鴨の自宅には多くの学生や卒業生が訪れた。「二階の畳の部屋に数脚の椅子を用意して下さってありました。茶菓子を頂きながら学問の話、銘々の郷里の話、趣味・スポーツの話等で時間を忘れたものです。優秀な先輩諸兄も来られて学問的雰囲気に浸ることができました」と当時の教え子であった井上雅夫《いのうえまさお》は回想している。また、毎年一月四日、天野は自宅で教室の教え子と新年会をすることを恒例としていた（『回想　天野貞祐』）。

京都の洛北に住んでいた天野は、大学までの約三十分の道のりを毎日徒歩で通った。昼食は、いつも教官食堂を利用したが、ここは多くの教授達のサロンのような場となっていた。また、研究の合間には和辻哲郎とキャッチボールをすることもあったが、平日の多くの時間は研究室で過ごした。天野が特に楽しみにしていたのが夏休みであったという。「朝涼しい間に家を出て夕暮に帰って来る。研究室は非常に涼しい上に、日中暑気の最も酷しい時刻には心おきない同僚達と食卓の雑談に耽っている。わけても濱田教授の人生論や旅行談に聞き入っては暑気も何も全く忘れてしまう」と回想している。

もっとも、夏休みを楽しみとした大きな理由は講義から解放されたためでもあった。「平生は講義に苦しみ、しかも不満足な講義の後味ほど不快なものは少ないので、私の生活はとかく陰鬱を免れにくい。それだけ休暇は一そう愉快である」(『随想録』)。西田哲学の全盛期の哲学科において、大学での講義の強い緊張が続いていたことがわかる。おそらく天野にとっての本音であったに違いない。

自分の持場

しかし、大学の講義と研究への様々な重荷の中で日常を規則正しく過ごしていた天野の中では、少しずつ自身のあるべき姿が見え始めていたのかもしれない。たとえば、一九三六年(昭和十一)に発表されたエッセイ「夏日随想」では、「人は素質、教養、環境等の相違に従ってそれぞれに異なった神を見ている。礼拝の仕方も様々であってよいわけだと思う。凡ての人が神を一様に把握し一様の仕方で礼拝することは不可能であるばかりでなく不必要である」とした上で、「それぞれの仕方において神を心に宿し、それぞれの仕方において神に仕え得る所に人間の形而上的根拠が存し、そこに人間の自覚と自信の源泉があると思う。私自身も私の仕方において小さな花束を『道理』の殿堂に捧げ度いと念願している」(『随想録』)と述べている。

「それぞれの持場において、その処その時の命ずる義務を誠実に果すことが、道理の実現に参与するゆえんである。そうして道理の宿る処そこに人生の充実があり、意味がある」。この時期を画期として、天野はこう述べることが多くなる。しかもそれは、天野の人生観の核心であるとまで表現された。

天野は、自らの「持場」をどこに見出したのか。たとえば、久野収《くのおさむ》は天野が哲学科の教授達とはむしろ領野を異にするように独自の世界を歩み出したと述べている。「日中事変にはじまる軍国主義の急流に、カント的理性と道義の持論をとってゆるがず、そのためファシズムと戦争に批判的であったインテリや学生たちの信頼と期待を集めることになった」とも見ていた。

たしかに、天野の関心は学問的なカント研究から離れ、著作も『道理の感覚』（一九三七年）、『学生に与ふる書』（一九三九年）、『道理への意志』（一九四〇年）、『私の人生観』（一九四一年）、『信念と実践』（一九四四年）というように社会批評、人生論、随想などの範疇に属するものが主流となっていった。それと同時に、天野は学界からも次第に距離を置き、研究者同士の交流にも熱心ではなくなっていった。ある意味でそれは、天野が研究室から出て、大きく変転する時代と直接に対峙し格闘する道を選んだといえる。また、「警世の言葉」を発信することが、自身の「持場」であることを確信したかのようにも見える。もっとも、そのことを天野が明確に自覚していたかどうかはわからない。天野にしてみれば、自らの「道理の感覚」に従い、その声に誠実に応えた結果であると答えるかもしれない。いずれにしても、この時期を境にして天野の研究者としての立ち位置が変化して行ったことは確かである。

濱田耕作

濱田耕作と学生課長

第七高等学校で天野と同僚であったドイツ文学者の吹田順助《すいたじゅんすけ》は、「西田哲学、田辺哲学、等々、一時は日本の哲学の淵叢の観があった京大にあって、君としてはあまり得意でない時代もあったようだが、京大の学生鑑(?)《ママ》、それから一高長になった頃から、君は軌道に乗り出したように思ふ」と天野を評したことがある（『回想　天野貞祐』）。吹田のいう「学生鑑」は学生課長のことであるが、確かに天野の人生は、一九三七年（昭和十二）を画期として大きく変転して行く。この時、天野は五十三歳。自身の人生観に立脚した時代への懐疑が天野の精神を大きく揺り動かし、何者かに突き動かされるように激動する時代の表舞台へと投げ出され、縦横無尽に泳ぎ始める。その最初が学生課長の就任であった。

一九三七年六月、濱田耕作が京都帝国大学の総長に就任した。満州事変以降の時局が緊迫の度を強めて行く中で、京都帝国大学でも一九三三年（昭和八）五月に起きた「瀧川事件」の余波に厳しい学内運営が求められる時期であった。総長に就任した濱田が最初に取り組んだことの一つが、学生課の改革であった。その課長に白羽の矢が立ったのが天野であった。学生時代に、濱田の「日本美術史」の講義を聞き、奈良への研究旅行をしたのが天野と濱田の最初の縁であったことは前述した通りである。学生課長を引き受けた経緯を天野はこう述べている（天野貞祐全集2）。

わたしは多年高校教師をつとめ、全力をあげてカントの翻訳に没頭したため、哲学研究におくれをとり、哲学講義に苦しみぬいていて、学生課長どこの話ではなかった。ところが浜田総長と総長を補佐していた小島《おじま》（祐馬《すけま》）文学部長から執拗に就任を要求され、困りはてて西田先生にお話ししたところ先生はそんなに困るなら断ったらよい、と言われたが、小島部長は承諾せず、ついにわたしは全く自信のない大学教育行政の一翼を担うこととなった。顧みればこんな不思議な事情でわたしはいやいや自分の恐らくは天命とする境地へ入り込むことになったのである。

当時、学生課長を担当するのは行政官であり、現職の大学教授がその任を担うのは異例のことであった。しかも、自由主義の傾向が強いと見られた天野に対しては、文部省も容易に許可しなかった。それでも天野が引き受けたのは、偏に濱田の粘り強い説得の成果であったといってよい。一度は就任を躊躇った天野であったが、いざ学生課長に就任すると「魚が水を得たよう」（高山岩男）であったという。

もともと教育者になることが人生の目的であった天野にとって、学生と大学との間で重要な役割を果たす学生課長の立場は、教育者としての自分を確認する場でもあった。天野の言葉を借りれば、自らの「持場」と「天命とする境地」を見出したことを意味していた。それは後に、天野が自分を大学課長とした「浜田、小島両氏の活眼と親切にどんなに感謝してもしきれないものを痛感する」と述べたことにも明らかである。長崎太郎《ながさきたろう》（後に京都市立美術大学学長）と日高第四郎《ひだかだいしろう》（一八九六〜一九七七）を学生主事に据えた学生課は、「実に充実した堂々たる」ものであった。「わたし自身不思議に思うほど強い関心と親愛とを全学生に対して感じ、父母が安心して子弟を学ばせうる勉学の場を創造しようと念願した」という大学課の改革は、「非常な成功であった」と天野には珍しく自賛している。

天野が就任早々に直面したのは、中国人留学生の問題であった。当時、留学生を監督する中央の機関から、友人のうちに日本に反感を抱く者を密告するよう要求したという風説があり、留学生の中に動揺が広がっていた。天野は留学生を集めて、「わたしは帝国大学の学生課長として固より諸君が日本に好感を持つことを希望するけれども、愛は命令できない、日本を愛するも愛しないも諸君の自由である。しかし友人間の密告行為というものは断じて排斥されなければならない。そういう行為をなすものがあれば、直ちに退学を命ずる」（天野貞祐全集2）と述べた。

天野の言葉は留学生たちを安心させたばかりでなく、重い空気の中にあった一般学生にも共感を与えた。鈴木成高《すずきしげたか》（一九〇七〜一九八八）は、天野の学生課長の就任で「学内が一遍に虹色になったような思いを抱いた」と当時を振り返っている。

月曜講義

天野の学生課長時代の特筆すべき改革は、「月曜講義」の開催であった。月曜の夜に開催されたことに由来する「月曜講義」は、従来は各学部で別個に開催していた文化講座を統合したものであった。大学の大講堂で開催し、教員や学生などの大学関係者だけでなく一般に公開することに特徴があった。これは、天野が留学していたハイデルベルク大学の経験が下敷きにされた。高山岩男《こうやまいわお》は、天野から聞いたという経緯を次のように述べている（『回想　天野貞祐』）。

それはハイデルベルク大学で、有名な文学者グンドルフ教授の講義を聴こうとしたときのこと。教室はすでに満員に近い状況であったが、後ろの方に夕餉の食料品を容れるのであろう、籠のようなものをもった婦人が立って開講を待っている姿を見たのである。先生はこのとき、ああこれが本当の大学というものだと、痛く感激されたらしい。（中略）一介の市民も暇を見つけて大学の講義を聴きに来る。さすがドイツであり、またこれこそ大学というものの真面目ではないのか。まあこういう感銘というか感激というか、これが天野先生の心の中に潜んでいて「月曜講義」の発想となり、全学の学生が任意に聴講し、席に余りあれば市民も、というような心持ちが先生にはあったように思われる。

第一回目の「月曜講義」は、一九三八年（昭和十三）四月二十五日に開催され、西田幾多郎が「日本文化の問題」を講義した。会場は立錐の余地のないほど満員で、聴講者の中には、「瀧川事件」で大学を去った瀧川幸辰《たきがわゆきとき》や佐々木惣一《ささきそういち》らの顔もあった。西田の講義は三回にわたって行われ、その内容は一九四〇年（昭和十五）に『日本文化の問題』としてまとめられ岩波新書として刊行された。この他にも天野は、京大付属病院に学生専用のベッドを確保したり、教職員の健康のためにラジオ体操や事務課対抗の野球の試合をするなど、学生、教職員の厚生面にも配慮した。これらの改革によって「信頼される学生課」が実現された、というのが天野の評価である。

4　『道理の感覚』の刊行と内容

警世の書

天野は、一九三七年（昭和十二）に岩波書店から『道理の感覚』を出版した。『道理の感覚』は、一九三一年（昭和六）から一九三七年までに発表した二十二編の諸論文をまとめて一冊に編んだものである。「ハイデルベルクの思い出」「内村鑑三先生のこと（一）（二）」「自由の問題」「国難の克服」をはじめ、「個体と全体」「ヒューマニズムについて」「人生の諸相（一）（二）」

「知育の徳育性」「徳育について」「道理について」など、その内容は天野の社会批評論や人生観、さらには教育観を力強く表現したものであった。

また、同書に収められた「貧乏論」は、一九三四年（昭和九）に京都帝国大学経済学部教授であった高田保馬《たかたやすま》への批判と論争に関するものであった。高田は「失業や国の衰退は過度な消費が原因であるとしており、貧乏な生活が経済発展の基礎となる」と主張した。それに対し天野は「高田の議論は生活が低ければ低いほど貢献しているということになり、低い生活は即ち道徳という意味に取れる。仮に社会的享受が少ないほど貢献しているとするならば、死ぬことが最大の貢献になることになる。貧乏そのものが道徳を意味するならば、社会は有識者の多さで苦しむことになる」と述べている。「現実社会においては、貧乏は必然的に人間完成を阻害する」とする天野は、貧乏が道徳であることも、道徳となることもできないと批判した。ここには、そもそも貧乏ではない大学教授が、貧乏を奨励し、貧乏が道徳であるかのように論じることへの違和感が含意されており、それは「時流に追従しない高邁な識見の一表明」（『京都大学文学部五十年史』）でもあった。

『道理の感覚』は、「祖国のただならぬ趨勢に潜む危機に対する警告」の書（日高第四郎）であると同時に、「高貴な人生観並びに正しき教育方針樹立のための反省批判」の書（出隆《いでたかし》）とも評価されてきた。おそらくそれは、天野の叙述が、「慷慨であり、警世であり、説得である」一方、その根底にある温かい愛情によって、憤りが常に温められ、高められるという天野独特の叙述スタイルに由来するものといえる。『道理の感覚』は、たしかにこの二つが共存していた。

同書に収めた二十二編を発表した時期は、日本が大きな転機を迎えようとしていた時期であった。満州事変の勃発（一九三一年）、五・一五事件から国際連盟の脱退、国民精神文化研究所の設立による思想統制の始まりと天皇機関説への政治的弾圧、そして二・二六事件。一九三八年（昭和十三）三月には国家総動員法が発布され、本格的な戦時体制が整えられていった。また、日中戦争が始まる一九三七年以降、出版物に対する検閲も厳しくなっていた。『道理の感覚』の版元である岩波書店においても、同年七月には山田盛太郎《やまだもりたろう》が『日本資本主義分析』（一九三四年）を自発的に絶版とした。また、一九三八年（昭和十三）二月には大内兵衛《おおうちひょうえ》『経済学大綱』（一九三〇年）に休版命令が出され、矢内原《やないはら》忠雄《ただお》の『民族と平和』が発売禁止となった。また、マルクスやエンゲルスなどの共産主義や社会主義に関係する岩波文庫の増刷も見合わされた。

天野が自覚していたように、『道理の感覚』の刊行は、緊迫する政治状況を明確に意識したものであった。それは本書の序文において、「いずれも時代の触発に対する私のたましいの端的な反応であります」としながら、「ドル買非難の声が漸く盛んならんとした昭和六年の秋より、満州事変、五・一五事件、機関説問題の沸騰、国体明徴の提唱、二・二六事件、等々をへて今日に至るまで、日一日と高まりゆく社会不安の狂瀾を前景においてこの書を読んでいただきたい」という言葉に余すところなく表現されていた。したがって、天野にとっては、同書をめぐる翌一九三八年（昭和十三）の「筆禍事件」は「覚悟の上」のものであったといえる。天野が同書を「生命をかけた書」としたのは決して誇張ではなかった。

天野における「道理」

『道理の感覚』には、「理性的道徳的なる『道理』の儼然たる実在とその終局の勝利とを確信する敬虔な信念、及びこの信念が不道理の横行跋扈する現状に直面して道理の媒介者たらんとする自由主義者的熱意」（『回想　天野貞祐』）が貫ぬかれていた。こう評したのは出隆である。この点は、多くの人々の一致した同書への評価であった。では、この「道理」を天野はどのように理解していたのであろうか。これを確認することは重要である。「道理」は、天野の人生観や歴史観そして教育論の中核である『道理の感覚』のエッセンスでもあるからである。

『道理の感覚』

もっとも、天野の「道理」についての定義は、必ずしも特別のものではない。それは、「道理はものの一切の秩序を意味し、道徳的秩序だけでなく理論的及び美的秩序をふくむ、道徳的道であるばかりでなく理論的美的ロゴスでもあります。一般にものの秩序、もののスジミチを指すのであります」というごく常識的なものであった。むしろ天野において特徴的なことは、「純真に『道理』の支配を信じ」、「人間は道理の感覚者、媒介者、実現者として個人格であります。それぞれの持ち場において道理を媒介実現することが人間存在の意味であり、矜持」であることを確信し、それが自身の人生観や教育論と結び付けられていることである。このことは、『道理の感覚』の序文に端的に表現されていた。少々長いが引用しておきたい。

私は世界と人生とにおける道理の実在を信ずる。然し道理はおのずからは実現しない。その実現には人間の媒介を必要とする。道理を会得し、これに対する義務と責任とを意識するものは人間のほかにには存しない。道理の感覚は人間の特権である。道理の媒介者たることが人間存在の意味だと思う。人はもとより単なる個体ではない。然し義務と責任とを感じ、苦悩と悔悟とを意識する生命中心は如何なる意味における全体へも消し尽されない。この生命中心たる個人において道理の媒介者を尊敬したい。その意味で他人を敬重するとともに自らも卑下したくない。人間性を侮り虐げるあらゆる勢力を敵とし、万人において人間たることを擁護育成主張したい。自己の器量と持ち場とに応じて自己において、また自己を通じて道理の実現に精進したい。「朝聞道夕死可矣」というのが私の最も望む生き方である。

出隆の言葉を借りれば、『道理の感覚』に一貫する精神はこの言葉に要約され、「収録された諸篇はこの精神の解説であり或はこの精神の論評批評である」といえる（『回想　天野貞祐』）。特に、「道理」こそが一切の力の源泉であり、一切の存在の根源であるとする天野の理解は、その歴史観においてより明確に示される。天野は「歴史は決して盲目的過程ではない。理性者自現の過程である。発展である。進歩である。理性的なもののみが歴史の上にその存在権を要求し能う」と述べながら、さらに詳しく以下のように続ける（天野貞祐全集1）。

歴史を支配するものは精神でなければならぬ。歴史的実在性は理性的でなければならぬ。私にとっては歴史は盲目的機械必然的過程とは考え得られない。さればといって単なる力、単なる恣意のみが支配し、強者が弱者を圧迫する場面としても考え得られない。偽善と驕慢とが永久の勝利者たり得る過程とも信じ得られない。理性的なるものの実現されゆく過程としてのみ、従って理性的なるもののみがその上に存在権を主張し能う場面としてのみ歴史は私にとって理会され得るものである。

「歴史は道理が顕われてくる場面」であるという天野は、歴史的実在は道理であると理解していた。たとえ道理が、不道理によって否定されたように見えても、それはあくまでも一時的なものである。理性の眼をもってすれば、「歴史における道理の支配は否定されない」という信念は、『道理の感覚』に通底する思想であった。こうした歴史観に内村鑑三の影響が見られることは前述の通りである。

天野の修身科批判

人間を「道理」の媒介者であり実現者として捉える天野にとって、教育の役割は重要であった。「人が道理を道理として不道理を不道理として会得識別しうる」ためには、何より教育の役割がどうしても必要となるからである。天野は「道徳的価値即ち人格的価値は事物或いは事物関係の如き対象の価値ではなくて行為、心術のごとき作用の価値である」こと、また「道徳的法則がその実現に関して自然法則と全然事情を異にする」という道徳そのものの困難性を指摘する。その上で道徳教育が如何にあるべきかを考察する前提として、修身科へ厳しい目を向けた。

まず天野は、「小学校や中等学校では一般に修身教科書を用いて様々な徳目を解明し、日常の心得を教え、さらに解明を具体的ならしめんとして偉れた人々の言行を模範として述べている。教え方によってはこれも確かに徳育に資するであろう」と述べながらも、次の三点から修身科批判を展開した。第一は、修身科が道徳的な行為の方式を教えるに過ぎず、「模範的行為にしても多くは特別の場合におけるもので日常性に乏しい」とした上で次のように続けた（天野貞祐全集1）。

模範というのはつねに理想化された模型たるに止まる。現実の生きた人間はそういう特別な場合に出合うことは容易になく、たとい出合ったとしても範型通りに行動しては生きて行けるかが疑わしい。現実は不断に流動変化している。各人の境遇はそれぞれの独異性を有する。時代を隔てた偉人の模範や徳目の解明を学ぶのは言わば水に入らずして水泳の型を習うに等しい。実験を見ずして化学を学ぶにも比せられるだろう。型だけを知っていることも場合によっては有益かもしれぬが、道徳に関しては同時に大なる危険もを孕んでいる。

第二は、「生徒が修身教科書を通じて様々な徳目、様々な有徳的言行を限りなく学ぶことには、生徒の道徳感覚を鈍らす」危険があるという点である。断えず道徳の話を聞いていると、「道徳に関する新鮮な感情を失う恐れがある」ばかりではなく、「教え方によっては生徒の反抗心を挑発することさえもありうる」というものである。「道徳感覚が人間の特権であり人格の中核である」とする天野からすれば、本来道徳感覚を鋭敏ならしむることを任務とする修身科の授業が、道徳感覚を鈍くするものとして作用する危険は、「人の真生命を殺す」ことに等しいことを意味していた。

最後に天野は、「修身科担当者をして修身は自己独占のことのごとく思わしめ、他の学科の担当者をして修身は全然自己と無関係のごとく思わせる点」を批判した。実は、天野が修身科の弊害として最も重視したのはこの点であった。それは、「徳育の最も純粋な形は人格相互の直接交渉において成立する」という主張が基底となっており、同時にそれは「知育の徳育性」を重視する道徳教育論とも密接に関わるものであった。

「知育の徳育性」

「教師が技術者でなくして教師であることを自覚し、その職分に矜持を感ずるのでなければ、到底徳育も行なわれず従って真の教育はありえない」という天野は、道徳教育における教師の役割を特に重視し、「教師自身がその行為において道徳的価値を実現することが最上の徳育」であることを一貫して主張した。ここでいう徳育は道徳教育と同じ意味であるが、天野は「中等学校などにおいて感化を及ぼす教師は修身の担当者よりはむしろ他学科の担当者である場合が多い」(天野貞祐全集1)という持論を展開しながら、自身の道徳教育論の中核ともいえる「知育の徳育性」について説明していく。

天野は、「知育偏重排斥の主張が近年殆ど社会の定説となっていたが、しかし知育偏重などという事実はわれわれの社会の何処にもありはしない」と述べる。天野によれば、知育の偏重が言われるためには、知識が知識として尊重されていることが前提となるはずであるが、実際の教育では、試験のための知識はあっても真の知育は教育されていないということになる。天野は、一九三六年（昭和十一）に発表した「知育の徳育性」と題した論文で次のように述べている。この文章も長いが、天野の道徳教育論の特徴を理解する上では重要である（天野貞祐全集6）。

知育偏重という非難の根底には知識そのものの尊重はわれわれの道徳生活を阻害し或いは少なくともそれと無関係であるという思想が存している。これがわれわれにとって最も重要な事柄である。元来、知識を獲得するためにはわれわれは知識そのもののうちへ没入せねばならぬ。その知識の法則秩序の絶対性を承認しこれに無条件に服従せねばならぬ。（中略）われわれが絶対にその規則に服従せざる限り知識をわがものとなすことは出来ぬ。知識は知識そのものを純粋に愛せざる者には自己を与えない。知識のうちに私を殺すことによってのみ真に知識をわがものとなし、そのうちに生きることが出来る。知識そのものの追求は人の心にこの純粋愛を育成する。知識は真の意味においてはこの純粋愛の育成である。しかもまさにこのことこそ道徳性の根源に培うゆえんなのである。何故ならば道徳性は畢竟するにこの純粋愛において成立するからである。（中略）個人と社会、個人と国家という如き関係においても国家が全体精神のうちへ自己を没しそれによって自己を否定すれば却って真の自己を生かすこととなる。道理、理、法則等々と名づけられるところの一般者による自己否定こそ道徳性の本質的契機であって、この純粋愛の育成が徳育の精髄でなければならぬ。

しかも真の知育はまさにこの根源に培うものなのである。

また天野は、「元来徳育の根幹は生徒をして道徳的秩序の実在を確信せしむる」ことであり、この点でも「知識の修得が重大な役目を演ずる」とする。「人格的感化の根源となる道徳的な行為、心術というものは直接に道徳的価値をめざすものでなくして却って生命価値、経済価値のごとき事物或いは事物関係の価値を目的とし、これに媒介されて道徳的感化を及ぼす」ために、徳育が生徒の道徳性を直接の目的にしなければならないと考えるのは「甚だしき迷妄である」という天野は、知育と道徳教育（徳育）との関係を次のように説明した（天野貞祐全集1）。

かように知識の修得は道徳的信念を培い育成する。知育はこの関係においても徳育性を具有する。知育偏重を排して徳育尊重を主張すというが如きは知育をも徳育をも理会せざる妄説といわざるをえない。徳の構造が知育の徳育性を証明すると同時に、知識の修得は直接に道徳性の心髄を涵養する。知育は偽善を伴う危険なき徳育なのである。それゆえに知育は単なる知育ではない。知育をまって始めて徳育が完成される。修身以外の学科を担当する者も生徒の人間完成への参与者として教師であって単なる技術者ではない。この自覚なしには学科の授業も十分には為されえない。教師が技術者でなくして教師であることを自覚し、その職分に矜持を感ずるのでなければ、到底徳育も行われず従って真の教育はあり得ないわけである。

教育の自律性の回復

天野は、教師が教師としての矜持を自覚し、爽快闊達な精神で職務に尽瘁することが、生徒の人格形成に必要不可欠であると述べる。しかし、当時の教育には根本的欠陥があり、生徒の人格形成という目的の妨げとなっているというのが天野の批判であった。根本的欠陥とは何か。「教育が真の独立を有しない」ことであるという天野は、軍事教練と行政機構から教育の自律性が奪われていることを強く問題視した。

特に後者については、教育について何の知識も体験もない人々が、「教育と教育者とを支配するがごとき不遜な考えを懐いている場合が多い」と指摘し、「教育は教育に関する体験と知識をもつ人々の手に収められねばならぬ。教育を天職と感じ、それにおいて生きそれに身命を捧げ来った人々によって教育に関する一切の計画、一切の施設が為されなければならぬ」と主張した。

教育の自律性を回復するためには、「教育者自身が社会に跋扈する不道理を痛感せず教育の隷属を憤らぬ限り、教育の独立は獲得される筈はない」という天野は、「教育者が一切の私情を殺し学閥を廃棄し共同の敵に対して団結する」ことの必要性を論じた。もちろんそれは、「社会正義に無感覚な教育関係者や諸勢力への阿附追随を能事とする俗教育家」に期待するものではなかった。なぜなら、「実はこの種の人々が革新教育の隆盛を内部から阻害する」と考えていたからである。天野が本当に期待するのは、「心の底から人間性を愛し社会正義の念に灼熱する純正公明な教育者諸君の奮起」であり、「教育者自身が強くならずして、いったい誰が教育と教育者とを社会的桎梏から解放し、教育本来の使命を達成せしむるであろうか」（天野貞祐全集1）と問うた。

「教育者の純正強固な団結を組織結成することは決して不可能ではない。それさえ出来れば教育者は社会の一大勢力となり、知性が社会的威力をもつに至るであろう」(天野貞祐全集1)。天野は、教育の自律性を回復するために教師の団結を求め、教員組合の組織化を主張した。ここで天野の念頭にあったのは、あくまでも「教育者の純正頑固な団結」であり、戦後の日本教育職員組合(日教組)のような組織ではなかった。後述するように、天野も最初は日教組に期待した。しかし、日教組が強く「政治性」を打ち出すに及んで「日本教育の正常化を阻害するような存在」(『教育五十年』)と批判するようになる。

5 軍事教練批判と「筆禍事件」

軍事教練批判

天野が指摘したもう一つの教育の根本的欠陥は、軍事教練の問題であった。軍事教練は、一九一八年(大正七)に内閣直属の諮問機関であった臨時教育会議が学校における軍事教練の実施を建議したものであり、一九二五年(大正十四)四月には、「陸軍現役将校学校配属令」の公布により中等学校以上の学校に現役将校が配属され、軍事教練(学校教練)が開始されていた。軍事教練は、学生への思想対策の措置であったと同時に、予備役将校の確保と軍縮によって余剰となった将校の温存とを目的としており、教練合格者には在営期間の短縮が行われた。『道理の感覚』において、天野は次のように軍事教練を批判した(天野貞祐全集1)。

わが国の教育は第一に軍事教練（或いはむしろ軍事教官）に由って甚だしい束縛を受けている。人は誰でも特に反省しない限り自分の受けた教育を最も良きもののごとく考え易い。幼年学校出身の軍事教官が幼年校の教育法を最上のもののごとく考えても人情の自然であろう。然し中等学校の教育と幼年学校教育との間には本質的な相違が存せねばならぬ。一般の中学生の前途には就職難のない境遇、短い恩給年限、年金、勲章等々のごとき社会のあらゆる境遇が待っているわけではない。彼らは生きた現実社会の荒浪にもまれて生存のために戦わねばならぬ。生きた社会の武器は銃剣でなくして常識である。常識を養うことが中等教育の本質であって、それは教養が高等学校教育の本質なるがごとくだ。常識の育成を排除することは中等教育を殺すことになる。中等学校と幼年学校とを同一視しようと考えるならば現実社会に対する極端なる認識不足といわねばならぬ。

軍事教練に対するこの記述は、『道理の感覚』に対する「筆禍事件」へと展開していった。一九三八年（昭和十三）一月、新聞が「京大の不祥事件」と題した記事で『道理の感覚』の中の「軍事教練」に関する記述を問題視したからである。

天野の覚悟

天野は、「当時の情勢からみてこの書が軍部や貴族院などの頑迷固陋な一派から見のがされないことは分っていた」としながら、この記述が問題となることは、「わたしは固より出版者もその覚悟はしていたであろう」と回想している。また、「事実わたしは戦争に反対であったし、軍部の態度があまりにひどいと憤慨していたから何と言われても致し方ない。少しも弁解などしようと考えていなかったのである。書いてあるその通りがわたしの意見であり信念であった」と当時の心境を吐露して次のように続けた（『教育五十年』）。

当時軍部に対して忌憚ない意見を述べることが何を意味するかは、知者をまたずして明かであった。しかし、わたしは黙っていることができなかった。（中略）わたしは大学教授の職はもちろん、命もいらないと思った。どうかしてこういう奴輩を勝手に威張らしおく同胞に対して、こんなことをして居れば日本は滅んでしまうことを警告したかったのである。国家は生きものだ、盛衰もあれば生死もある、どんなことをしても国は亡びないなどと考えるのは迷信だ。生きているわれわれはいつまでも生きそうに思うが、経験は人が必ず死ぬことを教えている。同じことは国についても言える、同胞よ考えろというのが、わたしの絶叫だったけれど誰も聞かない。

『道理の感覚』への批判は、学内で沸き起こった。学生課長であった天野には、「筆禍事件」の出処が学内にあったことは想定されていた。「天野を葬り、あわよくば浜田総長をもその位地から追い落とそうと企てたのは軍ではなく、むしろ軍の威を借りて私怨を晴らそうとする右翼者であった。この事件の背後には奇々怪々な事情が横たわっていた。（中略）明敏な総長は火元が何処に在るかを感得していた」（『教育五十年』）と述べた。「奇々怪々な事情」については天野は詳しく語っていないが、それが学内の「右翼者」に向けられたことは明らかであった。

「筆禍事件」として問題となった時、濱田総長はいち早く報道陣に自分も「天野教授と同じ考えである、もし教授に責任があるなら総長もそれを共にする」との談話を発表し、火消しに努めた。また、京都帝国大学の配属将校であった川村大佐の力が、この問題の終息に大きな役割を果たした。川村大佐は学内外の事情をよく理解し、大佐の立場としては天野の主張を支持できないが、天野が命をかけて主張する愛国的心情には深い同情を持っているという姿勢を一貫して堅持した。川村大佐の天野への理解が結果として「筆禍事件」を「円満解決」へと導いた。

最終的には、川村大佐の配慮によって、師団長、参謀、総長、天野の四者で懇談の場を持ち、『道理の感覚』を「自発的絶版」とすることで解決した。ただし、この時も天野は自説を譲らず、また濱田も「私は総長として天野教授の主張を全面的に支持する」と天野を援護した。会談後に濱田は、「天野君、あれでは少しも歩み寄りにならないではないか」と笑いながらいったという。『京都大学文学部五十年史』は、この経緯を次のように記述している。

「筆禍事件」の推移

昭和十三年には『道理の感覚』中の軍事訓練に対する批評が、反軍思想であると軍当局を刺戟し、大学と軍部との間に紛争を惹起するに至った。当時は濱田耕作教授の総長時代で、天野教授は総長の懇請により学生課長に就任していた。濱田総長は教授を深く信頼支持するとともに、教授も自説の正しさについて強く信ずるところがあったが、結局右著作の自発的絶版という処置は、総長の毅然たる態度と、当時の本学配属将校川村大佐の理解ある処理と相まつて、事件を円満解決させた。しかし教授のヒューマニズム的人格主義的信念は、その独自の祖国愛とともに、戦前戦後変転極まりない世相の中にあって、終始一貫してついに変るところがなかつた。

天野の「声明」

同年三月六日発行の『京都帝国大学新聞』号外は、「誤解を一掃して急遽円満解決、天野教授の筆禍問題」の見出しで経緯を説明すると同時に、天野の声明を掲載した。「私は元来国家の生命は道徳的でなければならないと考える。しかるに国民が驕慢になることは国家の為に寒心に堪えない。殊に戦前のドイツにおいて国民のかくの如きであった事を私は知っている。こんな気風を警しめる意味で私は諸文書を草した」として次のように続けた。

政党、官僚、軍部に関してその内に私の尊敬する立派な人々が多く立派な仕事をされつつある事ももとより知っている。しかし強力なものには兎角人が追従し卑屈な態度を採る傾向があるが故にあの如く直言したのであった。軍事教練自身を否定の考えは少しもなく立派な軍事教練がなされつつあるのも知っている。しかし軍事教練から弊害の生ずる事もあって私はこれを心配したのであった。私の著『道理の感覚』は不十分なところもあった。特に軍事教練を全面的に否定するが如き誤解の出るおそれのある事を遺憾とするので拙著『道理の感覚』を絶版に付する次第である。

「自発的絶版」として一応の「円満解決」に及んだ「筆禍事件」の結末は、ある意味での「政治的決着」であったが、その背後に天野のいう「奇々怪々な事情」への対応があったことは間違いない。前述のようにその中身を天野は具体的には語っていないが、その詳細な検証は、「筆禍事件」の意味を当時の学内外の状況との関連の中で多面的に浮かび上がらせることになる。ただし本書では、その点には踏み込まず「筆禍事件」に対する天野の思いにもう少し立ち入ってみたい。なぜなら、「命をかけた書」であった『道理の感覚』を「自発的絶版」にすることを天野がどのように受け止めていたのか、その点を詳しく知りたいからである。

岩波茂雄への書簡

「自発的絶版」に関わる当時の天野の思いを確認する重要な資料は、一九三八年二月八日付の岩波茂雄に宛てた書簡である。それは以下のような内容であった（『岩波茂雄への手紙』）。

> 今日京大配属将校より「道理の感覚」における軍事教練に関する点につき話があり（この将校は河村《ママ》大佐と云ひ非常に立派な人物で私も平生好意をもつてをる人ですのでよく懇談しましたが）、私は自説を譲りませんが、然《しか》し大佐が実際問題として学生が私の著書を熟読する結果軍事教練に支障を来す恐れあり、職務が遂行出来ぬといふのは大佐の立場としては誠に無理ならぬことと考へられ、之《これ》を大学の問題とせず大佐と私の二人の間の話合《はなしあい》とし度《た》いと言ひます故《ゆえ》私は大佐に対して適当の処置をすると答へました。私はこの点につき考へてみましたが、私は他より強ひられることは欲しません

が、然し大佐が実際問題として困るといふのは尤《もっと》もに思われますので自発的に止めに致し度く、そのことを貴兄へ御願ひいたし度いと思ひます。一部削除といふことも考えられますけれども結局絶版など命ぜられるよりは此際《このさい》進んで自ら止め度いと考へるのであります。生憎《あいにく》にも第四刷を出されし所にて御迷惑相すまぬことに思ひますが何とぞ御諒承下され度く御願申上げます。

実は大佐も諸方より投書が来たりなどして困るといふ話で、どうか大学に事を起し度くないといふ大佐の考に同感されますので右の如き態度に出たいと思ひます。出来るだけ早く御返事をいたゞき度く、もし電報にても頂ければ仕合せに存じます。私もいづれは大学も止めねばならぬ時も来るかと覚悟してをりますが、さし当つては右の処置に出たいと考へるので御座います。御願用まで。

怱々

貞祐

岩波大兄

御座右

二伸　なほこのことは大佐と私の外は落合〔太郎〕君に話せしだけにて出来るだけ内部のことにしてをき度く、いづれ総長、西田〔幾多郎〕、田辺〔元〕氏には話しますが其他の誰にも話しません。大兄におかれても其点御顧慮願上げます。其他に対しては私は都合があって止めたと答へてをき度《た》い考で御座います。

この書簡は多くのことを語っている。①天野は濱田総長や西田幾多郎らにも相談することなく、配属将校の川村大佐と会っていたこと、②この会談で天野はすでに「自発的絶版」の方向を決断しており、その決断には川村大佐への配慮が大きな要因となっていたこと、③天野の中では、大学を辞めることを覚悟していたこと、④版元である岩波書店と岩波茂雄に配慮していること、などである。

「命をかけた」書であった『道理の感覚』の「自発的絶版」になぜ天野は同意したのか。この疑問は、「命をかけた」書」であればこそ、最後まで抵抗すべきではなかったか、という批判を含意している。しかし、この時点ですでに大学の辞職を覚悟していたとすれば、その疑問は簡単に溶解する。自らの覚悟が固まっていれば、後は濱田をはじめ大学に迷惑をかけることなく可能なかぎり「円満解決」を図ろうとするのは自然な対応といえるからである。しかも、学生課長たる天野の公的な立場からすれば尚更である。

「筆禍事件」への想い

天野は、「筆禍事件」をめぐる回想で、「私は平然としていた」「泰然自若としていた」という表現を繰り返している。自らの出処進退を決断した天野にとっては当然の態度といえる。そのことを天野の周辺も感じた。当時の学生代表数名と天野の研究室を激励に訪れた大島康正《おおしまやすまさ》は、天野が「静かな謙抑の中にも、強い決意をお顔と言葉のきれはしに洩らしてられた」ことを印象に留めている。また、大島はこの時の天野の気持を次のように推し測った（『回想　天野貞祐』）。

非礼な推察もあえてすれば、先生が本意ならざる絶版を決意された根本の理由の一つには、われわれ学生の基礎的な学問探求、真理追究の場としての学園に、これ以上の波瀾をおこしてはならないという教師としての倫理的義務感が働いていたのではなかろうか。（中略）もしあの時大学と軍部の衝突が激化すれば、血気さかんなお坊ちゃんで、しかも時局への抵抗感をたえずむらむらと自己の内に燃やしていた私のような［学生は―筆者補註］、勉強そっちのけで事件に熱中し、あげくの果は今頃自分の学問に何の自信もなく、如何なる人生を彷徨しているか見当がつかないのである。

家族の証言によると「筆禍事件」が起こった時、学生たちが心配し、「先生がいつ連れられていかれるかわからないから守るんだ」といつて、いつも三、四人が天野の自宅に泊まったという。こうした学内の状況を考えれば、大島の証言も首肯できる。実際、天野からの書簡を受け取った岩波茂雄もそう考えた一人であった。後に岩波は、「私は発禁の命令が出るまでは頑張るつもりであったが、当時博士は京大の学生課長であり、博士の地位に禍が及べば学生のためによくないと思ひ、自発的に絶版にした」（『茂雄遺文抄』）と記述している。

「筆禍事件」の終息

「筆禍事件」は、大学と天野の周辺に危険な緊張感をもたらした。岩下壮一は、「拘留されるようなことが起ったらすぐに知らせよ、家族は自分が引き受けて保護する」といった内容の書簡を天野に送った。「わたしが少しも官憲を怖れなかったのも、かかる友情に助けられてのことであった」（『教育五十年』）と天野は岩下に感謝している。

「自発的絶版」による「円満決着」が図られても天野は安心してはいなかった。もちろん、自らは辞職を覚悟していたが、「自発的絶版」によって事が簡単に収まるとも考えていなかったからである。東京帝国大学の学生新聞編集部から電話があった際、「行為の自由は圧迫できても、道理の感覚は圧迫できない」と答えたのもこうした覚悟の裏返しであったといえる。「自発的絶版」によって、岩波書店にあった四千部の未製本分は、憲兵によって裁断された。しかし、これでも「右翼者」は満足したわけではなく、しばらくの間は学内に不穏な空気が燻っていたと天野は記している。

ところが、「筆禍事件」はその後は大きくならず、天野の言葉を借りれば「自然に治まってしまった」。そのため、天野も辞職をすることなく、学生課長の任もそのまま継続された。なぜ、「筆禍事件」は終息したのか。「自発的絶版」とはいっても、実質的には『道理の感覚』が絶版されたことが現実的な役割を果たしたことは間違いない。また、それ以上に大きな役割を果たしたのは、やはり川村大佐の対応であった。実は、天野が声明を出した三月六日発行の『京都帝国大学新聞』号外に川村自身も談話を載せていた。川村は、「軍事教練を全面的に否定するが如き誤解を生ぜしめる記述あることを知り、学生等がこれを読んで誤解を生ずるようなことはないかと心配していた」としながら次のように述べている。

然し先生の平素を知ってゐる私はこれは先生が教育に熱心の余り、つい筆が過ぎたのだろうと想像してゐた。然るにこの度先生がこの点に気付かれて大切な著書を思い切って絶版にすることを決意せられ、且つこれを世間に発表してその誤解を一掃せんとする処置に出られることを聞いて、私は真に国を思ふ先生の高潔なる人格に依るにあらざれば出来ないことであると思ひ、この御苦衷に対しては真に同情禁ずる能はざるものがある。

慎重に言葉を選んだ発言であるが、天野の立場を擁護しながら「円満解決」を強調することで問題の幕引きをしようとする意図が滲んでいる。軍事教練の当事者でもある配属将校の言葉である以上、「自発的絶版」に満足しない勢力もそれ以上の攻撃はできなかったというのが実態であろう。「自発的絶版」による幕引きが天野の辞職にまで発展しなかったことは、結果としては天野にとっても大学にとっても、そして川村大佐（軍部）にとっても最善の選択であったといえる。

「筆禍事件」をめぐる天野評価

『京都大学文学部五十年史』は、『道理の感覚』に代表される天野の哲学と当時の社会状況との関係について記述している。「哲学的真理が単に客観的体系の真理としてのみ把握されるものでなく、深く行為的個体の主体的真実を中に含むものとして把握されなければならないことを考えるならば、教授のカント哲学に対する態度は、まさにこの真理の人格的把握のいかなるものかを教えるであろう」と述べて、次のように続けた。

教授のヒューマニズムは、一面道理の力の不動の確信に基く厳しさを含むと同時に、他面豊かな人間性の完成を強調する柔軟性を特質とし、同時にそれは人間性の担い手としての各個人の自律性と、単に手段としてのみならず、目的としての個人の絶対的価値を強調する個人主義を必然的に伴なう。しかるにこのような近代的ヒューマニズムと個人主義は、戦前の軍国主義的、国家主義的日本社会と本質的に相容れぬことは明白で、教授の立場は一面普遍的人間理性の立場であるとともに、他面民族の文化と伝統を尊重するが、しかしそれは文化的倫理的立場に終始するが故に、当然現実的政治的不合理と衝突せざるを得なかった。

この記述は、さすがに天野の哲学の特徴を見事に描写している。なかでも、天野の主張が「文化的倫理的立場に終始する」ものであったことは、『道理の感覚』の特筆すべき特色でもあった。しかし、一方でこのことは天野の哲学への批判と表裏をなしていた。たとえば高山岩男は、天野を「人格を尊重し、自由を重視し、これを踏み破る者には敢然と闘う。道理に反することを許さず、俗物は嫌うという厳格な理想主義者であったと評価しながらも「たゞ難を云えば厳粛理想主義者には現実に存する邪悪の由って生ずる人間的根拠や歴史的原因を理解する寛容な態度が欠け易い。別の言葉で云えば、その理想主義に『汎神論』的精神が欠け易いのである。先生は人もなげに一部陸軍軍人の横暴に対してはこれを憎み、これと闘った。併し昭和日本の軍部の欠陥や横暴の由って来る歴史的由因を深く掘下げることはなかった」(『回想　天野貞祐』)と指摘した。

6 恩師・親友との悲しい別れ

学生課長への就任をきっかけとして、激動の時代の荒浪の表舞台へと躍り出て行った天野は、その後、相次いで大切な恩師友人との別れを経験することになった。

濱田耕作との別れ

天野を学生課長に抜擢し、二人三脚で様々な改革に着手しながら「筆禍事件」を乗り切った濱田耕作が、一九三八年（昭和十三）七月二十五日に総長在任のまま急死した。享年五十七であった。同年春より高血圧と蛋白尿に苦しんでいたが、あまりに突然の訃報であった。天野は、二日前の二十三日正午に濱田の病状急変の報を受けると病院に駆け付けた。濱田はすでの昏睡状態にあったが、病床を見守る天野を確認すると「天野君」と呼び手を差し伸べた。これが天野と濱田の最期の別れとなった。

同年七月二十九日には濱田の大学葬が執り行われ、同年九月二十五日には京都帝国大学学友会主催の「濱田総長追悼会」が催された。天野はこの席で追悼の言葉を述べている。また天野は、「原稿紙を涙にぬらして書いた血涙の文である」という「浜田総長の追憶」を認めた。ここで天野は、「総長の人生態度は現実肯定に徹していた。如何なる現実的事実といえども全体の契機として善きこと、正しきことに役立つというのが終始一貫せる信念であった」（『忘れえぬ人々——自伝的回想』）と濱田の生き様に満腔の賛辞を送った。

岩下壮一との別れ

一九四〇年（昭和十五）十二月三日、岩下壮一がこの世を去った。享年五十二であった。「筆禍事件」の際、何かあったら家族の面倒は見ると天野を励ました岩下は、生涯を癩患者と共に過ごした。外国人宣教師と共に懇談する依頼を受けて中国へ行った岩下は、その地でチフスに罹り何とか神山復生病院まで戻ってきたものの、ついに快癒することはなかった。

電報によって天野が神山に駆け付けた時、岩下はすでに天に召されていた。岩下の遺体と対面した天野は、これまで神山復生病院を訪れる機会を持たなかったことを悔やみつつ、「五十余年彼のたましいにこの世の存在を与えそれを愛護した身体はまだここに横たわっている、否、たましいはなおこの身体を去りかねているかにさえも思える」としながら、悲しみの言葉を次のように継いだ（『忘れえぬ人々――自伝的回想』）

せめてこの世において、彼が十年その心血を傾尽したこの場所において、なお彼の顔貌を見て別れを告げ得たことはまことに無上の慰めであった。あの深く生え上がった額の如何になつかしきことか。彼の平日の風貌私の脳裏によみがえり、彼の音声私の耳底にひびき来るを覚える。目を上ぐれば棺の前面には彼がそのために全生命を捧げた人達、そうして心の奥底より彼を尊び愛する人達がつつましく静かにすわっている。聖者の死のいたましくもうつくしい光景である。

「まことに自己否定ということの生きた例証をわたしは彼においてまのあたりに見た。聖者というものの今の世にも在りしことを想ってその生存を讃嘆すると共にこの落莫たる人生に対してなお無限の慰安を覚えるのである」。天野はまたこう岩下を追悼した。

天に召される直前、天野の『学生に与ふる書』に対する岩下の書評が『図書』(一九三九年九月)に掲載された。ここで岩下は、『道理の感覚』に比べて、同書には強い感激はないが、「かえってそれでよい」と述べた。学生に与える書としては、「絢爛としたものばかりが宝玉であるのではなく、高貴な器はかえって光沢を消したものに多い。氏の人格も感化力もむしろそういう種類のものに属する」としながら、「原理原則は確実不動でも、その応用実践には自ら機会があり制限がある。教育者の任は確乎不抜の人倫の根本を被教育者の心に深く刻んで、その応用のタクトを教え込むにある」からである。そして、岩下は次のように天野を擁護した(『キリストに倣いて――岩下壮一神父永遠の面影』)。

天野君において教育者を称えるのは、一部の人たちの口から洩れきく学者としての氏に対する懐疑的態度を意味しない。氏の「道理の感覚」はまじめな人生の体験と学問とから滲み出てくるものである。この両者の人格における融合が、教育者天野をつくり上げたのであって、わたしはむしろ学者としての氏に懐疑的な若き学徒の学問的態度にはなはだしく懐疑的なのである。かれらはいわゆる輝かしい業績をもって学者の価値を定めたがっているようである。わたしはかれらのかがやかしさに対してははなはだ懐疑的である。

そして岩下は、天野が円熟の境に入って、亡き濱田に対するのと同じ心をもって「絶対者に傾倒しうる日、その教育者としての天稟は完成されるであろう」と結んだ。これが岩下の天野への遺言でもあった。そして岩下の想いは、天野の晩年に実現されることになる。

九鬼周造との別れ

天野の悲しみは更に続く。岩下が天に召された翌一九四一年（昭和十六）五月六日、第一高等学校以来の「無二の親友」である九鬼周造がこの世を去ったのである。享年五十四。癌であった。同年五月一日、九鬼は見舞いに訪れた天野に自らの死後のことを託している。九鬼は、遺言書のことや死後は京都の法然院に葬ってもらいたいということを細かく天野に伝えた。同四日、再び訪れた天野は九鬼と二時間程話をした。これが三十五年に及ぶ九鬼との友情の終止符であった。翌五日の午前中に重体に陥ったが、一度は回復して眼鏡をかけ友人から贈られた植木鉢や花をみて非常に喜んだという。天野の言葉を借りれば、「これが此の世において彼の自発的に為した最後の行為であった」。

九鬼の遺言の通り、同年五月十一日に法然院において告別式が行われた。文学部長であった成瀬清（無極）の弔辞を聴きながら、天野は文字通り汪然と泣いた。墓碑銘は西田幾多郎の筆によるものであった。ただし、当時京都では墓石の調達が難しく、西田への依頼も遅れたため西田から墓碑の書二通とゲーテの詩「旅人の夜の歌」の訳詩二通を送ったという葉書が天野に届いたのは、一九四五年（昭和二十）五月二十八日付であった。その僅か後の六月七日に西田もまた不帰の人となった。享年七十五。九鬼への墓碑銘が西田の最後の揮毫となった。

九鬼の戒名は「文恭院徹譽周達明心居士」。小島祐馬の創意によるものであった。「九鬼周造という一個の人間の性格はそのうちに圧搾され凝縮している」。天野はそう書いている。九鬼の遺言通り、遺骨は法然院境内の墓に納骨された。同年六月二十二日であった。内藤湖南《ないとうこなん》や九鬼の尊敬した濱田耕作とともに永久に息うことは「学徒としての栄誉これに過ぐるものなしと言える」。天野はこうも認めた。

「アリストテレスによれば――」。天野はこう書き出し、相次いで世を去った親友、岩下と九鬼に感謝の想いを綴った（『忘れえぬ人々――自伝的回想』）。

友情は徳であるか或は徳と相伴うものである。われわれの生活にこれほど必要なものはない。親しき人々なくしては他のあらゆる善きものを有しても人は生きることを選ばぬかもしれぬ。友情は元来必要であるばかりでなくうるわしきものであると。友情にめぐまれることはたしかに人生の至福というべきであろう。わたくしは年少の頃母を失い学業に遅滞し、兄弟に死別し、人生の行路に悩み来ったが、しかし良き師と、良き先輩と、良き友人と、良き後輩と弟子とにめぐまれた。そのことを思うと運命に感謝せざるをえない。

また、愛弟子の九鬼の後を追うように、岩元禎もこの世を去った。特に九鬼との関係で岩元と関わりを持った天野であったが、天野の人生にも多大の影響を与えた師であった。七月七日に天野は岩元を見舞ったが、重体の岩元の口から辛うじて聞き取れたのは、九鬼と岩下を惜しむ言葉であったという。枕元には先だった二人の愛弟子の写真が置かれていた。岩元が愛弟子のもとへ旅立ったのは、一九四一年七月十四日。享年七十二であった。

第四章　第一高等学校校長と戦後教育構想

1　戦時下の執筆活動

『学生に与ふる書』

一九三九年（昭和十四）八月二十五日、天野は『学生に与ふる書』（岩波新書）を刊行した。扉には、「故濱田耕作先生の霊前にささぐ」と記された。同書に収められた諸篇は、主として学生課長を兼任していた時期に書かれたものであった。学生課長の時代に「私自身不思議に思うほど強い関心と親愛とを全京大学生に対して感じた」という天野は、「学生の教養と健康とが向上し、父兄が安んじて子弟を大学に学ばしむるに至ることをひたすら念願した」と序文に記した。

すでに前年の四月に国家総動員法が公布され、一九三九年五月にはノモンハン事件によって日本とソ連が軍事衝突を起していた。大学でも同年一月には、東京帝国大学で平賀《ひらが》譲《ゆずる》総長が経済学部の河《か》合栄次郎《わいえいじろう》、土方成美《ひじかたせいび》両教授の休職を上申（平賀粛学）するなど戦時体制の整備が進行していた。さらに、同書が刊行される二日前の八月二十三日、独ソ不可侵条約が締結され、第二次世界大戦が目前となっていた。こうした国内外の緊迫した状況を見据え、天野は「学生諸君！　私は日本の将来を思う時に諸君をほかにして頼むべきものを知らない」と訴え、次のように続けた（天野貞祐全集2）。

諸君が如何なる心術と思想とをもつかということが即ち将来の日本がいかになるかということである。諸君の将来をほかにして日本の将来なるものはないのである。思うに若さは人生の黄金時代である。卑俗なる日常性に捕えられることなく一切の偏見を離れて自由に誠実にものを考え、新鮮なる「道理の感覚」をはたらかす最も美しき時期である。願わくは諸君！何ものにもまして真実を愛せよ。真実を愛することは若き人々の特権である。真実への愛、道理への信念と勇気、己自身への信頼と信念——それはつねに諸君とともにあれ。若き諸君に祝福あれ。

『学生に与ふる書』は、教育者としての天野の人間観と教育観が直截に示された「会心の書」であった。木村素衛《きむらもともり》は、同書の特徴について、「著者は身近の日常を離れて別に道を説こうとはしない。学生の日常の特殊相に即して興趣深く話頭を転じつついつとはなしに人生の普遍の原理を読者におのずから会得せしめようとする」と評した。たとえばそれは、「単に読むのではなく、考えながら静かに読むこと、熟読する本はできるならば自分に所有する」「古典的なものを読むことが安全であり必要である」と述べながら、「基本書の熟読翫味とともに広い範囲の通読も捨てらるべきではない。それによって私達は書物を愛し読書を楽しみ、視野の広く思いやりのある人生観を育成しうるのであるが、そういう人生観がまた真正の日本的なもので偏狭矯激な考え方は日本人の本性に適しない。視野に広い人生・世界観を養う上に範囲の広い読書は大きな力をもつと考えられる」という同書に収められた「読書論」の中にも認められるとした。

『道理への意志』と『私の人生観』

一九四〇年（昭和十五）七月に第二次近衛内閣が成立すると、日米開戦を視野に入れた「総力戦体制」が急速に整備されていった。同八月、近衛内閣が発表した「基本国策要綱」に初めて「大東亜共栄圏」を唱え、九月に日独伊三国同盟が締結された。また、同十月には大政翼賛会発会式が行われ、同十一月十日には、紀元二六〇〇年奉祝式典が挙行された。国内の思想的統制も強化され、すでに同三月には、天野の第一高等学校時代の恩師でもあった津田左右吉が出版法違反で起訴されていた。

また、翌一九四一年（昭和十六）四月の日ソ中立条約の調印を経て、同十二月八日に日米開戦に突入した。教育でも同年三月に国民学校令が公布され、小学校が国民学校と改称され、大日本青年団も結成された。また、一九四三年（昭和十八）に入ると修学年限の短縮、学徒勤労動員の強化、実業学校の卒業期繰り上げなど、教育も「総力戦体制」に確実に組み込まれていった。ほとんどの大学が教育機関としての機能を停止し、文系学部と一部の農学部学生は学業を中断して戦場へ向かう学徒出陣が行われた。同年十月二十一日に明治神宮外苑競技場で行われた出陣学徒壮行会には、入隊学生を中心に約七万人が集まった。

一九四〇年に天野は、岩波講座『倫理学』編集顧問に就任する一方、『道理への意志』(岩波書店)を出版した。『道理の感覚』の「姉妹編」であるという同書の「序」には、「今や皇国の祭壇には老父母もそのひとり子を供え、若き妻もその最愛の夫を、おさなき子女もその慈父をよろこび捧げるに躊躇せず、『海行かば水漬《みず》く屍。山行かば草生《む》す屍。大君の辺《へ》にこそ死なめ顧みはせじ』という精神が澎湃《ほうはい》として神州にみなぎる秋《とき》にあたり、われら思想界に住む者がいたずらに誤解を恐れて左顧右眄《さこうべん》し、ただ一身の安全を希うならば、決して学徒としての忠誠をいたすゆえんではない。(中略)本書もし道理への意志をそれぞれの持ち場において励まし、慰め勇気づけることに何らかの寄与をなすならば著者の光栄これに過ぐるものはないのである」と記された。

時局への配慮は認められるが、同書で天野は道理と友情の何たるかを説き、大学教育が学問研究の導入であり、人格陶冶の場であり、職業の準備教育の場であると力説した。また、「人間が歴史的存在として単なる細胞の如く全体に依存する非独立的受動的存在ではなくして自由の主体として創造を生命とする」とした上で、「我国教育の現状は創造性の育成という使命を果たし得ないどころでなく却って創造性を阻害する結果へ落ち込んでいる」と批判した(天野貞祐全集1)。『道理への意志』もやはり「警世の書」であった。

さらに天野は、一九四一年(昭和十六)に『私の人生観』(岩波書店)を刊行した。和辻哲郎は、この本を文部省の推薦図書に推挙したが、ある陸軍中尉から「この書には自由ということが説かれているからいけぬ、日本は『承詔必謹』の国であるから自由などのあるべき理はない」と批判されて推薦図書にはならなかったという。後年、天野は、「某中尉の主張した如く『承詔必謹』が日本人一切の自由を否定するものならばそれは日本人の人格を否定することである、自由のないところに道徳はありえないからである」と批判した。そして、「わたくし自身としてはこんな輩の推薦図書などにならなくても、少しも差支えはない。彼らから排斥されればされるほどわたくしの著書は社会の若い諸君からむさぼり読まれた。『道理への意志』などは初版実に二万部であった」（天野貞祐全集1）と付け加えた。たしかに、天野の著作は多くの学生たちに読まれ、その影響は大きかった。たとえば、久野収は、「他校の学生までが応召出征に際し、国旗に天野のハナムケの言葉をもらいたがった事実を私は何回か経験するほどであった」と述べている。

その上で改めて『道理への意志』の「序」に戻れば、同書の特徴は「道理への意志をそれぞれの持ち場において励まし、慰め勇気づけること」にあったといえる。同時にそれは、天野の戦争観を明確に表現していた。

天野の戦争観

『道理の感覚』の「自発的絶版」の経緯に象徴されるように、天野が戦争に対して反対の姿勢を貫いたことは否定すべくもない。たとえば真下信一《ましたしんいち》は、天野との思い出深い会話を記憶している。「先生は戦後、東京にお出になってからは見ちがえるように元気になられたようであるが、戦時中は私の目のせいか、相当よわっておられた。黙々として毎日、加茂のお宅と吉田に在る大学の研究室との間を規則たゞしく往復しておられた。あの上半身を大きく前後に振って小柄なくせに、大またでひょうしを取るようにして歩かれる姿はおそらく誰の目にも残るほど印象的である」という真下は、まだ戦争が開始されたばかりで戦局も優勢であったある日、大学への道すがら天野から次のように言われた（『回想　天野貞祐』）。

ねぇ真下君、こんな戦争がぼくにはどうしても勝つとは思えないね。これはどうみても道理というものが許さんよ。何のかのと言いながら全部侵略ぢゃないか。戦争をやっているわが国の軍人や政治家たちには理想とか主義なんというものは何ひとつありはしない。民族がどうの、国家がどうのと口先ではいうが、じっさいは自分たちの肚を肥やしてるだけじゃないか。（中略）今のわが国の軍人や政治家にそんな理想なんてあるものかね。ともかくねぇ真下、こんな戦争に勝てるわけはないよ。

回想的な記述であり、その表現の正確さは差し引くとしても天野の言いそうな内容である。ちなみに、天野の言葉が「胸にしみた」という真下は、これを聞いた場所が「河井橋を西に渡って一丁ほど北の加茂川べり、淡くかすむ京の北山が遠くに見えるあたり」と鮮明に記憶している。この言葉がいかに真下に強烈な印象を与えたかがわかる。後に天野は、戦時下における国民の姿勢は「実に乱脈そのものであった」と述べ、日本の戦争目的と戦争中の偽善的な行為を次のように批判している。これがこの時期の天野の率直な思いであったといえる。（天野貞祐全集1）。

もともと英米人を鬼畜など［と―筆者補註］呼ぶに至っても、鬼畜に宣戦の大詔など発する国はやはり鬼畜だと言うべきである。その他総理大臣が他国の国旗を足げにするなど言語道断の所業のみであった。例えばまた小学校というべき名称を止めて国民学校にするというから、文部省の官吏にその理由を尋ねたら小というこことがいけないのだと言うから、小児科も改めねばならぬかといったような始末であった。万般の様相から到底勝てるわけはないと心ひそかに感ぜざるを得なかった。

とはいえ、天野は戦争への反対者ではあっても抵抗者ではなかった。「わたくしは戦争にはあくまでも反対であったが、国家が一たん戦争を始めてしまった以上、国において自分の占めている持場はどこまでも忠実に尽さねばならぬと考え、義務は十分に果すことを心がけた」（天野貞祐全集1）。これが天野の立場であった。私達は単なる個人ではなくして日本国民である。国家をはなれた個人は抽象の産物でしかない。天野は、「われわれがそれを欲すると否とを拘らず、どこの世界をさまようともわれわれは祖国の具現なのである」というランケの言葉を引きながら、「私達がそれぞれの持ち場において、それぞれの分において誠をつくすことが国家と人類とに奉仕することでなければならぬ。そこに男性と女性といわず私達日本人の責任があり努力があり、それと共に矜持と幸福とが存するのである」（天野貞祐全集1）と述べた。

もっとも、教育者である天野にとって戦争という現実は苦悩と哀しみを伴うものであった。西谷啓治《にしたにけいじ》は、京都帝国大学での出陣学徒の壮行会の様子を鮮明に記憶している。西谷もまた天野と同じく

「国の運命を左右するやうな戦が始められた以上、自分自身の立場で微力を竭さう」と考えていた。しかし、学生の分隊行進が始まって学生服に銃を担った教え子を見た時、胸の痺れるような悲しみを感じたという。そして、行進が終って気がつくと、「隣に天野先生が頰を濡らして」じっと立っていた。この時の天野の涙は、西谷の中で「忘れ難い想ひ出」として大切に記憶され続けた（『回想　天野貞祐』）。

2　甲南高等学校の校長就任と挫折

橋田邦彦への批判

一九四一年（昭和十六）一月一日、天野は京都帝国大学教授に在職したまま、甲南高等学校の顧問として校長事務代行に就任した。この人事の発端には、甲南高等学校の教授であった西田幾多郎の次男である外彦《そとひこ》が関係している。外彦を介して甲南高等学校が校長人事に困難を抱えていた事情を耳にした西田が、理事長の平生釟三郎《ひらおはちさぶろう》に天野を推薦したことが布石となった。平生は甲南学園の創設者であり、一九三六年（昭和十一）の広田内閣では文部大臣を務めた政治家でもあった。もっとも平生は、西田が推薦した時点では天野の校長招請にあまり乗り気ではなかった。しかし、一九四〇年の夏以降、天野の校長就任に積極的になる。天野はこの経緯を次のように見ていた（『教育五十年』）。

ところがその後間もなく橋田一高校長が文相と成るに際し、一高幹部が天野を後任校長に推薦し天野もこれを承諾したのに、天野のようなはっきりした自由主義者を校長に迎えることは、一高のためにもならず、天野のためにもならぬ、という反対論が文部省内にあり、橋田氏の所断でとり止めになった、という事実が恐らく平生氏の耳に入ったのではなかろうか。平生氏は急に天野に執着し是非とも天野を頼むという態度で、学生時代平生氏の世話に成り、京大哲学科卒業の甲南高等学校教授守谷英次《もりやえいじ》氏を、こちらが迷惑でたまらぬほど度々わたしを訪問懇請させ、わたしが応じない為、自分でわざわざ訪問するなど、わたしを攻めた。ついにわたしも屈して毎週一日顧問として出勤する約束をした。

平生釟三郎

甲南高等学校は、一九四〇年十二月二十一日に京都帝国大学総長宛に天野の顧問嘱託就任の依頼をし、同月二十四日に承諾された。一方、橋田邦彦が第二次近衛内閣の文部大臣に就任したのが、同年七月二十二日である。その前後から天野のいうような動きがあったとすれば時期的には符合する。平生がなぜ態度を変えたのかは不明だが、第一高等学校校長就任の話が契機となったことは確かである。

　ところで、天野の第一高等学校の校長就任が反故となった件は、天野の周辺では周知の事実であった。後に天野が第一高等学校校長に就任した際、前任校長であった安倍能成が天野を紹介する際に「自分より天野君の方が先に一高校長に成る筈だったが、天野君は自由主義がハッキリしているので成れなかったが自分はそれほどハッキリしていないので成れた」と述べている。天野は後々まで橋田邦彦には厳しい言葉を向けた。

天野は一九四四年（昭和十九）九月に京都帝国大学を定年退職し、同年十一月七日付で甲南高等学校校長に就任した。教育者をめざした天野にとって、校長として教育現場に立つことは年来の願望でもあった。この時の天野には、甲南高等学校が自身の念願を実現する場に思えたし、「甲南に骨を埋める」覚悟での校長就任であった。その決意は、「無二の親友」であった九鬼周造の蔵書を甲南高等学校に寄贈することに尽力したことにも表れている。

「天野旋風」への反論

ところが、甲南高等学校は、結局は天野の理想を実現する場ではなかった。「甲南の為に粉骨砕心」の努力をし、「ほぼ満足する業績を挙げた」。ただし、天野は校長としての成果を強調する一方で、甲南高等学校での経験は人生の苦い挫折として記憶されることになる。「わたしの甲南高校時代は実にむずかしい時期であった。内には反校長勢力を抱え、外には米英を敵とする苦戦が行われており、学園としても種々決断を要する重要事があり、教育五十年における最も苦労した時期であった」と天野は振り返っている。

そこにはどのような事情があったのか。四年間の顧問時代を経て校長に着任すると、天野はすぐに積極的な改革に乗り出していった。しかしそれは、学内に大きな摩擦を伴うものでもあった。特に、天野が外部から多くの人材を登用したことは学園に大きなさざ波を立て、長く甲南高等学校に籍を置いていた教授が学園を去る場合も生じた。同時にそれは、学園に派閥間の対立を喚起していった。『甲南学園50年史』（一九七〇年）は、人事を含む天野の改革を「天野旋風」と記し、天野によって二十名近くの教員が退任を要求され、「教授だけでも十指を越える犠牲者を出したのであるから、まさしく旋風の名に値するものであった」として批判的に記述している。「かれ（天野―筆者註）の見るところ、甲南の実情は必ずしも満足すべきものではなかった。わけても、かれの生涯に決定的な影響を与えた青年時代の一高・東大《ママ》の生活から見ると、甲南にはアカデミックな雰囲気が欠けていると思われたのである」と述べて次のように続けた。

学究的傾向の強い天野校長の人事改革により、この時新進有為の学徒が教授陣に迎えられたことは、たしかにその収穫の一つといえよう。（中略）しかしその反面、学園多年の功労者で、よく平生の教育精神を体し、学内に信望の厚い教員までが、明確な理由も示されずに職を失う羽目に陥ったことは、なんとしても大きな損失であり、全校の教職員・生徒はもとより、卒業生にまで一大衝撃を与えた。かかる事態の背景には、自己の理想実現にあまりに性急であり過ぎた天野校長の性格や方針もさることながら、校長の側近にその人を得なかったことが見のがせぬ原因であった。そのために校長と教職員との間に無用の誤解を生んだことは争われない。

後に『甲南学園50年史』の記述を目にした天野は、「わたしの改革があまりに性急であったという非難は甘んじて受けようと思う」としながらも、「自分の行動に対しては徹頭徹尾自信を持ち、信念に生きていた」と反論した。とりわけ、「天野旋風」という叙述には不快感を示し、「わたしが二十人もの免職をしたように記されているが、甲南高校の公の記録にある天野時代（昭和十四年─二十年）に退職した教員のうち退職を要求したとわたしが自覚している数は三人である」と反論している。天野にすれば、「図書館を充実し教師には学問研究を奨励し、学生に勉強を促し、校風に知性的ムードを加えよう」とすることが改革の趣旨であった。その趣旨を理解できる教師や生徒もいたが、そうでない教師が生徒までを煽動して天野排斥を企てたということになる。

天野の不満の矛先は、教師だけに止まらず、理事長の平生にも向けられた。「平生氏は一種の英雄といえるが、少なくとも甲南においては文字通りワンマンで眼中教職員などは無く、教職員はひどく彼を恐れ」ていたという天野は、「教育者にもかれを恐れぬ人間の居ることを、わたしはかれに示したと思っている。平生氏の諸事業はもとより、実に男らしい態度には敬意と好感を持っていたが、何人を問わず、ひとり天下にはいくらか服しえなかった」（『教育五十年』）と述べている。学園改革が思うように進まず、それを妨害する動きに苛立ちと不満を募らせていった天野の姿が目に浮かぶ。

神戸での被災

戦局の激化に伴う学徒出陣と学徒勤労動員、さらには教職員の応召など、天野が校長であった時期は甲南高等学校も戦時色一色となっていった。しかし、天野は安全な場所へ疎開することを拒み、質素倹約の生活を続けた。いわゆる「闇買い」をすることのなかった天野家の日常生活は、経済的にも困窮を極めた。こうした中で天野は必死に校長としての職務を遂行し続けた。ゲートルを巻き、空襲で機銃掃射に合いながら、身を屈めて学校へ通う姿を三女の清子は鮮明に覚えている。

そうした困難の中でも、学校の講堂を軍用資材置き場にするという軍の要求を断固拒否するなど、天野らしさを発揮した場面もあった。特にこのことは、天野の中で「痛快な」出来事と記憶された。「内には複雑怪奇な事情を抱え、外には横暴な軍部その威をかる会社、教育に無理解な官憲等に対して私学教育の品位を主張せねばならぬ校長の立場は、教育一すじに生き自分の良心以外何ものをも恐れないわたしにとって最も得意な檀上かも知れない、顧みて一種痛快な気持ちさえも禁じ得ない」（『教育五十年』）というのが天野の言葉である。

しかし、戦局は日を追って苛烈を究め、一九四五年（昭和二十）八月五日の二十二時から、翌六日未明まで神戸市には米軍の焼夷弾による絨毯爆撃が行われた。土佐沖、熊野灘沖に結集したB29のうち、百三十機が紀伊水道より数編隊に分かれて西宮を中心に尼崎市、芦屋市、東部五ヵ町村および神戸市の東部、姫路市におよぶ広い地域を長時間にわたって空襲し、焼夷弾四万個と爆弾を混投した。このため各地に火災が発生したが、折からの急雨によって翌六日の明け方になってようやく鎮火した。学校は幸いにも戦災を免れたが、教職員、生徒にも死傷者が出る悲惨な空襲であった。

天野の住んでいた神戸市住吉村（現在の神戸市東灘区）一帯も戦火に包まれた。甲南学園の職員住宅は焼け、天野の自宅も全焼した。大切な蔵書の大半も焼失した。「真夜中の十二時ごろ、寝入りばなでした。ちょうど家のラジオが壊れていて、お隣から〝天野さん、早く逃げなさい〟といわれた。それから身支度をした。主人は二階から降りて来て、どの洋服着て行こうか、なんてウロウロしていて」とタマ夫人は回想している。「お玄関の所に、これだけはどんなことがあってもお父さんは持って逃げたいから覚えていて、といわれていた五、六冊でしたけども、それすら持って逃げられなかった」。これもタマ夫人の回想である（『回想　天野貞祐』）。

「ウロウロして」という表現には日頃のイメージとは違う天野の別の姿が覗くが、この空襲で天野は五、六冊の貴重な蔵書とともに大切なものを焼失した。西田幾太郎からの最後の手紙である。第三章で触れたように、九鬼の墓碑を書いた西田は、同年五月二十八日付で天野宛に葉書を送っていた。天野はこの葉書の消失を恐れていつもカバンに入れて大事に持ち歩いていたが、被災した時は机の上に置いたままであった。後に天野は、西田を想いながら次のように記した（『忘れえぬ人々——自伝的回想』）。

八月五日の日曜日に先生の追憶をものしようかと考え机上に出したのをそのままにして寝についた。しかるに六日早暁の空襲は激甚を極めとり出す暇なく机上にあった私の愛惜おかない二三の書籍などと共に焼いてしまった。その葉書の先生のいつもの文字が今もありありと私の眼頭に浮かんでくる。（中略）先生の訃音に接して以来、この空地に立って六甲を眺め先生を想うと六十二歳の私に母を失った十七歳の少年の時のような悲しみが胸にこみ上げてくる。

敗戦への想い

戦局は緊迫していた。天野家が被災した八月六日の朝には広島に原子爆弾が投下され、夥しい数の人命が失われ、日本の敗戦は決定的となった。被災した天野家の見舞いに訪れた島芳夫《しまよしお》は、天野に今後日本はどうしたらよいか、と尋ねた。その時天野は「即座に陛下が停戦を命令されたらよいのだ」と答えたという。「先生程の天皇の権威を信じていなかったので私の胸中には疑問符が残されていたが、然し結果は先生の云われた通りの結果になった。私は全く先生の現実的感覚の鋭さに敬服した」（『回想　天野貞祐』）。島はこう回想している。

甲南地区の被災から十日後、日本は壊滅的な敗戦を迎えた。自宅と大切な蔵書を失い、学校も甚大な損失を蒙る中で天野は様々な対応に追われた。しかし、哀しみの中でも天野からは敗戦による絶望の言葉は聞かれない。天野は敗戦をどう受け止めたのか。

「この敗戦はわが国の宿命だとも言える。この犠牲なくしては到底、平和日本は誕生できないであろう」という天野は、「わたし達は焦繰を去って、おもむろに堅実に国家の新生をはかりたい。わたくし達の今日は、敗戦の反省に媒介された明日への希望でなければならない。自己の罪過を正直に承認し、深刻に反省し、敗戦意識に徹底しなければならない。如何なる場合にも正道を踏んでたじろがなければ、時がこの傷をいやし、この重荷をとり去るであろう。二十年あるいは三十年つとめてやまなければ、戦災は何処にあったかという日が必ず来る。輝かしい明日の平和日本を想望して、わたくし達の今日は快活で明朗でありたいと思う」と続けた。とりわけ、「敗戦はわが国の宿命」という言葉には、歴史を支配する道理の存在を信じ、それが歴史を形づくるという『道理の感覚』で展開した天野の信念とともに、時代と闘い続けた天野の思いが凝縮されている。

校長辞任

被災の後、天野は仮住居での生活を余儀なくされた。水道は壊れ、雨水や住吉川の水で洗濯するなど、妻タマにのしかかった苦労も大変であった。同年十一月、平生理事長が死去し、甲南学園も大きな変化を迎えた。同時にそれは天野にとっても劇的な変化の時でもあった。一九四六年（昭和二十一）一月十三日、幣原改造内閣で第一高等学校の校長であった安倍能成が文部大臣に就任し、その後任に天野が招聘されたのである。この人事は、安倍と第一高等学校の教頭となっていた日高第四郎を中心に進められた。自らの後任を相談した安倍に対して、日高は即座に天野を推薦し、安倍もこれに同意した。その後、安倍は文部大臣に天野を推薦し、日高は天野に就任の同意を取り付けた。「わたしは甲南で、他では決して経験しなかった辛辣《しんらつ》な迫害を蒙った」とまでいう天野にとって、甲南高等学校はすでに自らの教育の理想を実現する場ではなく、天野は第一高等学校の校長就任を承諾した。

校長を辞任するにあたって天野は、「甲南学園は春風駘蕩たる教育の花園の如く信じ、ここに一生を捧げるという教育の夢は破れ戦災に遭って蔵書の大半を失い、同年一月、家族を残して、ひとり悄然甲南を去った」と述べ、『甲南学園50年史』の次の一節を『教育五十年』に残した。

不幸な事態を生じて天野は甲南を去った。しかしその時かれは「骨を埋めるつもりで来たが私の役目は終わったと思う」と語っている。かれは当時の甲南には創立の精神をはき違えて、ややもすれば知育を軽視する傾きがないではない、と見ていた。そこで機会あるごとに、甲南のスローガンである人格の形成も学問の追求なくしては成就されないことを力説した。その豊かな学識に裏付けられた数々のスピーチや文章は生徒を魅了するに十分であった。かれの言う「地ならし」とは甲南に育ち始めた学問的雰囲気を指すと思われるが、激化する戦争の中でなお学問への情熱を鼓舞したかれの功績は、九鬼文庫の取得とともに、忘れられてはならないであろう。

後年、甲南高等学校での生活を天野は、「教育五十年において最も活発に奮闘した一時期であった。少し急ぎ過ぎたことは後悔されるが、良心のとがめられるようなことは何もない」と述べている。しかし、当時の状況を考えれば、おそらく「ひとり悄然甲南を去った」という表現がふさわしいであろう。甲南高等学校の正式な辞任が了承されたのは、一九四六年二月十八日である。

3　第一高等学校校長への就任

教育者最高の名誉

天野は京都帝国大学の在職中、学生たちに「カントに帰れ」は大事だが、自分にとっては、「カントー（関東）に帰れ」の心境であると言い続けてきた。いうまでもなく、これは故郷の関東へ帰りたいという思いと定年後はカント研究に戻りたいという願望を重ねての表現であった。第一高等学校へ戻ることで関東への帰郷は実現したが、とうとう晩年までカント研究に戻る時間的余裕は与えられなかった。「天野は自らの生涯について、しばしば〝運命〟との出会いに触れている。それは恣意的、偶然的なものではなく、カントに見られた神の摂理——神の見えざる導きの手にも通じたものとして、感得されてゆくようであった。それは後年の天野の魂のキリストに導かれてゆく必然的な一つの道程でもあった」。蝦名賢造は、『天野貞祐伝』の中で、第一高等学校の校長就任以降の天野をこう評した。

たしかに、第一高等学校校長に就任して以降、天野の人生は戦後教育改革の表舞台に躍り出し、凄まじい勢いで高速回転を始める。天野の人生は、六十二歳からこれまでの時間よりも何倍も激しく躍動していく。あたかもそれは、「神の摂理」というにふさわしく、神の意思に突き動かされるような濃密な時間となっていった。

天野が第一高等学校校長に任命されたのは、一九四六年（昭和二十一）二月九日であった。一九四〇年（昭和十五）に一度は反古になった天野の校長就任がやっと実現したことになる。「もとよりわたしは名誉はいうに及ばず金銭その他のいかなる目的のためにも、教育者を志したわけではなく、ただ一すじにこれを使命と感じた」と言いながらも、「しいて名誉ということを言うならば、一高校長は教育者最高の名誉だと考えていた」と付け加えた。しかも、自ら求めることなく名誉が与えられたことは、「平常極めて小心のわたしが少しも不安を感ぜず、あたかもこの地位がわたしを待っていたかの如く、平然としてその席に着いた」（『教育五十年』）という言葉には、天野の喜びと誇らしげな自負が込められている。

日高第四郎との再会

天野が校長に着任した時の教頭は日高第四郎であった。前述のように、日高は天野が京都帝国大学の学生課長であった時の学生主事であり、日本一と誇れる学生課を共に作り上げた間柄であった。その後、一九四三年（昭和十八）に第一高等学校の教授・教頭となり、校長の安倍能成が文部大臣に転出してから天野が校長として着任するまでの間、校長事務取扱を務めていた。天野にとっては、気心の知れた補佐役であり、後に天野が文部大臣に就任した時には文部事務次官を務めた。ところが日高は、田中耕太郎が文部大臣に就任する際、田中に乞われて学校教育局長に転出した。「安倍文相に代って田中（耕太郎）氏が文相と成った時、日高氏を文部省へ採用したい希望をわたしに非常に遠慮して伝えられた。日高氏の栄進であるから、わたしは喜んでその要求を承諾し、麻生（磯次）君に代って貰った」（『教育五十年』）と天野はその経緯を語っている。日高が学校教育局長になるのが一九四六年五月二十九日付であるから、第一高等学校での校長と教頭との関係はわずか四ヶ月足らずであった。

天野は校長としての職務に加えて、一週間に一回、三年生全体に「実践倫理」の講義を行った。また、生徒の有志にカント『実践理性批判』の購読も行うなど第一高等学校での教育は「至極順調」であった。しかし、学習院時代から所有していた東京目白の自宅と第一高等学校の校長官舎も戦災で焼失していたため、天野は吉祥寺にある次女ミツの嫁ぎ先である柿原家の二階を借りて生活し、神戸の家族とは別居であった。吉祥寺から毎日通勤に利用する帝都電鉄（現在の京王井之頭線）の凄まじい混雑には苦しめられた。「言語に絶した混雑にて、一高前では下車できず、一たん終点たる渋谷駅まで行き引返すのであるが、腰かけられぬことは言うまでもなく、発車駅なる吉祥寺駅でもひどく混んで乗客は腰掛の上に立ってしまう。（中略）ひどく混んで来たのに腰掛けていると、腰掛台の上へ立って、なにをぐずぐずしているかと、どなりつけられることもある。或はまた腰掛の上へ登るとは何ごとだとどなられる事もある。腰掛けていてもいけない、登ってもいけない、進退に窮するというこの珍現象はここ以外で見た事も聞いたこともなかった」と回想している。午後二時ごろになると日高から、「電車がそろそろ混み始めるから帰られてはどうか」と促されることもあった（『教育五十年』）。

その頃、安倍が天野を自宅に招き歓待したことがあった。「それは一生忘れられない親愛の溢れた楽しい一夕であった。久しぶりに酒のご馳走になり、安倍さんと床を並べてねた。安倍さんとの交際のハイライトであった」（『教育五十年』）と天野は記している。

学問の修業に精進せよ

週一回の「実践倫理」の講義とともに、天野は入学式、始業式等で様々な講話を行った。その内容は教養、歴史、道徳、読書、平和、哲学など多岐にわたった。講話の中で繰り返し天野が説いたのは、「学問の修業に精進せよ」ということであった。学生生活の根幹は学問でなければならず、生活のあらゆる面において学問が媒介しなければならないという天野は、真理の存在を承認することが人生観の根本にあることを繰り返し説いた（天野貞祐全集6）。

知は決して徳と無関係ではありません。否、知は徳であります。社会における害悪も、私達自身の過誤も多くは無良心よりはむしろ無知、無思慮に由来することを思うべきであります。真理を真理のために、知識を知識のために追求することは知識の獲得と共に人間性を深め豊かにし人間を養うことであります。知識のための追求が即ち社会のため、国家のため、人生のためなのであります。諸君は科学に哲学にあらゆる領域における学問の修業に精進せられたい。（中略）学問的知識の探求、学問的思索、学問的基本書の味読――かかる事柄が日々の生活の基調音であることを願望して止みません。

これは、『道理の感覚』で展開された「知育の徳育性」の説明であるが、講話で天野は自身の教育論を平易な言葉で語った。しかも天野の語り口は情熱的であり、第一高等学校の生徒の若い魂を強く揺り動かし、生徒の敏感な反応に天野もまた喜びを感じた。「高校生諸君！　学問に精進せよ。古典を学べ。学力を養え。諸君の時期においてそれに努めぬならば、諸君の一生は無教養におわる恐れがある。諸君は社会のワイワイ連となってはならない。確たる人生観をもち、正道に生きる高邁純正な人間とならなければならない。その際諸君を導く星はつねに学問であって諸君のあらゆる行動は学問によって媒介されなければならぬ」（天野貞祐全集6）。こうした第一高等学校の生徒に向けた講話には、将来の社会をリードするエリートたるべき期待が込められていたが、特に学生が修業中の身であり、学問の修業に精進することが学生の本分であるということは、天野の学生論の根幹であった。

4 「戦後」認識と「教養」

新教育勅語渙発への反対

第一高等学校の校長就任に先立って、天野は一九四六年（昭和二十一）三月に来日が予定されていた第一次米国教育使節団に協力する目的で設置された日本側教育家委員会の委員に任命された。この委員会は、連合国軍総司令部民間情報教育局（CIE）の指令によって設置されたものであり、第一次米国教育使節団が到着するにあたって、戦後教育改革に資するための報告書をまとめた。

報告書の内容と天野との関係で注目されるのは、報告書の「一、教育勅語に関する意見」において、「従来の勅語が天地の公道を示したものとして誤りではないが、時勢の推移につれて国民の精神生活に適さないものがあるので、あらためて平和主義により日本建設の根幹となるべき国民教育の精神生活の真方向を明示する詔書の公布を希望する」と明記されたことである。天野は、新教育勅語の渙発には反対であった。後に委員の一人であった務台理作《むたいりさく》は、新教育勅語の渙発に明確に反対したのは四名のみであったと述べているが、そのうちの一人が天野ということになる。

天野が新教育勅語の渙発に反対した理由は何であったのか。同年九月二十五日の教育刷新委員会第一特別委員会の会議で天野は、その理由を次のように説明している（『教育刷新委員会教育刷新審議会会議録』第六巻）。

新教育勅語を奏請するということが、専ら皇室の御迷惑になりませんか。今は昔と違って斯様に世間が騒がしい時に、折角新教育勅語を奏請して見ても、それがさっぱり権威を持たないというようなことではいけないし、又皇室がそういうものを出されるというようなことは、色々な批判を招くことになって、出すことが意味がないということと、出すことが皇室の御迷惑になるという二つの観点から、止めた方が宜いという理由であります。

教育刷新委員会への参加

一九四六年八月十日に「教育事項に関する重要事項の調査審議を行う」ことを目的として、内閣総理大臣の所管の審議会として教育刷新委員会が設置され、天野も任命された。教育刷新委員会は、日本側教育委員会を引き継ぐものであり、現在の中央教育審議会の前身である。委員には三十八名が任命され、三十五回の建議を行った。教育基本法、学校教育法はじめ戦後の教育改革立法は、基本的に教育刷新委員会の建議を基盤として制定された。

教育刷新委員会は、全委員が参加する総会の他に二十一の特別委員会が設けられた。天野は、そのうち、第一特別委員会（教育の基本理念に関する事項）、第五特別委員会（上級学校体系に関する事項）、第十特別委員会A班（中央教育行政に関する事項）、第十一特別委員会（文化問題に関する事項）、第十四特別委員会（大学の国土計画的配慮に関する事項）、第十五特別委員会（二年又は三年制大学に関する事項）、第十八特別委員会（教育財政に関する事項）の実に八つの特別委員会の審議に関わった。これに総会での出席を加えると、一九四六年九月から一九四八年（昭和二十三）までの間に、実に七十回を超える会議に出席して積極的に発言した。

天野にはとかく道徳教育のイメージが強いが、敗戦直後に発表された『生きゆく道』（一九四八年）、『若き女性のために』（一九四八年）、『教育試論』（一九四九年）では、道徳教育論だけではなく、学制改革論、大学制度論、高等学校論、教員養成論、女性論など多岐にわたっており、教育刷新委員会での議論が反映されている。教育刷新委員会での具体的な天野の主張を追っていく前に、天野が「戦後」をどのように理解したのかについて見ておきたい。

わるいから負けたのである

坂本《さかもと》多加雄《たかお》によれば、天野の属する「大正教養派」の「戦後」認識には、共通の特徴が見られるという。それは、「大正教養派」が「戦後」を「正常への復帰」と捉えていたことである。「大正教養派」にとっては、昭和初期の軍部が台頭した時代は、日本の歴史全体からみれば決して正常でない「逸脱」の時代であった。つまり、彼らにとって敗戦とは、軍部が台頭する以前の「正常への復帰」を果たした契機であり、「戦後」への転換はそれ自体が基本的には歓迎され肯定されるべきものであった（『知識人——大正・昭和精神史断章』）。

「大正教養派」に共通する「戦後」認識は、基本的に天野にもあてはまる。それどころか、天野には、自らが「生命をかけた書」とまで述べた『道理の感覚』が、軍部の圧力で「自発的絶版」となった経験が加わることで、戦前、戦中を「逸脱」と捉える思いは強かった。天野は「ひとびとは日本民族の道徳的頽廃を言う。しかし現下の末梢的現象を捕えて、にわかに頽廃を言うのは如何であろうか。道義はすでに戦前より、なおさら戦時中において頽廃の極に達していた。もっぱらそれ故に戦争が起こり、それ故にこのみじめな敗戦がもたらされたのであります」「天皇を神の代表者だといっても国賊呼ばわりをされ、著書に自由という文字があるから不都合だ、『承詔必謹』の国の臣民には自由はない、などと主張する思想的暴力団が軍部を背景にして横暴を極めた国家がそのままに存立しうるわけはない。この惨敗は虚偽の必然的帰結であって、自らなせるわざわいである。終戦などというのは極めて不妥当な自己欺瞞的言表であって、敗戦意識に徹底して初めて真の再建ができると思う」（天野貞祐全集4）と述べた。

この言葉には、天野の「戦後」認識の一端が明確に示されている。それは「負けたからわるいのではなく、わるいから負けたのである。ひとはしばしば敗戦のゆえに絶望するという。わたくしはしかしこの敗北をもって当然と考え、もしこの戦争が勝つならば、それこそ歴史に対する絶望あるのみだと考える。どう考えてみてもこの戦争には無理ばかりだった、外に対しても内においても無理ならざるはなしであった。国内におけるあらゆる不道理はわれわれのつぶさに身をもって体験したところである」（天野貞祐全集4）という表現でも繰り返された。

もっとも、こうした天野の戦前、戦中の時代への厳しい批判の矛先は、当時の軍部と為政者のみに向けられていたわけではない。「支配階級の道徳的堕落が真の敗因であると私は信ずる者ですが、それとともに堕落者の横暴をゆるした社会の一般教養水準の低さが反省されねばならぬと思います。この関係においてはわが社会における教養水準の低さが敗因だとも言えるでありましょう。あらゆる虚偽、偽善、愚劣を許容したものは教養水準の低さだからであります」（天野貞祐全集4）と述べる天野は、国民の教養水準の低さが、軍部と支配階級の堕落を招いた要因であると強く主張した。

「教養」とは何か

では、天野のいう「教養」とは何を意味していたのか。天野は、「教養」を「人生に遠い雑駁な知識の寄せ集めではなくして、魂にまで浸透した知識」「適確な現実の認識、中庸の把握、正邪に対する鋭敏な感覚等となって現われる開発育成された精神力」（天野貞祐全集4）と定義する。天野にとっては、社会的な教養水準を高めることは戦後日本の再建への道であると同時に、教育の重要な課題でもあった。

そのため天野は、戦前までの教育が単純に軍国主義に蹂躙され、あるいは軍部の「犠牲者」になったとするような論議には決して与しなかった。たとえば、一九四六年（昭和二十一）十一月十五日の教育刷新委員会第一特別委員会の第十回会議では、教育が「ついに軍国主義的、または極端な国家主義的傾向に歪曲された」とする教育基本法の前文案の表現をめぐって議論された。ここで天野は、「国家主義というのは、極端な、がついているからいいけれども、国家主義はきっと悪いとも限らない」と述べながら、「軍国主義を馴致するに至った」か「軍国主義的又は極端な国家主義的傾向を招来するに至った」という表現への変更にこだわった。

この天野の見解に対して関口隆克《せきぐちたかかつ》は、「教育が被害者ではなくて、加害者になります。そうでしょうか。実際教育は被害者にならなければならないんじゃないでしょうか」と天野に異を唱えた。また、羽《は》溪了諦《たにりょうたい》も「教育は被害者です。それは明かです。傾向に馴致された、でいいじゃないですか」と述べて反対した。しかし、天野は明確に「教育は歪曲者なんです」と主張し、「教育というものが本来の自主性をなくしてしまった。そうして、こういう極端な国家主義的傾向を馴致するに至った。それでよくはないか」と述べて自らの見解を譲らなかった。結局この会議では、「国家主義的、又は国家主義的傾向をとるに至った」という表現に落ち着き、天野が押し切った形となった（『教育刷新委員会教育刷新審議会会議録』第六巻）。

「負けたからわるいのではなく、わるいから負けたのである」という「戦後」認識は、天野の教育観や人生観にまで通底する理解であった。「私の人生観は道の信念を要求する。従って歴史は道の実現されゆく過程だと言うことになる。今次の大戦におけるわが国の惨たんたる敗戦についても、わたしは道理の支配を信ずる者である。この敗戦の最大の教訓は歴史の上では不道理は通らない、という事実の確認でなければならない」という天野は、以下のように続けている（天野貞祐全集5）。

　結局において、歴史を支配するものは理性である。現実は一見すると反理性的な支配下にある如くであるが、分別的悟性的立場ではなく、叡知的理性的立場から見れば理性によって支配され、一時的にはどうあろうとも、結局は理性の勝利に帰して、理性的なものが現実的となることによって現実的なものは理性的であると考えられるのである。と言っても道は自ら自己を実現するわけではない。道の実現は如何なる場合にも人間を媒介とする、道を感得し、これを実現する存在者は人間以外には存しない。（中略）だから人間の使命はそれぞれの持場において道を弘めるにある。道理の媒介者たることが人生の意味でなければならない。即ち人生の意味と価値とは道の実現において成立し、道の実現こそわれわれの目標でなければならない。それがわれわれにとって幸福と成るや否は問題ではない、問題は道の実現にある。

5 「戦後」日本と女性論

天野の女性論

天野の「戦後」認識は、天野の女性論の中にも示されていた。天野が女性を対象として論じた論稿は決して少なくない。『若き女性のために』（要書房、一九四八年）がその代表といえるが、同書の「姉妹書」として出版された『今日に生きる女性の道』（要書房、一九五四年）も天野の女性論では重要である。しかも、天野によれば、数多くの天野の著作の中でも『学生に与ふる書』（一九三九年）とその「女性版」である『若き女性のために』の二書は、「格別」に「版を重ねて多くの読者」を得たとしている。

一般に天野の著作には、いわゆる「まえがき」「序」が付されることは少なく、その著作全体の結論は、「後記」や「後語」としてまとめられることが多い。この二書もその例外ではなく、『若き女性のために』の「第十版後語」では、「わたし達の学びうるのは一々の場合に対処する一定の判断ではなくして、いかなる場合にも対処しうる判断力であります。これまで女性はあまりに男性へ頼りすぎ、自ら判断し、自ら善処する思慮と判断力とを養うことが足らない嫌いはなかったでしょうか。これからの女性は自ら決断し自ら責任を負う人格としての力を涵養することを怠ってはならないと思います」と述べ、同書に込めた思いを伝えている。

また、『今日に生きる女性の道』の「後記」では、「男女平等同権の今日、女性に自由の主体としての、人格としての自覚をうながし、その教養に資することはわたくしの期待し、願望して止まざる所である。『若き女性のために』（要書房）の姉妹書として、中正健康な人生観を要求し、自信をもって誠実に生ききんとする兄弟姉妹の愛読をうるならば著者の幸福これに過ぎるものはないのである」と結んだ。天野の女性論の一端は、これらの言葉にある程度は集約されている。

両性の本質的平等

『若き女性のために』は、「新しい時代に生きる女性たちへ」という女性への呼びかけから始められている。同書を「世界は今や新時代に入ったといえます」と書き出した天野は、「自国をもって神国となし、他国をばすべて夷狄《いてき》と考えるような神話時代は遠い昔のことであります」と述べた。そして、第二次世界大戦を経験することで、「他国をも自国と同じ国家として認め、自国の権利を主張すると同時に他国の権利をも認め、他国に義務を要求すると同時に自国も義務を負うということ、個人の場合における個人主義の原理が行われる時代に移って行きました」として「新しい時代」を特徴づけた。その上で天野は、「文化国家の理念が単なる空想の産物でもなく、敗戦の結果に基づくごまかしでもなくして、新しき世界の要求に由来する新しき理念であること、そうして日本がこの歴史上かつて無かった国家理念の実現という使命をになうものであることを新時代の日本女性にまずもって認識していただきたいのであります」と続けた。

さらに天野は、「新日本誕生のうぶ声が実に新憲法なのであります」とし、①天皇制の確立、②主権在民、③戦争放棄、④人権の尊重の四つが日本国憲法の重点であると述べ、このうち人権の尊重に関して重要なことは男女平等権の規定であるとした。日本国憲法第十三条、同十四条、同二十四条に規定された「個人の尊厳と両性の本質的平等」とが「まことに新時代の根本的性格であります」という天野は、この点を以下のように具体的に説明していく。

まず天野は、新生日本のもっとも重要な性格は「個人尊重の自覚」であるとしながら、「人間は自分をも他人をも単なる手段としてではなく、常に同時に目的として扱わねばならぬ」というのは実に大切な人生の理法であるとする。カント哲学に由来するこの理解を基底としながら、天野の言葉は家庭の夫婦のあり方に向けられる。「夫と妻とが心身ともに一つとなり、各自おのれを単なる独立者としてではなくして、全体の一部として自覚するところに家庭が成り立つ」と述べ、次のように続けた。

家庭を成り立たせる根本原理は愛であります。ヘーゲルという哲学者は愛についてこう言っております――愛とは一般に自己と他人との一体の意識である。したがって私はおのれをもって孤立独立したものでなく、却って私の独立性を止めることによって、すなわち他人との私の一体、私との他人の一体としておのれを知ることによってのみ私の自覚を獲得することができる。愛の第一の要素は、私が独立人であろうとしないこと、もし独立人であるならば却って欠陥があり不完全だとして感ずることである。第二の要素は、私が他人において自己を獲得するということである。私が他人においてねうちすることを他人はまた私において到達することである、と。それゆえ夫婦は一にして二、二にして一という関係に成り立つわけで、古人のいわゆる「敬して和する」という人格尊重の原理が夫婦の道でなければならぬと思います。

夫婦の道

日本国憲法の規定によって、「個人の尊厳と両性の本質的平等」が法的に確立されたことの意味を天野は重視した。しかし、法律関係を含み持っただけでは十分ではないというのが天野の立場であった。人間生活は法的な外面的な規定以上に「内面的な心情が問題であるところの道徳的関係」であるとする天野は、日本国憲法の規定は「男女同権平等の第一歩であって完成ではない」と釘をさす。つまり、「敬して和する」という天野のいう「夫婦の道」とは、「夫は妻において、妻は夫において相互に人格を尊重」し、「独立な人格が自ら進んでその独立性を否定し、私は汝において、汝は私において自己を見出す自他一体の意識」という、いわば「道徳的関係」を前提としていた。そして、この一体感を天野は愛と称したのである。

ところが天野は、この「敬して和する」という「道徳的関係」を「男性女性があらゆる関係において同様でなければならぬ」という意味では理解していない。「そういう平板な平等はいわゆる悪平等であって、真の平等は差別を内にふくむものでなければなりません」と述べる天野は、次のように続けた。

いわば動物的で陽性な男性と、植物的で陰性な女性とでは、一般的にいえば、そこに異なった職分使命がある筈です。職分の別は使命の別であって、価値の差別ではありません。性は天命であって、これに従うのは人間の道だと考えられるのであります。

男性と女性の性差の違いは人間としての上下を意味するものではない、と天野はいう。そして、法的な平等はいわば「人生の額縁」に過ぎず、「人生という芸術品はうちに無限な多様性をふくまねばならない」ともいう。つまり、法的平等に拘泥して人生のふくむ無限に多様な充実を無視することは明らかな「迷妄」であるというのが天野の理解であった。

6 戦後教育改革と教育勅語

教育刷新委員会と教育勅語論議

教育刷新委員会で天野は何を主張したのか。教育刷新委員会での発言から天野の教育思想を辿ってみたい。まず、教育刷新委員会第一特別委員会での教育理念に関する議論である。ここでは、教育勅語の問題が中心となる。第一特別委員会の委員には、羽渓了諦(龍谷大学)を主査として、芦田《あしだ》均《ひとし》(衆議院議員)、天野貞祐(第一高等学校長)、務台理作(東京文理科大学長兼東京高等師範学校長)、関口《せきぐち》鯉吉《こいきち》(東京天文台長)、森戸辰男(衆議院議員)、河井《かわい》道《みち》(東京恵泉女子学園長)、島田《しまだ》孝一《こういち》(早稲田大学総長)という八名の錚々たるメンバーで構成され、特に教育勅語問題と教育基本法の条文をめぐって合計十二回の会議を行った。天野は、この十二回の会議のうち八回の会議に出席し、委員の中でも最も多く発言を行うことで終始会議の流れをリードした。

第一特別委員会の論議は、「教育勅語擁護派とその反対派との意見対立」、あるいは「リベラリスト内部での進歩派（務台理作―森戸辰男ライン）と保守派（天野貞祐―芦田均ライン）」という対立の図式によって説明されることが多い（『戦後日本の教育改革2　教育理念』）。しかし、両者には指摘される程の対立があったわけではない。たしかに細かい認識の相違はあったが、第一特別委員会の議論の到達点である、一九四六年（昭和二十一）十月八日の文部次官通牒「勅語及詔書等の取扱について」（以下、「通牒」と略）の原案となる文言である「教育勅語を以て我が国唯一の淵源となす従来の考え方を去って、之と共に教育の淵源を広く古今東西の論理、哲学、宗教などに求むる態度を取るべきこと」については全く議論されることなく了解されていたからである。つまり、第一特別委員会の見解は、教育勅語の廃止を意図したものではなく、従来の神格化した扱いを改めるというものであった。

それは、文部次官山崎《やまざき》匡輔《きょうすけ》が、同年九月二十五日の第一特別委員会第二回会議において、教育勅語に書かれていることは、「今の時代とはぴったり合わないけれども、矢張り我々の道徳規範としても、本当に立派なものと思われる。（中略）それで今迄の教育勅語に対する敬意を失わない意味に於きまして、所謂廃止とか、停止とかいうようなことは積極的にしないで、是は其の儘過去の事実として其の儘にずっと置く。（中略）廃止ということは、何処でも私共申上げなかった積りであります」と述べたことにも象徴的に表れている。

天野の教育勅語観

山崎の発言を受けて天野は、「従来の教育勅語が非常に何か廃めねばいかんものだという論には、私は不賛成であります」と述べて、次のように続けた（『教育刷新委員会教育刷新審議会会議録』第六巻）。

従来の教育勅語は実によく日本人の道徳規範を網羅してあると思う。現在でも何も、是は不都合はないと思うけれども、唯時代が時代だから、全体の調子と申しましょうか、そういうものが非常に今に適しない。又あれには今の時代に則って行くに足らないものがあるという様な意味で、あれは不十分だということは言われるけれども、あの精神が日本に良くなかったのだということは少しもないと思う。（中略）消極的に、之を読まないでも宜いということ、決して之を廃める積りはない、日本人の道徳の規範としても実に立派なものじゃないか、あれを廃める必要は全然ないという考を持って居ります。今次官が言われたような取扱が最も適当な取扱かと考えます。

また、天野は「従来の教育勅語もあれが全部いかんとは言えんと思う。あの中の徳目というものは、実に是はそれこそ古今に通じて謬らずじゃないかと思う。それを全面的にいかぬように言う人も恐らくないのじゃないか」という趣旨の発言を繰り返した。天野の教育勅語に対する理解は、「通牒」の示した方針、すなわち、① 教育勅語を以てわが国の教育の唯一の淵源となす従来の考え方を去って、これと共に教育の淵源を広く古今東西の倫理、哲学、宗教等にも求むる態度を採るべきこと、② 式日等に於て従来教育勅語を捧読することを慣例としたが、今後は之を要しないこと、③　勅語及詔書の謄本等は今後も引き続き学校に於て保管すべきものであるが、其の保管及捧読に当たっては之を神格化するような取扱をしないこと、の三つの方針と一致したものであったことがわかる。つまり、天野をはじめとした第一特別委員会の委員は、この「通牒」の内容が、教育基本法とは矛盾なく共存していたと考えていたのである。

しかし、ここで注意すべきことは、天野が教育勅語を形式的な側面と内容的な側面とに分け、明らかに内容的な側面を重視して評価したことである。天野の関心は、教育勅語に掲げられた徳目の普遍的な側面を肯定し、その連続性を強調する点に主眼が置かれていた。このことは、後に天野が、「教育勅語が通用しなくなっても、そこに挙げられている『父母ニ孝ニ兄弟ニ友ニ朋友相信ジ恭倹己レヲ持シ博愛衆ニ及ホシ学ヲ修メ業ヲ習ヒ以テ智能ヲ啓発シ進ンデ徳器ヲ成就シ公益ヲ広メ世務ヲ開キ常ニ国憲ヲ重ジ国法ニ遵ヒ』という道徳的規準が妥当性を失ってしまったわけではない。かかる徳目は勅語だから妥当性をもったわけではなくそれ自体妥当性をもつ徳目である。それは今日といえども依然として妥当性を有する」（天野貞祐全集４）と繰り返したことにも明確に示されている。そしてこの点は、天野が文部大臣として提案する「国民実践要領」をめぐる論点の一つとなった。

「公のため」か「個人のため」か　尊厳」をめぐって天野と務台理作との間で次のような興味深いやり取りが行われた（『教育刷新委員会教育刷新審議会会議録』第六巻）。

一九四六年（昭和二十一）十月十一日の第一特別委員会第五回会議では、「個人の

天野委員　私は要するに自分の為に生きるのでなくして、公けを畏れ、公けの為に生きる、そういう人、それを作るということが一番肝要なことだと思う。道を畏れて公けの為に生きるというような人間を作る、簡単にいえば人間の育成ということですね。［そういう、旧い言葉でいえば］奉公というような。そういう意味が何処かにあるといいのじゃないか。個人の完成とかいうことにあまり重きを置くと、何か自分自身の為に生きるということが、主になっているような気がいたします。

務台委員　公けに仕えるということは非常に大事なんです。併し殊に国際関係に立ったり、この非常な経済の難関を背負ったりして行くような為には、ただ精神的の公けに仕うということだけじゃいけない。もっと具体的に、近代的な意味で公けに仕えるということでなければならぬと思うのですが、本当に公けに仕える人間を作るには、やっぱり個人というものを一度確立出来るような段階を経なければならない。それが今迄日本に欠けていたのではないか。西洋なんかは、やはりルネッサンスで、前回もいわれたように個人というものを発見して確立した。日本にはそういう西洋のような段階を歴史的に持っていない。遅れ馳せだけれどもやっぱり西洋のように、個人意識というものを確立するという順序を経て、公けに行かないと、又すぐ反動化する。公けに仕えるということで、非常に個人が縛られてしまうというようなことが起りはしないか。

天野委員　それはそうです。ですから個人の尊重という論理はいいのだけれども、併し自分の為に生きるということはいけないのじゃないか。自分のために生きるのじゃなくて、国家の為に生きるとか、世界平和の為に生きるとか、何かそういうものがないと、理念というものがいえなくなる。

　このやり取りには天野の教育観が端的に表現されているが、両者の発言に大きな相違があるわけではない。なぜなら天野は、「特に私は敬天愛人というような理想を入れたい」「道を畏れ、道を拡めるとか、そういう意味が何か入るといい」という発言を繰り返しながらも、「世界平和、言い換えると人を愛するということと、個人の自由、価値を尊重するということと、それから勤労的民主的生活をするということ、そうして国家社会の成員としての責を果す健康な国民を育成するということ」については全く異論はなかった。それどころか、「個人の尊厳」の文言を条文の中に組み入れることを積極的に主張している。天野の主張は、「個人の尊厳」の理念を実現するために、「何かそういうことを畏れるとか、尊ぶとか、そういうものがあって、ただ自分の為に生きるのでなくして社会国家の為に生きる」という観点を重視すべきであり、いわば「公」と「私」との関係にバランスを担保することの必要性を説くものであった。

「人間性の開発」か「人格の完成」か

　教育の目的をめぐっては、「人間性の開発」か「人格の完成」かも論点となった。「人間性の開発」という言葉を提案したのは天野であり、「人格の完成」という表現には「個人の与えられた天賦の能力を開発する目標になるわけで、勝れた者は勝れた者としてという意味が含まれる」と指摘した。天野の提案に務台理作は、「人格の完成」というと非常に基準的な感じがするが、「人格の開発」であれば、「それぞれの持っているもの、天賦というようなものも含めて、そういうようなものを伸び伸びと伸ばさす」感じがすると賛成した。また、森戸辰男も人格には概念的な意味が強く人間性には人間の全体を含めた印象があり、民主主義的な教育の発足という観点からも「人間性の開発」が相応しいとした。

第一特別委員会第六回会議（一九四六年十月十八日）では、全委員の賛成で天野の提案が承認され、第十二回総会（同年十一月二十二日）では、「教育は、人間性の開発をめざし」と明記された教育基本法要綱案が示された。この案は、第十三回総会（同年十一月二十九日）に第一特別委員会の原案のまま採択されたが、結果として田中耕太郎文部大臣の強い主張と法制局の法技術的な観点からの意見で「人間性の開発」は「人格の完成」に戻された。その理由は、①人間性という言葉は、一般には人間が動物と共有する野性的なものを含むように考えやすいが、人格では人間が動物から区別される人たるゆえんの特性だけが考えられる。②一般的な意味を持つべき法律用語としては、人間性よりも人格の方が適当である。③「開発」という言葉は、人間の有する諸能力を伸ばすという内発的な意味の言葉であり、普遍的なものからの価値評価が考えられず、自然の野性をそのまま伸ばすと誤解されやすい。人間のあるべき姿を前提とし、それをめざして進まなければならないという意味で人格の方が適切である、というものであった（『教育基本法の解説』）。

この変更には、森戸も不快感を示したが、天野も後年までこの変更を「改悪」だったと譲らなかった。「人格の完成」というと教育の範囲が狭められ、知育も体育も軽視される恐れがあると指摘する天野は、「教育は人間性全般、人間の全可能性を開発するのが目的だとした方が一そう具体的だと考えられるのである。人格々々というと人間を単に精神者として捉える観念的抽象論に陥る恐れがある」と述べた。つまり、人間を一個の実在として具体的に捉え、知性も身体性も開発しなければ道徳性も開発できないと考えれば、「人間性の開発をめざし」の方が、「はるかに具体的であり、妥当だと考えられる」というのが天野の主張であった。

7　教師論と教員養成構想

理想の教師像

教育者を自認する天野にとって、理想の教師像とはどのようなものと考えられていたのであろうか。端的に言えば、天野はあるべき教師の姿を教養主義的で人格主義的な観点から捉えたといえる。天野は、人間としての人格の中心は「善き意志」であるという。もちろん、「善き意志」とは、決して「善き心構え」という程度のものではなく、あくまでも「知性によって照らされた」ものである。教師には「善き意志」を備えた「善い人間」であることが条件であるというのが天野の揺るがない信念であった。ただし天野は、これだけでは教師の資質としては不十分であり、「善き意志」に加えて、教育愛が不可欠であるという。

「愛は命令出来ません。好きになれといっても無理です。この意味では教師は育成されるというよりは生まれる者だとも言えます。教師たる素質天分というものは未熟な、或いは幼少な魂への没入、その育成への沈潜、即ち教育愛への傾向性において成立すると思います」というのが天野の理解であった。つまり、天野のいう理想の教師像とは、「知性に照らされた善き意志、視野の広い上品な心構え、若い魂への愛と情熱、知識への愛等々一つの魂にとけこんだ誠実な人間」ということになる。また、教師は人格の完成を目ざす聖業であるという自覚を持つことが重要であると天野はいう。理性と良心とを与えられ、その尊厳と権利においては平等であるという自由の主体が人間である。そのかけがえのない人間存在の形成に参与する教師の仕事は明らかに聖職である、と天野は考えていた。天野にとっては、この聖職者としての自覚こそが教育愛の根源であったのである（天野貞祐全集5）。

師範教育批判

「教育の基調はあくまでも人文的、教養的でなければならぬ。技能の習得はもっぱら職域にゆずり、人間性の開発育成に力を用いる必要がある」というのが天野の一貫した主張であった。ここで重要なのが教師の役割であり、「如何にして良き教師を養成するか、さらに広く如何にして人材を教育界に集め得るか」という教員養成改革を、戦後教育改革の重要な課題と考えていた。

天野が構想した教員養成改革の主眼は、「特別の機関を設けることに反対である」という点に集約される。いうまでもなく、「特別の機関」とは戦前までの師範学校を指しており、必然的に天野の主張は師範教育批判と表裏をなしていた。天野は、明治以降の師範学校が果たしてきた国民教育への貢献を一応は認めながらも、「教育者志望の者だけを集めて教育するという単調な性格」を厳しく批判した。天野は、広い視野と豊かな人間性を持つ教師になるためには、「若い時代に、さまざまな志をいだく人と交わり切磋琢磨する」経験が重要であると考えていた。次の言葉は、こうした教師論と教員養成改革の主張を端的に表現している。（天野貞祐全集5）。

教育者は人間が誠実であり学問があれば十分である、教授法などは各自に工夫し各人がそれぞれに自己の教授法をもつべきである。教授法は習うべきもの教えられるものではなくして教えつつある間に自ら会得して、自ら創り出すべきものである。教育学とか教授法とかを学ぶことが教育者にとって有益であるとしてもあくまでもそれは二次的である、それさえ学べば良き教師の資格が出来るような考えの甚だしい謬見であることは勿論である。

「教師は教えるだけでなく、教えながら学び学びながら教え、人間を作りつつ人間として作られる」存在であり、学校教育において教師たる知識技能や人格さえもが養成できるという考え方は「徹底的に排撃されるべきである」と天野は述べた。それは、人間は働くことによって成長するものであり、「教育者養成のために師範学校はもちろん師範大学という如き特別の機関を設けず一般の大学卒業者を採用し、直ちに見習として学校に送り職域において実地練習の上、正教員たらしむることが必要」であるという主張へと連続していく。つまり天野のいう教授法とは、「生徒の人格を開発することによって、自己の人格を開発し、自己の人格を開発することによって生徒の人格の完成に寄与する」という教育的関係性の中において形成されるものであった。

天野は、師範学校で教授される教育学や教育心理学に対しても厳しい批判をしている。「教育と言えば直ちに教育学が考えられ、教育学の修得が教育者の不可欠条件なるかの如く考える通念も形式的、抽象的な考えの一つの現われだと思う」という天野は、優れた教育論とは、卓越した哲学者の教育論であり、「哲学を学ばずして教育学を学ぶのは本来の顚倒ではなかろうか」と述べる。また、「心理学的教育学、或いは教育学的心理学については、それは主として児童の教育に対して教えるところが多いであろう、けれども心理学的知識の限界が忘れられてはならない。ひとは児童心理学を学べば心理を把握し得ると言う、果たしてそうであろうか」と疑問視している（天野貞祐全集5）。

では、教師が学ぶべき学問とはどのようなものであったのか。天野の答えは明快である。天野は教師にとって不可欠なのは、ものを全体として具体的に観る力、すなわち人間を全体として捉えることのできる「全体感覚」であるという。そして、「全体感覚」を養うためには、教育学や教授法、さらに分析的心理学の知識は必ずしも必要ではなく、「ものを全体的に領会することを意図する」哲学と歴史と文学とを学ぶ必要があると主張した。生きた心を捉えることができるのは、教育愛に深く根ざした魂であり、それを可能とするために教師は自己の魂の涵養に努めなければならない。そして、その魂を涵養するためには、哲学と歴史と文学の学習が有益であるというのが天野の主張であり、これを「教養」とも置き換えていた。この時期の天野にとって、教育学や教授法、また分析的心理学の知識は、「有ればなおよく、なくても差し支えない」ものであった。

「アカデミッシャンズ」として

一般的に教育刷新委員会の論議は、旧来の師範教育のあり方に対しては批判的であり、教育養成のための「特別の機関」を設置することに否定的な意見が主流であった。しかし、「大学における教員養成」という原則に一応の合意を得た後も、教員養成の「特別な機関」設置の是非についての議論は混迷しながら継続した。教育刷新委員会では、教員養成制度の改革について、①「教育科学的教養を重んずる見解」②「一般教養・学問的教養を重んずる見解」③「一般的・教職的教養の統一的把握」の大きく三つの立場があった。①は、いわば「教員というものは特別な教育をしなければならぬ」とする立場、②は「一般的教養もしくは学問というものが出来ておれば教員は十分出来る」という立場であり、③は①と②の「折衷型」といえる。山田《やまだ》昇《のぼる》は、①を「エジュケーショニスト」②を「アカデミッシャンズ」と評するが、この両者の対立の構図が教育刷新委員会の論議全体の基調となっていた（『戦後日本教員養成史研究』）。

この分類に従えば、天野は明らかに「アカデミッシャンズ」の立場を代表していた。たとえば教育刷新委員会第八回総会（一九四六年十月二十五日）では、教員養成のための「特別な学校を作ると、そこに集まるのは三流、四流の者であって、決して一流、二流の学生はそういう機関には集まってこないのが現実だと思います。併し仮令三流、四流の者でなければ教育界に入らないとしても、それが一流、二流の者と同じ所で切磋琢磨して眼界を広くすることが出来るならば宜い。又そういう風に眼界を広くした人が教育界に入って来なければ、どんな制度を作ったって駄目だと思う。そういう意味で、特別な教員養成機関を作ることは是非止めて貰うことが必要だ」と述べている。

ただし、教育刷新委員会において、天野が自らの見解に固執し続けたかといえばそうではなく、最終的には現実的な対応策を示した。教育刷新委員会第八特別委員会第三回会議（一九四七年三月二十八日）では、教員養成制度の方向性について、①師範学校の中で大学になれないものについては、五年生の教育高等学校ないしは教育専門学校にする。②過渡期の方策として二年生の大学を三年制の高等学校として、教師を養成する一種の教育大学とする。③教授、設備が十分整えられたものは、刷新された意味での教育大学とする。④高等学校、専門学校、師範学校を総合して、教育大学または文理科大学を作り、これは「唯教師を作るだけでなしに一般に高い教養、リベラルな教養を授け」ることを目的とする大学とする、という四つの類型を示した。天野は、師範学校が四つの類型のいずれかに転換することを求めたが、それは「特別の機関」の設置を否定していた以前の主張からは大きく譲歩したものであった。

教育刷新委員会での天野の主張は、将来の教員需要の不足という状況の中で、徐々に現実的で柔軟な姿勢へと変化していった。実際に天野は、四つの類型の中では、④の立場が一番望ましいとしていた。しかし、最終的には師範学校の「刷新を見届ける強力な委員会」の設置を条件とはしたものの、審査委員会の設置によって従来の師範学校の欠点が刷新されれば「教育大学でいい」というところまで譲歩している。もちろんそれは、「今の師範学校が看板を変えてカムフラージュをして教育大学という名前になってそのままおる」というものではなく、あくまでも「高い教養、リベラルな教養」を提供する大学において教員の養成を行なうことを前提とするものであった（『教育刷新委員会教育刷新審議会会議録』第九巻）。

天野の「学芸大学」論

一九四七年十一月六日の教育刷新委員会の建議「教員養成に関すること（その二）」は、小学校、中学校の教員は、「教育者の育成を主とする学芸大学を修了または卒業したる者」から採用するとされた。「学芸大学」構想は、いわば「エジュケーショニスト」と「アカデミッシャンズ」の「妥協の産物」でもあった。したがって、「主とする」という文言について、「アカデミッシャンズ」の立場は、「教員養成を目的とするのではない」と捉え、逆に「エジュケーショニスト」の立場は、そのまま「教員養成を主とする」と捉えることで受け入れることができたのである。

「学芸大学」構想が、「妥協の産物」であることを天野は明確に自覚していた。第八特別委員会の論議では、「学芸大学」構想に積極的に賛成したが、「教育者の育成を主とする学芸大学というものは確かに不徹底と言えば不徹底であって、一つの妥協案と言えば妥協案と思います。（中略）しかしどっちに決めてしまうという必要はないのじゃないか。それをむしろ両方を含んだ案として、ここに私は教育者の育成を主とする学芸大学、両者を含むという案であって、これは妥協案といえば妥協案だけれども、これが現実に即した最も良い案だとおもう」（『教育刷新委員会教育刷新審議会会議録』第九巻）と述べている。

「学芸大学」構想が、天野のいう「妥協案」だとすれば、それは同時に自らの主張の「妥協」を意味していた。ここには、特に中学校の創設に伴う教員需要の圧倒的な不足という現実に直面して、

「やはり教育者はどうして育成するのだということは社会の非常な関心事」であるという判断が働いたことは確かである。しかし、天野の見解は「学芸大学」を、「主として教育者の養成を目指すけれども必ずしも教育者のみでなく社会の各方面において活動しうる人材を育成しようという人文的大学」と定義したことで担保されることになる。「この教育者の育成を主とするという意味は、決して教育者になるものだけを入れるというのではなく、いろいろの人も入り得る。従って名前も教育大学でよいじゃないかという考もあるけれども、しかし教育大学というとやはり教育者だけが入るというように考えるから、もっと広い気持ちを持って学芸大学といおう」。天野は、こう述べることで「学芸大学」が、法律学科、経済学科などを含み得る機関としての可能性を確保し、師範学校のように、「同じ志望の者のみの教育という根本的弱点を超克すると共に、量的関係においても社会の要求を充足」するものと理解したのである。天野は「学芸大学」を教育刷新委員会での二つの立場の「妥協案」とは理解していたが、必ずしもそれを消極的な意味で捉えてはおらず、「学芸大学」についての定義は、自身の教師論とも無理なく共存することができたのである。

8 学制改革論とその挫折

天野が自身の学制改革論の骨子を提示したのが、一九四七年（昭和二十二）一月に『朝日評論』に発表した論文「教育刷新の問題」である（天野貞祐全集5）。

この論文は、時期的に教育刷新委員会で進行中であった旧制高等学校や新制大学に関する議論を意識して書かれたものといえる。「教育刷新のためには当然従来の教育の欠陥が省察されねばならぬ」という天野は、四点の欠陥を具体的に説明する。

まず第一点は、「教育の自律性」の喪失である。戦前の教育が、「政党華やかなりし時代には政党に圧迫せられ、軍部の台頭するに及んではその横暴なる干渉によって如何にゆがめられて来たかについては今さら述べるまでもない」という天野は、「教育刷新の第一歩は自律性の獲得に始まらねばならぬ」と述べ、まずは教権の確立の必要性を説いた。

第二は、「教育の体系性の欠如」である。天野は、本来の学校体系はそれぞれの目的を持ち、独立の活動を営みつつ、しかも全体として一つの生きた統一体を構成しなければならないとする。しかし、実際には「従来入学試験のために国民学校は中等学校の、中学校は高等程度の学校の、さらに高等学校までが大学の予備受験学校化し、いずれもその本来的性格を喪失してしまっていた」ため、「大学までが単に資格をとり立身出世するための方便」となっている。そのため、入学試験制度を検討し、教育系統を全体として統一ある「真の体系」とすることが急務であると主張した。

第三は、「形式主義の弊害」である。天野は、「修業年数、授業時間数、学課目の数、教材の分量、等々。いずれも量の多いことのみを尊重し、それが実質的にどれだけの意味と価値とを担うかは十分に顧みられない」ことが日本の教育の欠陥であると指摘する。例えば、「大学は本来学問研究を本体とせねばならぬ。しかるにわが国の大学は職業への通路という意味をもつ、否、学生多数の希望よりみれば職業への準備がむしろ主要であるとさえも考えられる。もと大学の建前は学問の蘊奥を極むるにあるがゆえに学問を要求しないものに学問が与えられ、学者に成ろうとしない人たちが学者に成るような教育を受けつつあるというのが一般的な事実ではないであろうか。学問研究はもと少数者のことである、すべての学生が学者に成ることは可能でもなく、必要でもない」と続けた。多くの青年がこうした無形の桎梏より解放され、その力をエレメント（得意の場）において創造的現実の活動に注ぐことが重要である。その意では、量というイドラ（偶像）を廃棄して内実を考慮すれば、むしろ「年限の短縮、学課目の整理等あらゆる関係における単純化が必要である」というのが天野の主張であった。

さらに第四は、「教育体系の閉鎖性」である。「元来すべての人が生き甲斐を感じ生存を悦び得る如き国家社会の創造建設こそわれわれの理想であり、それに役立って初めて教育刷新も意味をもつことを私は信じる」という天野は、「人間に優劣のあることは勿論であるが、優れたる者も驕慢に堕せず一般庶民も生存の自信をもたねばならぬ」という。しかし、「学校体系そのものが一部の青少年をば驕慢にし一部のものをば卑屈にする根拠」を持つことに「根本的欠陥」があるとし、具体的に「中等程度の学校において中学校に進む者としからざる少年との間に生ずる心境の相違を想察するならば思い半ばに過ぐるものがあろう。高等学校と専門学校との区別、官公私立等の性格を契機とするいわゆる学校差の観念の如きいずれも多数青少年の心境を曇らし不明朗にしつつあることは明らかなる事実である」（天野貞祐全集5）と続けている。

天野は教育の欠陥を克服するためには、教権の独立、教育年限の短縮、閉鎖性の開放を実現する必要があると論じた。なかでも「教育体系の閉鎖性」を解決するためには、「中等程度の学校はすべてこれを中学校とし、学業を主とした普通の中学のほか地方の事情等によりてその内容にさまざまな種別を持たせ、或いは農業に或いは工業に或いは商業に重点をおくというようにその傾向を異にし、しかもすべて上級学校へ進み得るような中学校を設けることが必要である」と述べた。「小学校中学校を通じて義務教育とし従って入学試験を不必要とすることとなれば、教育の閉鎖性を打破して年少者を心境の高慢と卑屈とより救い、はればれとした気分をもって学習にいそしみ得るに至らしめるとともに小学教育より受験準備の性格を払拭してその自己目的を保持せしめ得るであろう。高等学校に関しても高等学校と専門学校との区別を撤廃し専門学校をその閉鎖性より救うことが必要である」というのがその主張であった。

学制改革の私案

ただし天野は、教育体系の閉鎖性を克服することは、「この上なく喜ぶべく歓迎すべきである」としながらも、「六・三・三の年数に至っては慎重なる検討を要するものがある」としながら、学制改革についての私案を次のように示している（天野貞祐全集5）。

いわゆる下級中学の三年にしてもむしろ小学の入学年齢を一年引き下げて満五歳となし、最後の一年を中学に譲って中学を四年となす方が良くはないであろうか。（中略）三年の中学にては満十二歳より十五歳という年齢の関係より考えて、この年少時の三年間にて果して一校独自の校風を醸成し教育者の理想を実現し得るものであろうか。中等教育に身命を捧げんとする教育者にとって、なお一年が要請されはしないであろうか。（中略）六・三・三の最後の三年については私はこれを五年の大学としたいと思う。すなわち、六・四・五というのが私の私案である。この大学校も中学校の場合と同じくさまざまな内容をもつ各種の大学校がありうるわけである。これは職業教育の最終段階であり、最高学府であって、この上に位する如何なる学校も存しないのである。

満二十歳で卒業する大学が最高学府であり、その上には「如何なる学校も存しない」という天野私案では、大学院ではない「総合的学問研究所」の設置が主張されている。天野は、「学問研究に適し、これは天職と考える人たちのためには総合的学問研究所が設立されねばならぬ。ここは真に学問の蘊奥を極める場所であって進級もなく卒業もなく所員研究員はいても学生はいない。研究の成果を教授より学ぶのではなくして共同研究の場所である。ここにこそ古来多くの思想家によって教えられた大学の理念が実現されねばならぬ。真理の授業ではなくしてその創造が営まれねばならぬ」とした上で、次のように続けた（天野貞祐全集5）。

この施設を大学院とではなくして特に国立研究所と名づけたい。何故と言うに大学院と言えば学院として授け学ぶという意味が内在し、従来の大学に堕するおそれがあり、また大学校はその上位になお学校が在ることとなり、学生は満足せずして世間的関心から大学院入学を希望しこの点からも研究所の特色を失うことになり易い。従ってこれは決して単なる名称のことではなく、ここに重大な意味の潜在することを力説したいのである。（中略）私が大学院という名称を排して研究所という名称を強く主張するゆえんなのである。

さらに天野は、「東京、京都、九州、東北、北海道の諸総合大学をかかる総合的学問研究所となし、ここに大学理念を実現し学問研究を隆昌ならしむる」と同時に、この研究所には諸学の公開講座を設け、「諸方の職域より再教育のために送られる人々も、退職せる官吏も、実業家も、家庭の主婦も、あらゆる境遇の学問と教養を求むる人々がここに学び得る」ことを想定していた。つまり天野は旧制帝国大学を「総合学問研究所」へと転換し、これを大学とは切り離した機関として設置することを想定していたのである。「総合学問研究所」は、「純然たる研究所であっていわゆる教育機関であってはならぬ」というのが天野の構想であり、従来の大学院とは基本的な形態を異にしていた。

天野の大学観と新制大学

一九四六年十二月二十七日の教育刷新委員会は、「高等学校に続く教育機関について」において、「高等学校に続く学校は、四年の大学を原則とすること。但し、大学は三年又は五年としてもよい」「大学には研究科又は研究所を設けることができること。この研究科又は研究所は、大学を卒業して後、特に学問の研究をなす者を収容するものとすること」を建議した。すでにこの時点では、修業年限四年の大学の設置が決定されていたことになるが、この方針を受けて、翌一九四七年三月三十一日の学校教育法において、「大学の修業年限は、四年とする。但し、特別の専門事項を教授研究する学部及び前条の学部については、その修業年限は、四年を超えるものとすることができる」（第三十五条）と規定された。

細かく言えば、教育刷新委員会の建議と学校教育法では相違もあった。後者が「四年を超えるもの」だけを例外的に認めているのに対して、前者では最低三年の大学も認めている点である。また、建議が示した「研究所又は研究科」といった特別の機関については、学校教育法には規定されず、大学院だけが残された形となっている。寺崎昌男《てらさきまさお》は、両者の相違の背景には、教育刷新委員会の中に大学に対するイメージ（像）に関して相互に対立する見解があったと指摘し、天野に代表される見解を次のように整理している（『学校の歴史第四巻　大学の歴史』）。

学制改革では教育の機会均等が実現し後期中等教育までの単線型学校体系が実現する。そのことの意義は否定しないが、大学だけは、非常な水準低下が予想され、日本の将来にとって憂慮すべき事態がくるであろう。もし三年の高等学校の上に、わずか四ヵ年の大学が直結することになれば、その大学はとうてい学術研究や、学術研究者の養成にあたるようなものではありえない。せいぜい高度職業教育機関という程度のものであり、「大学」というよりはむしろ「大学校」と呼ぶべき疑似的な大学である。また、現に人間教育の場として貴重な機能を果たしている高等学校がなくなるのも、新学制の見逃すことのできない重大な欠陥である。

寺﨑は、これらの憂慮や欠陥を解消するために、①大学院を拡充・充実して研究所化することにより、学術水準の維持と研究後継者の養成を図る、②旧制高等学校を二〜三年制の「前期大学」とし、学部の前期課程を担わせ、教養教育を図る、③東京大学・京都大学の二大学は、研究所として進学体系からはずす、という三つの方策が天野の高等教育改革論の骨子であると整理している。寺﨑はまた、天野の見解の背景には、「ドイツ型の総合大学主義すなわち学術研究と学問の教授とを大学の本質的な職能と考え、この二つの職能を果たさない『職業教育機関』は、大学の名に値しない」という大学観があったとしながら、教育刷新委員会の第一回建議における「三年制容認論と研究所（研究院）構想とは、この見解の影響を強く受けていた」と指摘した。

こうした天野の見解に対しては、「大学をはっきりと六・三制の最上段階の学校として位置づけ、これを〝新しいアカデミズム〟の母体として機能させようとする」見解が激しく対立した。それは務台理作などによって最も鮮明に主張された。大学とは、「かつてのような少数者のためのエリート育成機関ではありえない。また学者養成機関でもない。多くの青年男女に開かれた高等教育の機会なのであり、卒業後すぐに職業につく者も、大学院に進学する者も、ともに学び、研究する場であり、開かれた新しいアカデミズムの場でなければならない。人々が高等教育へと進むことは、むしろ権利としてみなされるべきである」というのがこの見解の骨子であった。端的にいえばそれは、エリート主義的な高等教育観と研究所構想を否定し、六・三制の中に明確に大学を位置づけ、それによって従来のアカデミズムを乗り越えていこうとするものであった（『学校の歴史第四巻　大学の歴史』）。

両者の見解の相違は、その後の新制大学のあり方が問われる際に絶えず議論となる争点であった。周知のように新学制は、高等学校に続く教育機関をすべて大学として一元化する制度を選択することになるが、このことは天野の見解が否定されたことを意味していた。

前期大学論

教育刷新委員会で天野は、「新学制が高校教育の廃棄ではなくして、これを揚げ高めて保存する揚棄」でなければならず、「高校教育の人文的教養的精神が新学制の精神でなければならない」ことを繰り返し主張した。そして、そのための具体的な天野の提案が、「前期大学論」であった。これは、「旧制高校の新学制への切り替えについては、これを二年の前期大学とし、大学教育の前半を分担すること」を骨子としていた。具体的には、専門学校と大学卒業者の差別的な待遇をなくし、高等教育を受けるあらゆる青年に等しく矜持を持たせるような制度的措置を取ることが高等教育改革の基本方針でなければならない。そのためには、高等学校三年に続く教育機関を前期大学として人文主義的な義務教育を行うべきである。新学制をめざす教育改革は、大学を専門学校的な教育機関とする方向となっているが、職業教育は後期課程の職業教育に委ねるべきであって、旧制高等学校の良い点は放棄されるべきでなく、むしろ「揚棄」されるべきである、というのが天野の主張であった。

「前期大学」が実現すれば、「一方においてはすべての高等学校に独立と伝統とを保有し、他方においては全国の才能者に進学の大道をひらくことができる。しかるに、この案を否定して伝統ある学校からその独立性を奪い、全国の才能者に進学の大道をせばめねばならぬほど重大な理由が存するとは到底考えられない」と天野は主張した。また、「旧制高校の予算をほぼ現在のままに止め、国家が文教のために支出しうる財力をもっぱら六・三・三に傾注して、六・三制の完遂を期せんとするのが前期大学論のもう一つの狙い」（天野貞祐全集5）とも述べた。こうした天野の「前期大学論」には、第一高等学校の校長として旧制高等学校の伝統を何とか制度的に残そうとする意図もあったことは否定できない。

天野の「前期大学論」は、一九四六年末の時点では教育刷新委員会第五特別委員会では退けられたが、翌一九四七年十二月十二日の教育刷新委員会第四十八回総会では、①旧制高等学校は臨時措置として二年の前期大学とする、②専門学校は同じく三年の大学とすることができる、という第五特別委員会の案が上程された。ところが、この案は①大学を前期大学と四年制大学の二種に分ける考え方は不当である、②二年制の前期大学を大学と称することは大学の水準を低下させる、③国立総合大学（旧帝国大学）はすべて四年制大学になるため、その他に二年制大学を設けると、前期大学の学校体系上の位置が不明確になる、といった批判を受けて否決された。最終的に天野の「前期大学論」は、旧制高等教育機関の統廃合が進行していた一九四八年暮れに教育刷新委員会の論議から姿を消すことになる。

しかしこの後、二年制大学の問題は、文字通りジュニア・カレッジの問題として、異なる文脈の中から発議され、暫定措置としての短期大学創設へと向かっていった。ただし、短期大学は天野の主張した「前期大学論」とは異質のものであった。「一般の大学に合格し能わざる落第大学として、卑近な技術修得の学校までもこれを大学として認めるという、乱脈まことに言語に絶するものがある」（天野貞祐全集5）というのが天野の短期大学に対する評価であった。

総合的学問研究所構想の挫折

天野が「総合的学問研究所」の設置を強く主張したことは前述の通りであるが、実はこの主張は戦前からの天野の持論でもあった。一九四二年（昭和十七）十二月に『理想』に発表された「教育問題私見」において天野は、「総合学問研究所を創設し大学校卒業生にして学術研究を使命と感じ且つその能力ある者を研究員として採用し、研究に従事せしむべきである」（天野貞祐全集5）と述べた。

教育刷新委員会第五特別委員会では、大学院に関する論議が行われた。ここでの議論は、大学院を六・三制の教育体系の外に設置する立場と、新制大学に接続する機関として構想する立場の対立があった。いうまでもなく天野は、前者の立場を積極的に主張した。新しい大学院は、純粋の学問研究所的性格を持つことが要請され、真に学問研究の意欲と能力を持つ者が入学するべきである。戦前までの大学院と違って、大学には接続しない純粋な研究所として存立し、付随的に公開講座などの社会教育機能を持つ必要がある。そして、これを実現するためには、旧制の総合大学を大学院大学へと転換するのが現実的であり、具体的には東京大学をこれに改編するというのが天野の構想であった。これに対する反対論は、新制大学を画一的な職業教育機関と考えるべきではなく、「職業教育としての機能をはたしつつも、学問研究を志す者のためのコースも設置し、教授陣など設置能力に応じて自然成長的に大学院または研究所を設置してゆくことができる」と主張するものであった。

一九四七年四月十一日の教育刷新委員会第三十一回総会では、「大学院は綜合学術研究所として独立に設置することができる」「現在の帝国大学は大学院をもって主体とすること」「大学院については別に設立規準委員会を設けて研究すること」を骨子とした第五特別委員会の中間報告が提案された。その内容には天野の主張が強く反映されたが、結果的に教育刷新委員会の総会では、①研究と教育の両機能を併せ持つことによって、はじめて大学院は「バイタリティ」を持ちうること、②大学院の機能は学部教育と一貫した時にはじめて有効であること、③この案が官学偏重の性格を帯びていること、などの批判が強く、総会での採択は見送られ、「学術研究の向上をはかるために大学院を整備強化する」との決議のみが行われた。これは、天野の主張した「総合学問研究所」の構想が否定され、挫折したことを意味していた。

大学院大学の構想　一九四八年十一月、天野は「大学院の問題」と題する論稿を『時事新報』に発表した。この時期はすでに「総合的学問研究所」の構想は消滅し、新制大学院の設置を前提に議論が進展していたが、天野の主張に基本的な変化はなかった。「大学院は大学の延長ではなくしてあくまでも研究者養成の機関でなければならぬ。学問を自己の使命と考え、生涯を学問研究にささげんとする少数者にのみ開放さるべきであって、多数の学生が単に資格をとるための方便とされてはならぬ」というのがそれである。ここでは、従来の「総合的学問研究所」を大学院に置き換えたものであった。それは天野が、この論文を次のように結んだことに如実に示されていた（天野貞祐全集5）。

従来の帝大は自ら新制大学とはならず、新制大学はこれを高等専門学校に委任し、完備した総合学問所として大学院を構成し学問の研究産出と同時に、全国多数の大学卒業生のうち学問を使命とし且つそれに適した学徒を集めて研究者を育成し、さらに全国の各職域より派遣せられる内地留学生の再教育と一般社会のための公開講座とを担当するのが、わが国の学問と教育との発展に対して最上の処置だというのが私の主張である。教育刷新委員会で否定されたこの主張の適否は歴史がこれを判定するであろう。歴史の審判に堪えるものが権力でなくして真理性であることは、われわれが血涙をもって学んだ事実なのである。

天野は、大学院大学の構想を晩年まで粘り強く主張し続けている。それは、天野が考える戦後の学制改革の問題点を指摘すると同時に、その歪みを正常化させることを意図したものでもあった。

9　第一高等学校校長の辞任と天野構想の敗北

第一高等学校の「独立案」

天野は、教育刷新委員会での議論と並行して、一九四七年十月頃には第一高等学校が独立して大学となる「独立案」を教授会に提案した。これは東京大学からの正式な「合併案」が提示される以前であったが、教育刷新委員会では旧制高等学校を廃止する方向が確実となった時期でもあった。また、東京大学でも新学制実施準備委員会（南原繁委員長）を発足させ、水面下では第一高等学校との「合併」交渉を進め、同年十月十三日には合併後の新学部の名称を教養学部とすることが決定していた。天野にしてみれば、すでに外堀が急速に埋められる状況であった中での「独立案」の提示であった。

しかし、天野の提案には賛成の声はほとんどなかった。たとえば、当時、第一高等学校の教授であった朱牟田夏雄《しゅむたなつお》（東京大学名誉教授）は、天野の「独立案」に対して「私もこの案には初めから乗り気はしませんでした。やはり東大と合併することによって、第一級の学生を相手にする方が意義がある」と思っていたと回想している。また、天野案を議題とした教授会の様子について「その会議に関する限りでは、天野案支持という意見は一つもでませんで、五人か六人しゃべったのがみんな天野案反対で、言い換えれば東大と一緒になって、東大の教養課程を担当するという考えであったわけです」と証言した（『教養学部の三十年――一九四九―一九七九』）。

また、この時教頭を務めていた菊池栄一《きくちえいいち》（東京大学名誉教授）も天野案には反対であった。単独の大学となれば良い学生を集めることも困難であり、一橋大学や東京工業大学のような長い歴史を持っている単科大学と競うためには、人的にも財政的にも不可能であると考えていたからである。また菊池は、当時、教授の間では「名を捨てて実をとるのがいいじゃないか」というフレーズが良く聞かれ、「やはり日本で一番良い学生を集めて教育するのが大事なことなので、その為には東大と合併した方が良いじゃないかというようなコンセンサスというようなもの」が教授間に出来ていたと証言している。菊池によれば、「独立案」が実現するためには、東京大学が大学院大学になるという前提が必要

南原繁

であり、「そうでなければ、単科大学を創っても東大と並立するわけで、これはとても勝ち目がないだろう。そういう考えが教授たちには支配的であった」とも述べている。

さらに菊池は、天野の「独立案」には具体性がなく、天野がこの中身を説明しなかったことも「独立案」が受け入れられなかった要因であるとも指摘した。「第一天野さん自身が、自分でちゃんと草案をこしらえるというようなことは無かったわけですから。どういう単科大学を創ればよいかということについて……。また天野案に賛成の方々でも、実際にそういうような案をたてるという企画は無かったでしょう」と批判的な回想を残している（『教養学部の三十年——一九四九—一九七九』）。

南原繁との確執

天野の提案した「独立案」は、大多数の反対の中で挫折した。しかし、多くの関係者にとっては、天野がなぜ「独立案」を持ち出したのかが不可解でもあった。第一高等学校の教授であった竹山道雄《たけやまみちお》もその一人である。竹山は、「独立案」は「意外な構想」であり、「おだやかな良識派」である天野が「どうしてこのような誰の目にも実現不可能なことを主張するのか、ふしぎだった」という。そして、その背景に東京大学総長であった南原繁《なんばらしげる》への「恐怖警戒」があったのではないかと推察した。

たしかに、当時の精神的権威となっていた南原繁に対して、後に吉田茂が「曲学阿世」と批判したことからもわかるように、吉田内閣で文部大臣を務めた安倍能成、田中耕太郎、天野貞祐の「大正教養派」の人脈は、南原と亀裂を生じ、感情的にも激しい対立を生み始めていた。特に、安倍の南原に対する評価は辛辣で、天野も南原を「ひどく臆病である」とたびたび口にした。天野にとっては、教育刷新委員会の委員長であった南原こそが自分の愛すべき第一高等学校を消滅させ、東京大学へ「摂取」「併合」した張本人でもあった。そのため、「もし一高が東大と合併すれば、あの南原の手中に帰する。まるまるのみこまれて、彼が大権力を握ることになる」という「恐怖警戒」が「独立案」を喚起させたというのが竹山の見方であった（「一つの秘話――『教養学部の三十年』を読んで」）。

これに対して蝦名賢造は、竹山の見方に異を唱える。「天野は竹山のいうように決して『穏やかな常識家』ではなかったことだ。静かな良識家だったとはいえるであろう。しかし静かなるとは、燃えるものがないことではない。決断と実践とを伴わないということでもなかった。ことに南原東大総長に対し、恐怖警戒心などありえなかった。あるいは警戒心はあったであろうが、恐怖心はありえなかったであろう。すでに戦中軍部の圧迫により『道理の感覚』が問題になった時代、京都大学において天野のとった毅然たる態度は、天下周知の事実だったからである」（『天野貞祐伝』）。天野を良く知る蝦名の個人的な思い入れが強い記述ではあるが、それを差し引いてもこの指摘は頷ける。

たしかに、天野と南原との間にはある種の確執があり、往々にしてそれは感情的な対立であったことも事実である。しかし、天野の「独立案」を南原との確執だけで解釈するのは無理がある。なぜなら、それだけでは、教育刷新委員会で旧制高等学校の存続に「孤軍奮闘」した天野の姿がどうしても重なり合わないからである。天野にとっては、第一高等学校を含めた旧制高等学校の伝統を新学制の中で何とか継続させることが最優先の目的であり、南原との確執だけで「独立案」を提案したとは考えにくい。百歩譲ってもそれが主たる要因とはいえない。むしろ、教育刷新委員会で旧制高等学校の存続が困難な状況を眼前にして、せめて第一高等学校だけでも存続の可能性を探ろうとした「窮余の一策」が「独立案」であったとみる方が自然である。

第一高等学校の教授会が東京大学からの「合併案」を満場一致で可決したのは、一九四七年十二月十六日である。続く同二十日には、東京大学との「併合」が正式に合意された。「併合」の経緯について天野は、東京大学の側が「露骨に一高教授諸君に働きかけた」としながら、次のように記述した(『教育五十年』)。

南原総長に対しては一高は従来一学級四百人、三学級で全生徒数千二百人であったが、東大教養学部では一学級二千人、二学級四千人と聞くが、そんな多数の生徒でよい教育ができるだろうかと問うたら、教育は生徒数には関係ない、との答えであった。わたしは一高の存在を新制大学として飽くまでも維持したく念願したが、道理は一時政治力に遮断され、一高は東大に併合されることが決定した。

「道理は一時政治力に遮断され」という言葉には、天野の無念さとともに、将来は必ず自らの正しさが明らかになるという自信を読み取ることができる。「独立案」が否決された天野は、森戸文部大臣に辞表を提出した。また、教育刷新委員会では、同年十二月十二日に「前期大学論」が挫折し、旧制高等学校の伝統は完全に命脈を絶たれることが決定した。「わたしは一高を新制大学として存続させたいと念願したが、ついに一高は滅亡し、それに殉職した」というのが天野の「敗戦の弁」であった。第一高等学校は、全ての旧制高等学校の代表としての責任があり、「前期大学論」はこの点からも構想されたものであった。したがって、その「主唱者たるわたくしが、全国の友校を苦境におき去り、ひとり併合の如き安易の途につくことは不可能事である。さらに、終始一貫一高の独立的存在を主張し、そのために配慮し来った者が、併合の事業に参与するが如きはわたくしの到底能くせざるところである」（天野貞祐全集5）というのが天野の思いであった。

徹底的惨敗者　『教育五十年』において天野は、自らも参画した学制改革を振り返っている。「当時わたしは旧制高校の代表校ともいうべき一高校長であったから、一高長としては当然、旧制高校の温存を主張すべきであった。旧制高校が旧学制における卓越した教育制度であることはわたしの確信する所である。その興廃の岐路がわたしの眼前に提出されたわけである。一高長として一高のためだけを考えれば、事柄は比較的簡単であろう。従来のままで一高自体何も不都合はない、天下の英才を集めて、教育するは教育者最上の楽しみでなければならない。温存あるのみである。しかし、日本教育全般を考えればそれでよいであろうか。この疑問とわたしは真っ向から取り組んだ」と述べた。

ここには、教育刷新委員会の委員と第一高等学校の校長としての立場の狭間で葛藤した天野の心情が吐露されている。そして天野は、「六三制の重大な長所は教育における隘路を除去することに在る。実業初等学校は中学として、高校、大学への道が開け、専門学校はこれまで帝大を目ざす高校に比して社会的に不利であったが、新学制においては、高校と同資格と成り、両者が揚棄して新制大学が創造されることと成るのである。わたしは一高長として日本の教育者である以上、一高のためだけでなく日本教育一般のためを考えなければならない」と続けた（『教育五十年』）。

しかし、天野にとって旧制高等学校の廃止は、どうしても戦後教育改革の大きな失敗であったという思いを断ち切ることはできなかった。一九四八年四月、天野は『潮流』に発表した論文「学問の進歩と普及」で次のように書いている。おそらく校長辞任直後に書いたものであろう（天野貞祐全集5）。

かくして教育の刷新、学問の発展に関するわれわれの提案は教育刷新委員会の否決するところとなり、しかのみならず校長としてのわたくしの反対にかかわらず一高は東大へ併合せられる運命に遭い、わたくしはその教育論において実践において、徹底的惨敗者である。けれども事柄の真理性は必ずしもつねに多数の意見において存するとは限らない。多数決の意味は事柄自身のもつ真理性よりは、すべての成員がその議決に参加しているという共同の自覚において成立すると言わねばならぬ。少数意見であることをわたくしは少しも恥じようと思わない。満州事変以来日本の運命に関するわたくしの意見はつねに少数意見であった。問題は賛成者が少数であるか多数であるかでなくして、主張のもつ真理性である。真理性は必ず自己を貫徹する。わたくしの意見が真理性を宿すや否やは数年を出でずして事実がこれを証明することをわたくしは信じて疑わざるものである。

教育刷新委員会で天野が提案した「前期大学論」や「総合的学問研究所」などのほとんどは否定された。天野が自らを「徹底的惨敗者」と称したのは、自らの提案が悉く否定された敗北者としての率直な思いであったに違いない。もっとも、「徹底的惨敗者」と自認した天野ではあったが、自身の提案と主張には「真理性」があると自信を持っていた。一見すれば「負け惜しみ」とも捉えかねない言葉の中には、自身が政治的な意味での「徹底的惨敗者」ではあるが、決して思想的な意味での「真理性」の「徹底的惨敗者」ではないという矜持が含意されている。第五章でも検討するように、戦後教育改革とその後の推移は、否定された天野の主張の「真理性」を証明するものと映った。なかでも、天野の関心は高等教育改革に向けられ、批判を強めていくことになる。天野の中では、自らの主張の「真理性」に対する確信が揺らぐことはなかった。

たとえば、第一高等学校を「併合」後の東京大学についてである。それを天野のいう「真理性」と結び付けることが必ずしも適切とは言えないが、東京大学教養学部では「幾たびとなく天野提案の『独立案』が郷愁のようにささやかれ続け、『今の教育の誤りは……』という呟《つぶや》きが、腹中のトゲのような痛みをうずかせた」という。そう書いた山下肇《やましたはじめ》は、「南原・矢内原ラインは「駒場」を特別な独立学部として通し、その建設にけんめいだったけども、一般の東大『本郷』（専門・職業教育）の姿勢は合併後も永く旧制大学の殻を保守し『ジュニアコース」』『一般教育』を差別し続けたからである。「駒場」の三十年はこの「格差」解消のための戦いの歴史であったといっても過言ではあるまい」とその理由を解説した（『東京新聞』一九八〇年三月十三日夕刊）。天野がそこまでを予測していたかどうかはわからない。しかし、その推移を天野がつぶさに見ていたのは事実であり、それは後の新教育批判の根拠となっていった。

新しき酒は新しき革袋に

天野は一九四七年十二月に校長の辞表を森戸文部大臣に提出したが、辞職が正式に承認されたのは、翌一九四八年の二月九日であった。余談ながら、森戸は天野の辞表を受け取ると、東京吉祥寺の天野の仮寓へ夫人同伴で訪れて慰留した。森戸とは第一高等学校の同窓であり、教育刷新委員会の委員を務めて以来、特に親しい交わりを続けていた。天野が正式に辞任した時には、森戸は天野をわざわざ自宅に招いて歓待している。また、あまり知られていないが、広島県出身の森戸は、一九四七年八月の広島での第一回「平和宣言」の起草を天野に依頼しており、天野がこれを執筆した。

ただし、辞表を提出した天野に迷いがなかったわけではない。後年、獨協学園の顧問となった磯田《いそだ》仙三郎《せんざぶろう》に対して「あの時は、幾多の有能な人材を多年にわたって育てた特殊の校風をもった教育の場が無くされるのはいかにも残念でたまらない思いだったので、学生を扇動して存続運動を燃え揚がらせようかと思った。だが、光輝ある学校の歴史に汚点を付ける事になっては相すまないと考え直して止めました」（『回想　天野貞祐』）と語ったという。

天野は、校長を辞任するにあたっての挨拶で、校長としての二年間を「人間の味処し得る最も純粋な幸福な体験である」とし、「学園の花園を去るに当たってなんの怨むところもなく、ただ感謝あるのみである」と切り出した。そして、第一高等学校の表札のある間はここに止まりたいという私情はあるが、「一高の新段階は新校長に委かすべし、新しき酒は新しき革袋に盛るべし、という道理が私の止まることを許さない。私は私情を殺し、誠実熱心な慰留を謝辞してひたすらに道理の命に従わんと決意した。去りがたきこの職に死して道理に生き、自己の哲学に生きんとするのが念願である」と述べた上で、第一高等学校の生徒に次の言葉を贈った（天野貞祐全集6）。

　私にとって、一高を尊び一高生を愛する道は正道を踏んでたじろがざるにある。諸君が私に愛と同情とをもたれるならば、それは諸君が新校長の下に生活は単純にして、思想は高く、真理への情熱をもやし、学問の道に精進することでなければならぬ。

天野の辞職は、一部の関係者以外は辞職当日まで伏せられ、生徒は当日のラジオニュースで初めて知った。事情のわからない生徒は、「占領軍司令部による免職だ」と騒いだという。「あこがれの一高に別れを告げ、校門を出ようとして時計台を仰いだ時の心もちも、言語を絶するものがあった」と天野は回想している。そこに居合わせた新聞記者から、「なぜ、校長は止めるのか、止める理由はないではありませんか」と問われたのに対して、天野は「船が沈んでは船長はダメだよ」と答えた。辞職に躊躇はなく、自らの道理に従った結果であると天野は強調した。天野らしい「反骨」と潔さであるといえる。ただし、第一高等学校への想いは格別でもあった。「わたしは教育五十年にたびたび辞職した。どこでも後へ心のひかれる場合は無かったが、一高だけは、異っていた」(『教育五十年』)という言葉には天野の本音と未練が込められていた。天野六十三歳の冬であった。

第五章　文部大臣と道徳教育・「平和」問題

1　大日本育英会会長と文教審議会

学習院への復帰と「連合東京大学」案

第一高等学校に殉じる形で校長を辞任した天野は、その後の生活についてはなにも考えていなかった。「辞めたから何をするという的の全くないことは、一高長を辞めた時と同じで、先がどうあろうと辞めることが絶対命令なのだと考えた」（『教育五十年』）と天野は述べている。

一九四六年（昭和二十一）から学習院院長となっていた安倍能成は、天野を心配して、一九四八年（昭和二十三）四月に学習院大学教授に招いた。ただし、このことは、天野には相談なく決定された。天野は当初このことを不快に思ったが、「若い時代から生活に苦労したかれにとっては、失職した世間知らずの友人に職を与えてやることは、本人の意向をただすまでもないことで、かれにとって、いわば無上命法であったかもしれない」と思い直し、安倍の配慮を素直に「恩義」として受け入れた。古巣でもある学習院への復職は天野にとっても嬉しいことであったが、毎週一回、皇太子殿下に対して一対一で社会科の授業を行うことだけは、「なかなか辛くて、できうべくは止めたい気持ちはあった」と告白している。天皇制が日本にとって、重要な意味を持つと考えれば考えるほど「殿下も社会科は教室で他の学生と一緒に授業を受けられる方がよい」（『教育五十年』）と考えていたからである。

また天野は、新学制への移行に際して、安倍に一つの提案をした。それは、旧制帝国大学へ直接に入学する資格を持っていた学習院、成蹊、成城、武蔵の四学園を連合して連合東京大学を創設してはどうかというものであった。当時、武蔵高等学校におり、後に獨協大学の学長となる白旗信《しらはたまこと》は、「ある日の午後、武蔵高校を会場にして珍しい顔ぶれの会議が開かれた」と述べ、天野からの提案の主旨を次のように記述している（『回想　天野貞祐』）。

旧制の各大学は大学院大学になり、旧制高校は新制度の大学になるのが妥当。この際私立四高校は、相寄って一総合大学になってはどうか。教養課程の教育は四高校それぞれで行い、従来の高校教育の特色を生かし、あくまで人間教育に主眼を置くことにして、学習院に政経学部、武蔵に理学部、成蹊に工学部、成城に文学部を設置してはどうか。

天野自身もこの時、「大学院は例えば文科は学習院、理科は武蔵、経済は成蹊、法科は成城というようにし、どのカレッヂの卒業生も自由にどの大学院をも選び得るとしてはどうか」と提案したことを認めている。白旗の記述と天野のそれとでは、学部と大学院が必ずしも一致していない。しかし、提案の中身は、旧制高校の伝統を担保しながらの「前期大学論」と大学院大学までを想定した天野のこれまでの主張の具体化といえる。第一高等学校が東京大学に「併合」されることが決まった段階では、東京大学に期待することはできず、「連合東京大学」に可能性を求めた提案であった。安倍はこれに積極的に賛成し、四学園の責任者が何度か集まって会合をしたというが、結局は成立しなかった（天野貞祐全集5）。

大日本育英会会長への就任

学習院での生活を始めた天野に、すぐに転機は訪れた。大日本育英会（一九五三年に日本育英会と改称。現在の日本学生支援機構の前身）の会長であった田島道治《たじまみちじ》が、宮内府長官に転ずるにあたって、天野がその後任として大日本育英会会長に推薦されたのである。安倍は学習院に留まるように天野を説得したが、結局は学習院をわずか三ヶ月で退任することとなった。このやり取りの中で天野は、安倍が自分の政治的な手腕を疑問視していたことを感じたという。

天野は、一九四八年六月二十六日付で森戸辰男文部大臣から大日本育英会会長に任命された。大日本育英会は、千代田区の日比谷公園にあった。天野は、吉祥寺から新橋に出て徒歩で事務所へ通った。昼休みには事務職員に修身講話をした。会長としての天野の重要な仕事は、育英会予算の増額であった。天野は、予算の増額を求めて高瀬荘太郎《たかせそうたろう》文部大臣を通じて吉田茂《よしだしげる》（一八七八〜一九六七）首相と会見した。これが吉田との初対面であった。天野の記憶では、天野が半時間ほど大日本育英会の重要性を説く間、吉田は終始無言でただ天野の説明を聞くのみであった。しかし、その後吉田の指示で大日本育英会の予算が、九億から十五億に増額されたという。

雑誌『心』への参加

一九四六年四月二十日、岩波茂雄は熱海の別荘で倒れ、同二十五日に帰らぬ人となった。六十四歳であった。その十日前の四月十五日に天野は岩波に誘われて熱海を訪れ、その夜は「生来初めて岩波さんと枕を並べて寝、しかもこれが永遠の離別」となった（『忘れえぬ人々——自伝的回想』）。岩波の死は、天野をはじめ岩波書店と関わる人々にとっても転機となった。また、岩波の死去したこの日、天野の弟である五六《ごろく》も世を去った。享年五十八であった。

その年の一月に岩波書店から『世界』が創刊されていた。『世界』は安倍能成、鈴木大拙《すずきだいせつ》らによって結成された同人会のメンバーが編集を担当していた。しかし、岩波を引き継いだ吉野源三郎が編集長になると『世界』の内容も大きく変化していった。吉野が組織者となった平和問題懇談会は、清水《しみず》幾太郎《いくたろう》、丸山眞男《まるやままさお》、久野収《くのおさむ》、都留重人《つるしげと》などを中心に全面講和、中立不可侵、軍事基地反対を主張し、『世界』は徐々に進歩的文化人の牙城となっていった。その一方、岩波と戦前から関わりのあった同人会のメンバーは少しずつ『世界』から離れていった。安倍はこの経緯を次のように述べている（『岩波茂雄伝』）。

しかし時代の激しい変遷や、編集者吉野との考へかたの相違その他から、二三年中に我々と「世界」との関係は次第に疎くなり、我々は主動者でなく寄稿家になり、その関係もだん／＼薄れて来て、我々の仲間は武者小路実篤を主とした生成会を作って、「心」を発刊するようになった。

『心』の創刊当時の同人には、和辻哲郎、田中耕太郎、津田左右吉、柳田國男《やなぎだくにお》、小泉信三《こいずみしんぞう》、志賀《しが》直哉《なおや》、正宗白鳥《まさむねはくちょう》、永井荷風《ながいかふう》、仁科芳雄《にしなよしお》らが名を連ね、天野もこれに加わった。『世界』を創刊したオールド・リベラリストがそのまま『心』へと移行したといえる。

『心』グループの思想的特徴は何であったのか。久野収は、①反俗的なエリート意識、②文化主義、③伝統意識、④社会科学や法則化認識を軽視する思想＝教養主義、を挙げている。とりわけ、『心』グループには、国家が国民の生活共同体であり、歴史や伝統に基づく共同体として国家を規定するという「日本型共同体のモデル」の思考が共通しているとして次のように指摘する（「日本の保守主義――『心』グループ」『戦後日本の思想』）。

これは「心」の人々の中に、和辻氏にも、天野氏にも、安倍氏にでも、例外なくあります。国民は全体に奉仕しなければならないとか、自分の言分ばかり言うのはあやまりだとか、愛国心とか、クッションになっているものは、やはり共同体的愛とか、あるいは分裂とか対立をこえた日本型共同体の考え方であるわけです。

オールド・リベラリストを主体とする『心』グループと進歩的文化人の牙城である『世界』との緊

張は、平和論や国家論をめぐって、その後激しさを増していく。そして天野は、戦後教育改革の責任ある立場となることで、ある意味では『心』グループの思想を象徴的に代弁する一人となり、進歩的文化人からの批判の矢面に立つことになる。

文教審議会への参加

一九四九年（昭和二十四）二月十六日に発足した第三次吉田内閣は、税制、失業対策、行政制度、総合国土開発などについて専門の審議会を設置し、諸制度の改革に積極的に着手していった。文教政策においても例外ではなく、吉田首相は、「半ば私的に、文教のことを相談しあう会」として、同五月七日の閣議決定を経て文教審議会（翌年四月に文教懇話会と改称）を発足させた。文教審議会は、吉田自身の「尊敬している有識者」によって構成され、安倍能成、天野貞祐、仁科芳雄、長谷川如是閑《はせがわにょぜかん》、高橋誠一郎《たかはしせいいちろう》、和辻哲郎、鈴木文四郎《すずきぶんしろう》、板倉卓造《いたくらたくぞう》、馬《ば》場《ば》恒吾《つねご》が同年五月三十日付で委嘱され、後に小泉信三、鈴木大拙、さらには中山伊知郎がこれに加わっている。この顔触れは、明らかに『心』グループが主体となっていた。

文教審議会の初会合は、同年六月十七日である。しかし、初会合の前から文教審議会の報道は先行した。たとえば、同年六月七日付の『朝日新聞』は、文教審議会の主な課題が、六・三制、大学制度および大学法問題、教育者問題の検討にあり、「とくにいままでの教育勅語に代って民主々義国民の道徳的指針ともなるべき教育綱領または教育宣言の作成を第一着手として取りあげる模様で、すでに高瀬文相のもとで草案作成をすすめている」と報じている。

この報道の通り、「教育宣言」は初会合の席で論議された。文部省から参加した長坂端午《ながさかたんご》によれば、会の冒頭、吉田から「日露戦争で日本が強かったのは、日本の教育に教育勅語というスジ金が入っていたからだ。だからこれにかわるものとして教育宣言のようなものをだしたらどうだろう」という趣旨の発言があったという。これに対して安倍能成は、「新聞などの伝えるところによれば、あなたは、われわれを集めて、教育勅語に代るべき、教育宣言とやらを作らせるつもりだそうだが、そのような一片の紙をつくることによって、わが国の文教がよくなると思ったら、とんでもない間違いである。だいたい自由党なり吉田さん自身なりが、文教に対する熱意をもっていないのではないか、文教予算のあの貧弱さはどうだ」と反対した。

また天野は、「社会科のいき方はたいへんよい、あれを徹底させれば、道徳教育は十分だ」という趣旨の発言をし、高橋誠一郎は、「自分は、福沢諭吉先生から、道徳教育は耳からのものではなく、目からのものでなくてはならぬと教えられたが、今の社会科はまさに目からの道徳教育をするのだから私はこれに賛成だ」という趣旨の発言をしたという。この他、和辻哲郎、板倉卓造、馬場恒吾などからは、もし「教育宣言」を作成する場合には、その中に儒教の倫理を加味してはどうか、との意見が出されたが、「結局は、教育宣言を作ることは無益だという結論に達し、首相もこれを諒承した」（「社会科の生いたち」）。「教育宣言」構想に反対した天野が、社会科を評価していたという長坂の記憶が正しいとすれば、後の「修身科」復活問題の議論との関わりで興味深い。

2 文部大臣への就任

天野が文相に就任したのは一九五〇年（昭和二十五）五月六日である。天野文相の誕生までには少なからず紆余曲折があった。同年二月、保守合同をめぐって民主党の稲垣平太郎《いながきへいたろう》通産大臣が辞職し、池田勇人《いけだはやと》大蔵大臣や高瀬荘太郎文部大臣が通産大臣を兼任した。その後、高瀬文部大臣が通産大臣に就任し、高瀬の後任となったのが天野である。

吉田茂の書簡

天野によれば、吉田茂首相から文部大臣就任の打診を受けたのは同年三月である。電話で外務大臣官邸へ来るように言われた天野は、迎えに来た車で向かった。車窓からは桜の花が散り始めていたというから、三月の末であろう。二階の洋間に通されると吉田が現われ、特別の挨拶もなしに文部大臣の就任を依頼された。しかし、天野は、教育行政に自信はないと断った。天野が帰ろうとすると吉田は、「いくらかユーモラスに、他人から相談を受けてイヤだからさあ帰る、というのはどうだろうか、考えてみる位の返事はあってしかるべきではないか」と言った。自分の結論ははっきりしているので、話を引き延ばすのはかえってご迷惑になるからと天野が答えると、吉田は、「自信などある人が誰があるか、有りはしない、自分など夜、目がさめると、よく自分などに総理が勤まるものだ、と反省するが今は自信のあるなしなど問題ではない。国の為にやらねばならないのだ」と応じた。

「ワンマン」で豪放なイメージを持っていた吉田からの言葉に驚いたものの、天野の中ではこの件はこれで決着したと思っていた。ところが、吉田はその後も高瀬を天野の自宅まで派遣して説得し、同年四月八日にはついに吉田本人が天野の自宅を訪れた。天野はその時の吉田を「トンビをはおった老僧」のような姿であったと記しているが、「もう定年退職し全く責任のない、気らくな身分だ、大臣になると、どんなイヤなヤツとも関係しなければならない」と述べて改めて文部大臣の就任を固辞した。吉田は帰り際に、天野が留守だった時のために用意してきたと言って、袂から一通の書簡を手渡した。書簡には次のように記されていた（『教育五十年』）。

拝復、過日御光来奉謝候、御気持の辺乍憚小生ニ於て最も了解致され候、唯ゝ敗残の我現状如何ニも見るに忍ひさるところ斯国斯民善導せハ再ひ其精華を発揚するに難からざるへく壊滅廃墟の間より新日本を再興し世界驚嘆の下に堂ゝ列強ニ伍するに到つて些か我民族の自負心を慰するに足るへく愚自ら量らす斯の夢を抱きて懊悩苦悶致す次第ニ有之、私情の赴くまゝに委かさんは正さニ老台と心境を分ち可得候得共此儘ニ致難く愚衷御同情の上更ニ御再考願敷奉存候、頓首

四月八日　　　　　　　　　　吉田　茂

天野老先生
　侍史

吉田茂

この書簡が、天野の心を動かしたことは間違いない。しかし、天野はこの書簡を読んでもなお、文部大臣の就任をためらい、「総理至誠の御精神に対してハ敬意禁じ難く、図らずも御示し戴きし御厚意に対しては感激に堪へず、粉骨砕身微力を傾尽して知遇に酬いたき意志は十分にありますけれども、実に残念にも力量に乏しく、其の上神経が弱く、実は総理の御来訪を受け御書状を拝見して以来苦慮煩悶致し居る始末御憫察を乞ふのみでございます。折角の御厚意に背きます次第何とも申訳なく御無礼の段なにとぞ御宥恕下され度偏に悃願申し上げます」という断りの書簡を出している。それでも、吉田は諦めることなく天野に就任を要請し、同年四月十五日に天野はとうとう文部大臣就任を承諾した。

天野が、文部大臣の就任に躊躇した理由とは何であったろうか。もちろん、年齢の問題があったことは間違いない。一八八四年（明治十七）生まれの天野は、この時すでに六十五歳となっていた。この歳になって「イヤなヤツとも関係しなければならない」という天野の言葉は、単に就任を断るためだけの方便ではなかったはずである。

安倍能成の批判

また、天野の大臣就任には、「世論」にもまた与党の自由党にも否定的な空気が強かった。たとえば、『内外教育』は、天野就任前の一九五〇年四月二十六日に「天野氏は、吉田総理の三顧の礼をつくした懇望に、とうとう口説きおとされて後任文相になることを内諾したと伝えられている。これに対して自由党は党内から大臣を出そうと反対、また文部官僚たちも学者大臣はいい加減試験ずみではないかという意見のようである」と当時の「世論」の空気を伝えている。さらに同誌は、天野の役割について、「学生の政治活動禁止、義務教育費の確保など問題は山積している。いずれこれらは政治問題になる可能性が大きく再びクローズアップされるものとみられるが、新文相が教育上のこうした難問題をいかに処理するか、天野文相の課題として試金石ともなる」と述べた。そして「文部行政にしても学制改革は一応軌道にのり、今後は、いかにして走る教育という機関車に石炭を補給するかという時機にあり、いいかえれば、予算をできるだけ多くとるという政治力が問題になってきているのである。（中略）泥にまみれることをいさぎよしとしない天野氏が議会や政党にもとづく政治力なしに文部大臣になったところで、どれだけのことができようか。『良心主義者の悲劇的運命』が、すぐそこに待っているのではなかろうか」と指摘した。

安倍能成

なかでも、痛烈であったのは安倍能成からの批判であった。安倍は、天野の文相就任を「失敗」であると厳しく断じた。「天野君は名の如く甘過ぎる。人のいわゆる善意志を信じ過ぎ、人の自分に対する態度だけによって敏感に反発したり感激したりし過ぎる。これは欠点だが、天野君は一面に中々自信が強く、殊に教育に対する識見には強い自恃を持っている」と評しながら、「天野君が自分の人格の力だけで文部官僚を承服させ得ると思ったら間違いであろう。利益と権力とを第一義とする——そうして人間は大抵そうであるが——党員や官僚の自己保存という原始的本能から来る粘り強い力は、君子人の思い切りのよい理想の力では、中々征服しにくいものであるということを天野君にはよくよく覚悟してもらいたい」と述べた(『アサヒグラフ』一九五〇年五月十七日)。安倍は同じ内容の書簡を吉田にも書き送っていたという。安倍の批判は天野にとっても意外であっただろうが、安倍が自分の政治的手腕を不安視していたことを知っていた天野には、その批判を安倍なりの「好意」と受け止めようとした。

いずれにしても「世論」の否定的な空気は、天野自身も充分に感じ取っていた。後に天野は、「わたしは文部省に一人の知人もなく、いわゆる世論も反対のようであり、友人はただひとり田辺元君が『非常の時には非常の覚悟を要す、敗戦直後の文相は学生をよく識ることが何より必要で、それには天野君が最適任者だ』というのを除いて他はすべて受けるなというのであった。もっともそれはわたしが相談したのではない、わたしは誰にも相談せず、受諾の返事をしてしまってからのことである。今や四面楚歌で、死んだつもりで文部省へ出た」と述べ、次のように当時の心境を振り返っている(『教育五十年』)。

わたしが「死んだつもり」というのは、「死ぬつもり」ではない、毀誉褒貶を介意せずという意である。福沢諭吉が勝海舟の出処進退を非難したのに対して、海舟が毀誉は他人の事我において関せずと言った詞をつねに心に留めていた。一にも忍耐、二にも忍耐と考えていた。そしてとにかく文相の位地についたのである。昭和二十五年五月六日である。

天野の大臣就任には、吉田首相の「三顧の礼」といえる強い要請によるものであったのは確かである。しかし、それだけで天野が大臣就任を承諾したわけではない。事実、天野は吉田からの要請を何度も断わっている。もちろん、天野の中に戦後教育改革の舵取りをすることへの自信があったことは間違いない。それは、「日本の教育はどうならなければならぬか制度はどうあるべきか、というような問題に関する構想については、わたしは自信をもっている」と述べていたことからも明らかである。また、ここには、教育刷新委員会の議論で「徹底的惨敗者」となった天野が、改めて教育改革の先頭に立つことで自らの理想を実現したいという思いもあったに違いない。

しかし、天野の大臣就任を最終的に決断させたものは、大臣就任に対する否定的な「世論」の空気ではなかったか。この否定的な空気への反発が、天野に決断を促す強い要因となったように思える。それは、天野の人生にたびたび顔を出す「反骨」がなさしめた決断であったのではないか。大臣就任をめぐる天野の回想が、例外なく「四面楚歌」といえる「世論」の空気を引き合いに出しているのはその表われといえる。

劒木事務次官の抜擢

天野は、就任早々に劒木亨弘《けんのきとしひろ》を文部事務次官にする人事を発表した。劒木は後に政治家へ転身し、第一次佐藤栄作《さとうえいさく》改造内閣で文部大臣に就任すること

劔木亨弘

になるが、文部事務次官に抜擢された時は四十八歳の大学学術局長であった。劔木がいうように「異例」の人事であったといえる。劔木を抜擢した理由を天野は特に触れていないが、劔木が学校教育局次長時代の局長が日高第四郎であったことを勘案すれば、日高からの推薦であった可能性は高い。劔木は、「あまり親しいというほどではなかった」天野からの要請に「全く心当りがなかった」として一度は断る。しかし、村上俊亮《むらかみしゅんすけ》を通じての再度の要請に対して、結局は条件をつけて承諾した。後の劔木はこの経緯を次のように述べている

（『戦後文教風雲録——続牛の歩み』）。

　ところが村上君は、またすぐ折り返し私のもとにきて、天野先生は君が次官を引き受けなければ、自分も大臣を引き受けるのを止めるといわれる、どうしても引き受けてくれとのこと、そこまでいわれればもはや断るわけにはいかない。そこで私は、村上君に二つのことを大臣の了承を求めて、お受けすることにした。一つは異例の人事で、省内が相当動揺するかもしれない。そこで、局長で大臣に対し誠意をもって仕事を続けるかぎりは、一人といえどもその意に反して、辞めさせることはしないこと。二つには、大臣はあまり私を知らないで次官にされたが、いよいよ次官にしてみて、

こんなはずではなかったと後悔されるかもしれない。大臣の予期に反した場合は遠慮なくいつでも辞めさせていただきたいこと。この二条件は大臣も心よく承知せられたが、大臣のお返事には一つの付け加えがあった。それは劔木君を見損なって辞めさせねばならぬときがきたら、僕の見識の誤りであり、その時は僕も辞めるとのことであった

この話には後日談がある。劔木は翌一九五一年（昭和二十六）三月、吉田首相から福岡県知事選出馬を懇請されて事務次官を辞職することになる。劔木が辞める時は、「僕も辞める」と言った天野は、この言葉を守り自らも辞意を示した。結局、自由党の守島伍郎《もりしまごろう》、橋本龍伍《はしもとりゅうご》（当時の厚生大臣）が天野の私邸を訪れて説得し、天野の辞意はやっと撤回されることになるが、天野の生真面目な人柄が表れたエピソードといえる。

3　文部大臣としての教育政策

イールズ事件への対応

文部大臣に就任した直後の一九五〇年五月二十八日、天野は祖父母と両親の墓参のため、故郷の鳥屋に帰郷した。鳥屋では母校の小学校の校庭で村民挙げての大臣就任の祝賀会が催された。天野の文部大臣時代は、道徳教育問題との関連で論じられることが多い。しかし、天野が文部大臣として取り組んだ課題は、もちろんそれだけではなかった。とり

わけ、天野自らが、「業績の絶頂」と評価する義務教育費国庫負担法の成立をはじめとして、イールズ事件、教育職員免許法の改正問題、学校給食問題、漢文問題などその範囲は多岐にわたる。

天野が大臣となって初めて直面したのが、イールズ事件であった。これは、占領軍のＣＩＥ（民間情報教育局）顧問官のイールズ（Walter Crosby Eells）が各大学でレッドパージを煽る演説をしたことをめぐる一連の事件であり、「イールズ旋風」とも呼ばれた。イールズは、一九四九年七月十九日の新潟大学開校式で共産主義者の教授を排斥すると演説し、その後も岡山、広島、大阪などの大学で講演を行った。天野が文部大臣に就任する直前の一九五〇年五月二日には、東北大学での講演が学生の激しい抗議などで流会する事態にもなっていた。

共産党員たる教授はすべて罷免されねばならぬというのがイールズの主張であったが、天野は、共産党は合法政党である。だからこの主義を信奉するのは自由である。しかし、不都合なことがあれば辞めさせるという趣旨の声明を発表した。天野は、イールズの見解には一理あるが、大学において不用意に持論を主張することは、いたずらに学生を刺激し、学生に信望ある多くの教授が追放されるかの如き宣伝が盛んになされることでかえって共産党に利することになると指摘しながら、次のように記述している（『天野貞祐――わたしの生涯から』）。

わたしは共産党も合法政党である以上、その党員たるだけの理由で追放というには無理があると考え、党員たるだけでは追放しない、国家公務員として不都合な行動があれば大学（又は地方）と中央の二重の審査会にかけて追放すると決定して総司令部の了解を経るとともに、教授と学生との自粛自重を要請してレッドパージの騒ぎをなんとか収拾した。

その後、天野は騒ぎの激しかった東北大学で講演するなど「イールズ旋風」の鎮静化に努めた。天野はこれを「無策の策」と評しながら、これが「一応功を奏した」と満足した（『教育五十年』）。

文教予算の獲得

また学者文相としての大問題は、予算の獲得であった。「これこそ大臣としての試金石」と天野は緊張し、義務教育の充実、育成制度の拡充、学術研究の振興を目標に掲げ、「質実な要求をしてそれはどうあっても貫徹するという方針」で予算折衝に臨んだ。結果として、昭和二十六年度予算は約五十四億五千万円の増額となり、大臣としての面目を保つことができた。特に、育英予算を約九億円上積みしたことを天野は喜んだ。予算の増額を「実に愉快至極」と天野は記述したが、それは文部大臣就任当時、天野の「政治的手腕」を疑問視した「世間」に向けられた言葉であったといえる。さらに「党人大臣でなければ仕事はできぬとか、予算はとれぬとか言うことはない。党外大臣といえども政治的力量のある人ならばいくらでも仕事はできるということをわたしの体験から述べておきたい」（『天野貞祐――わたしの生涯から』）と述べ、生来の「反骨」を覗かせた。

もっとも、予算獲得の陰には、劔木事務次官など文部官僚の並々ならぬ尽力があったのも事実である。政党政治であるかぎり、政党のバックアップなしに予算を獲得することは困難である。これまでの「学者文相」は、政党人との調和に欠けるところが多かったが、「特に天野文相は党人臭の強い人はむしろ嫌いであった。それゆえ、党との連絡には相当心をくだいだ」と劔木は振り返る。劔木は努めて党本部を訪れ、「何かと党幹部に相談を持ちかけた」(『戦後文教風雲録――続牛の歩み』)と証言している。実は、劔木は池田大蔵大臣とは旧制第五高等学校のクラスメートであり、昭和二十六年度予算の増額も劔木と池田とのつながりに負うところが大きかった。

「わたしの文部行政二ヵ年はほとんど池田大臣との折衝のそれだった」(『教育五十年』)。天野はこう回想している。官僚出身の池田に、「党人臭」があるとは思えないが、劔木によれば、天野は、「あまり池田さんが好きではなかった」という。昭和二十七年度予算では、学術研究予算が十億円の要求に対して五億六千万円に減額された。年末の閣議で大蔵大臣との直接交渉となったが、池田は減額を求めて一歩も譲らなかった。憤慨した天野は、辞職する積りで席を立ち室外に出たという。後から、橋本龍伍厚生大臣が天野をなだめて事なきを得たが、これには伏線があった。学校給食問題である。

池田大蔵大臣との対立

戦後の学校給食は、ガリオア資金が利用されていた。これは、アメリカ軍占領地の疾病や飢餓による社会不安を防止し、占領行政の円滑を図るために、アメリカ政府がオーストリア等の占領地、そして旧敵国の占領地である日本と西ドイツに対して陸軍省の軍事予算から支出した援助資金である。ところが、ガリオア資金が一九五一年六月で打ち切られることとなり、文部省はやむなく学校給食のために十五億八千万円の補正予算を大蔵大臣に申請した。学校給食は、重要な教育政策の一環であり、地方にも給食施設を整備してきた文部省としては、学校給食を中止することはできなかった。天野は閣議において、すべての児童生徒が同じ給食をとることは民主主義思想の育成に役立つことを力説した。これに対して池田は、「そういう思想は社会主義思想だから排撃されねばならぬ、給食の教育的効果なぞはありえない」と答えた。結局この問題は、増田甲子七《ますだかねしち》幹事長の斡旋によって、昭和二十六年度は補正予算を計上するものの、昭和二十七年度は予算計上しないということで決着させられた。天野の主張が押し切られた形となったわけである。説得にきた増田幹事長に対して、天野は、「予算がないというならよんどころない、しかし社会主義だからいけぬというのは、社会の物笑いで、断じて従う事は出来ぬと答えた」(『教育五十年』)。また、「貧富を問わず、成績の優劣を問わず、すべての学童が同じ食物を採り、互いに他人の弁当をのぞき込むこともなく、親も弁当の苦労もなく、さらに食事を通じて行儀を教えるなど、給食の教育的効果は体位向上、偏食の矯正、食生活改善の利点を別にしても重大である」としながら、池田への不満を次のように続けた(『天野貞祐——わたしの生涯から』)。

ことに民主主義思想の涵養というわたしの最も尊重する点が社会主義思想(恐らく共産思想という意味であろうか)だとして排斥され、しかもこんな考えが閣議を通って行くというに至っては、自由党内閣は到底自分の居るべき処ではないことを痛感したのである。

ところが、ここで天野に思わぬ援軍が現れた。根本龍太郎《ねもとりゅうたろう》農林大臣である。根本は、当時の深刻な米不足を念頭に、「学校給食は教育上の意義はともかく、食料対策としてはよい。学校給食でパンを主食にし、米を節約したら一挙両得ではないか」と述べ、給食政策は農林省食糧管理特別会計として行うことを提案した。学校給食が存続すれば所管にこだわる必要がないと判断した天野は、これを了承した。学校給食制度の存続は「根本農林大臣の聡明な発意」によって守られた。天野はその後もたびたび根本への感謝を口にした。

4 道徳教育問題と「心境の変化」

日教組と仲のよかった大臣

天野の文部大臣としての対応は、日本教育職員組合（以下、日教組と略）にも受け入れられ、当初天野は「日教組と仲のよかった大臣」として評された。実際に、天野の文部大臣在任中の「備忘録」を見ると、日教組代表との会見は決して少なくない。それは、他の「学者文相」と比べても顕著であった。たとえば、森戸辰男は社会党首班指名であったにもかかわらず、日教組との関係は必ずしもよくなく、田中耕太郎や高瀬荘太郎は日教組幹部と会おうともしなかった（『文部大臣の戦後史』）。

天野が最初に日教組と関わったのは、教育職員免許法の改正問題であった。当時は教員不足で臨時免許による助教諭が数多くいた。しかし、教育職員免許法では、臨時免許の有効期限は一年とされていた。また、現職教員も戦前の資格はすべて無効とされ仮免許を与えられていたが、その後は一定期間の認定講習を受けることが必要であった。日教組は、①臨時免許の有効期間を三年とすること、②認定講習を改善し受講者の負担を軽減することを文部省に要求した。文部省も改善に理解を示したが、CIE（民間情報教育局）の許可を得ることはできなかった。天野は、粘り強くCIEに働きかけ、「臨時免許の有効期間を三年に延長する」との回答を引き出した。認定講習の運営を改善するために委員会を設け、日教組の代表も委員会のメンバーに加える。当時、日教組の法制部長を務めていた槇《まき》枝元文《えだもとふみ》は、天野の尽力を高く評価している。

ところが、天野への評価は、道徳教育問題において完全に逆転していくことになる。道徳教育問題とは具体的に、天野が提起した「修身科」復活問題と「国民実践要領」制定問題を指すが、これらに対する日教組からの批判は厳しいものであった。たとえば、教育職員免許法の改正問題で天野を評価した槇枝は、道徳教育をめぐる発言が「時代の流れのなかで天野文相自身の『古風』も次第にあらわれ」たとした上で、特に一九五〇年（昭和二十五）十一月二十六日に天野が『朝日新聞』に掲載した「私はこう考える――教育勅語に代るもの」以降、「天野発言は、きわだって政治色をおびるようになった」と批判することになる（『文部大臣は何をしたか――私の目で捉えた戦後教育史』）。

総じて言えば、道徳教育をめぐる天野発言は、再軍備問題に代表される、いわゆる「逆コース」的な「風潮」が強調される中で、吉田の文教政策の推進役として位置付けられていく。そしてその根拠は、天野が文部大臣になる以前と以後で道徳教育への認識に「変化」が生じたとするものであった。

つまり『道理の感覚』で「修身科」を批判した天野が、どうして「修身科」復活を説くことになったのか。あるいは、敗戦後の日本側教育家委員会で新教育勅語の渙発に反対し、文教審議会でも「教育宣言」構想に反対した天野が、なぜ「国民実践要領」の制定を意図したのかということへの「矛盾」と「疑問」が背景となった。果たして、天野は本当に「変化」したのであろうか。もし「変化」したとすれば、その中身はどうだったのか。そしてそれは、当時の「逆コース」問題とどう関わるのか。以下、この点についての天野の思いを辿ってみたい。

国旗・国歌の「天野談話」

日教組との緊張関係は、正確には同年十月十七日の「学校における『文化の日』その他国民の祝日の行事について」という「天野談話」から始まっていた。これは、文化の日その他の国民の祝日においては、各学校が「学生生徒児童に対しこれらの祝日の意義を徹底させ、進んで国家及び社会の形成者としての自覚を深くさせること」が必要であるとして、講演会、学芸会、運動会等の行事では「国旗を掲揚し、国歌を斉唱することもまた望ましい」と述べられた。天野にとっては、敗戦に懲りて国民的矜持を失うこと、特に年少者から国民的矜持を奪うことは、「精神的毒殺であり、国民的自殺」であることを意味していた。矜持と相容れない高慢は排斥されるべきものであるとしても、「理由なき劣等感を少年の魂に植えつけるにもまして残酷な教育」はなく、「少年が自国に対して愛と矜持」を持つことは天野の中では本来肯定されるべきものであった。そして天野は、そのための最上の方法が、「国旗を見たり国歌を斉唱したりすること」であり、これが「天野談話」を出した理由であると説明した。

「天野談話」の内容は、同年十月十九日付で文部省から通達されたが、日教組は、同年十月二十一日の中央闘争委員会で「天野談話」を議題とし、「君が代を国歌として歌わせることに反対する」「新国歌制定運動を起す」との方針を決定し、①文部大臣に抗議し、通達の撤回を要求する、②日教組の見解を入れた声明書を発表する、③衆参両院に持ち込み問題化させる、④官公労、総評、日本学術会議、教育刷新委員会などに持ち込み一大国民運動を展開する、などの方針を決定した（『日本教育年鑑（一九五一年版）』）。日教組は、同年十月二十三日に天野と会見し、「声明書」を提出して抗議した。これについて天野は次のように述べている（天野貞祐全集5）。

「君が代」についてはいろんな議論があるが、そういう議論は今日においても「君」を旧憲法の主権者と解するから起こるのであって、天皇は「日本国の象徴であり、日本国民統合の象徴」であることを理解すればこのままで何の差し支えもないと思う。「君が代」とは「天皇を象徴とする国」即ち日本国ということである。天皇は主権者ではなくして象徴であり、国民が主権者である。即ち象徴たる天皇は、主体でなくして主体は日本国であり、日本国民の統合である。それゆえに象徴を尊び敬うことは象徴される主体たる日本国と日本国民の統合とを尊び敬うことである。

こうした理解は天野の天皇論と連続しているが、ここで天野は、国民としての「矜持」の自覚を促す役割として国旗と国歌の役割を重視していたといえる。もっとも天野は、国歌があくまでも「君が代」のみでなければならない、という点に固執していたわけではない。天野は「国歌は一つに限られる必要はない。何らかの方法で、可能ならばなお他に一つあることもよいであろう。ただその際、国歌は自然発生的なのが普通であることを考えざるを得ない」としていた。また天野は、先の日教組との会見でも、「日教組がいう君が代復活の対社会的または教育上の影響を分析すべきであるという点は賛成である」と述べ、新国歌制定運動に対しても一定の理解を示したとされる。

「天野談話」の内容は、天野の中では矛盾のないものであった。しかし、旧憲法から新憲法への転換によって「君」の解釈を正当化しようとする説明は、歴史的な側面からも十分なものとは言えず、日教組との間の溝を徐々に広げて行った。

「心境の変化」

ところで、個人の認識が「変化」したか否かを確認することは決して簡単ではない。ただし、少なくとも天野は、文部大臣就任後に道徳教育に関して「心境の変化」があったことを認めていた。たとえば、一九五一年（昭和二十六）十二月十六日の「わたしの心境――『実践要領』をめぐって」（『週刊朝日』一九五一年十二月十六日号）の中で、自身の「心境の変化」に詳しく言及している。それは、これまで新教育勅語の渙発に反対し、一九四九年（昭和二十四）の「教育宣言」構想にも反対してきた天野が、どうして「国民実践要領」制定を意図したのかという批判への説明でもあった。

まず天野は、「かようにこれまで、わたしはこの種の計画にずっと反対して来たのでした。その理由は詔書を今日いただくということの不適当については言うまでもなく、教育勅語のように徳目を組織した名文章を暗誦しさえすれば、それで道徳性が涵養できるという考え方に同意できないからであります。（中略）道徳性は単なる言葉では養われない、それがつねに実践に媒介させなければならぬことは明らかであります」と述べ、「今日率先して『実践要領』をつくるようになった心境の変化」を以下のように説明した（天野貞祐全集4）。

私は昨年（昭和二十五年）五月以来、文部行政をあずかり、これまでの書斎生活とちがって社会のさまざまな範囲の人達と接触するようになり、また、しばしば地方の教育者の意見を聞く機会を持ち、ややもすれば知識層のみに限られがちであったわたしの視野は社会の各層をふくむに至りました。そうして各層の人達から何らか国民道徳の規準を明示する必要のあることを聞かされました。その意見によれば、教育勅語が一般に通用しなくなった結果、そこに示すところの徳目までもすべて不妥当ではないかという疑問をもつ青少年も少なくない、例えば孝行などはもはや過去の道徳であるような考えも行われがちであるから、一般的基準を明示する仕事は当然文教の府の責務として考えてほしいというのであります。

また、文部大臣在任中の天野の発言を注意深くみていくと、この「心境の変化」は、一九五〇年（昭和二十五）の「修身科」復活問題の際にもすでに表明されていた。天野は、「修身科」復活が大きな論議になっていた同年十一月二十六日、『朝日新聞』に「私はこう考える――教育勅語に代るもの」

を寄稿している。ここで天野は、「教育勅語に代るもの」について、「この種のものが知識人にとっては不必要だとしても、一般人にとってはやはり何か心の拠りどころとして必要だとも考えられはしないか。こうわたくしは反省してみました。すくなくともこれが在ってわるいとは考えられない。その上世間にはその要求も相当強いから、とにかくわたくしはこれを問題として採り上げ、社会の声を聞こうと考えるに至ったのであります」と述べている。そして天野は、文部大臣に就任することで、自らの視野がこれまでの書斎（研究の世界）から「社会の各層」へと拡がり、様々な人々から、「何らか国民道徳の規準を明示する必要」を求められたことが「心境の変化」を促したと説明している。

天野の「迷い」

もっとも、こうした「心境の変化」がもたらされる過程では、天野に「迷い」がなかったわけではない。それを端的に垣間見ることができるのが、「私はこう考える——教育勅語に代るもの」から約一ヶ月半ほど遡る、同年十月六日の第三十一回教育刷新審議会総会での発言である。

教育勅語に類するものの必要性を説く佐野利器《さのとしかた》（東京帝国大学名誉教授）の質問に対して天野は、かつて「私は総理から曾つて教育勅語がないということを言われ、教育勅語に代るべきものを作ってはどうかということを言われた」経験がある。その時は、教育勅語を出す主体がはっきりしていないこと、また、「日本人が、教育勅語にしても詔書さえ刷れば何か道徳というものが身についたような考えをする傾向」があり、教育勅語によって本当のモラルが養われたかは疑問であり、その必要性はないと答えた。しかし、今の時点では教育勅語に類するものを出すことについて「私も国民の向うべきところを何か示すということもよいのではないかという考えから、実はどうしたものかというような気持ちを持っている」と述べている。また、修身科についても「日本の道徳で最も欠けておったのは社会道徳ではないか、そういう意味では、社会科という科目こそ、正に修身の役目をすべきものではないかというふうに考えたが、現実には少しも効果が挙っていない」とした上で、「一般から非常に修身の科目を作れということについて、私の尊敬する方々からも、そういう御説もありますから、私もよく考えてみて、修身という科目は、やはり作った方がよいか……」と「迷い」を見せている（『教育刷新委員会　教育刷新審議会会議録』第五巻）。

こうした天野の「迷い」は、その後一ヶ月ほどの間に整理されていった。天野は、同年十一月三日、広島大学の開学式（十一月五日）に参列するために東京を発って、途中各地で視察を行った際に、校長などから道徳教育振興について陳情を受けた。広島に着くと、待ち構えていた記者団からの質問に対して、「修身科」復活に言及し、それは同年十一月七日の全国都道府県教育長協議会での以下の発言へと連続していった。

わたしはもとの修身といったような教科は不必要だと考えていたが、最近各学校の実情をみると、これが必要ではないかと考えるようになった。地方の教育者に会っていろいろと意見を聞いてみると、教育関係の法令はいろいろ整ってきたが、その内容がないため、教育上支障をきたすという声が多い。そこで、教育の基盤として、口先でとなえるものではなく、みんなが心から守れる修身を、教育要綱といったかたちでつくりたい。これを教育勅語の代わりにして民主主義社会に必要な道徳再開をはかりたい。

一見すれば、この発言には『道理の感覚』などで展開された天野の道徳教育論からの「変化」を見ることができる。しかし問題は、天野のいう「心境の変化」が、これまでの道徳教育論の「変化」を意味するものであったかどうかである。また、この点を天野がどのように考えていたかである。

第二次米国教育使節団報告書　このことを具体的に検討するためには、同年九月二十二日に提出された第二次米国教育使節団報告書に触れておく必要がある。特に次の記述は、天野の「心境の変化」を外側から促す役割を果したからである。

　われわれは日本に来てから、新しい日本における新教育は、国民に対して、その円満な発達に肝要な道徳的および精神的支柱を与えることができなかったということをたびたび聞かされた。（中略）どの国の青年も、よい社会とは、人が自由で、しかも調和ある生活をし、互に相愛し、互に協力し、社会道徳を実践して、これを身につけるところであることを、家庭から、学校から、またはその他の団体から学ばなければならない。道徳教育は、たゞ社会科だけからくるものだと考えるのはまったく無意味である。道徳教育は、全教育課程を通じて、力説されなければならない。

ここでは、日本側（文部省）のこれまでの教育の評価をふまえながら、戦後の道徳教育のあり方が改めて大きな課題となっていた状況を見ることができる。さらに報告書の「道徳教育はたゞ、社会科だけからくるものと考えるのはまったく無意味である」という指摘は、これまで社会科との強い関わりの中で模索されてきた道徳教育のあり方への再検討を求めていた。実際、この勧告を契機として、道徳教育と社会科の関係を視野にいれた議論が喚起されていくが、その指摘は文部行政の中心である天野にとっても重要な意味を持っていたといえる。

5　天野と「修身科」復活問題

「心境の変化」と修身科批判

「私はこう考える──教育勅語に代るもの」の中で天野は、修身科にも言及している。天野は、「従来の修身授業」が「単なるお説教となる傾向があり、その上修身の先生だけが徳育を配慮するので、学科の先生はそれと無関係であるかの如き誤解を生じ易い」としながら、次のように続けた。

言うまでもなく道徳教育なくして人間の育成はなく、如何なる科目の担当者といえども教育者である以上、生徒の人間育成、したがって道徳教育に無関心であるべき道理はありません。教育者たる自覚をもたぬ教師というのは一個の矛盾概念にほかならない。しかるに従来やゝもするとそういう傾向を免れなかったのも修身科に伴う一つの弊害というべきでありましょう。その上あまりお説教をするとかえって生徒の道徳感覚から新鮮さを奪う危険さえもあります。

また天野は、「同じ教訓的な文章もたまたま国語読本のうちで読むと非常な感銘をうけても同種のものの充満している修身教科書ではそれだけの効果が得られない」としながら、「修身科は結局知識を媒介とした知育であって本来の意味の徳育ではない。本来の意味の徳育は実践を通じての人格的な影響でなければならない」として修身科の「弊害」を指摘している。

これは、『道理の感覚』などで展開した指摘と同じであり、そのことは天野も注記していた。つまり天野は、「心境の変化」を『道理の感覚』で展開した道徳教育論の「変化」とは考えていなかったことになる。とすれば、文部大臣として天野が唱える「修身科」と従来の修身科とは具体的にどう違うのかが問題となってくる。これに対する天野の説明はこうである。

要するにわたくしは従来のものへ復帰しようなどと考えるのではありません。すでに社会科は修身科より一歩を進めたものだといえます。ややもすれば個人道徳に止まりがちな従来の修身科よりははるかに広い展望を持っていますが、遺憾ながら十分その成果をあげていない。そこでこれまでの修身科と社会科とを契機としてこゝに新しい道徳教育の工夫をしようというのであります。

ここでいう「修身科と社会科とを契機」とした「道徳教育の工夫」として意図される「修身科」は、天野が批判した修身科とは異質のものということになる。したがって、この差異こそが天野の「心境の変化」と天野の道徳教育論との距離ということでもある。つまり、『道理の感覚』での道徳教育論と「心境の変化」とは、少なくとも天野自身の中では矛盾なく共存していたといえる。その後も天野は、「私は最近道徳教育を盛んにしたいと思って、自分が欠点があると言った修身教育を復活したいというのではないことは、私の『道理の感覚』を読まれたらよく分ると思う」としながら「われわれがここに道徳教育を主張する、こういう点に何にも従来の修身というものを理解せず、それの持っている難点を考えたこともなく、ただ修身ということを主張するのと、従来の修身というものに対する深い反省を加えて、それに新しい道徳教育を主張するというのとでは全然違うということです。何にも評定を媒介としない直接的な主張と、従来の修身というものを評定して、しかもそれを契機として、新しい道徳教育を主張するというのとは違うということです」と述べて両者の違いを説明した（「道徳教育について」）。そして、この言葉には、「修身科」復活をめぐる論議において自身の意図が十分に伝わっていないことへの不満が込められていた。

新聞論調と世論調査

「修身科」復活問題は、「全教育界の関心の的となり、話題の中心」（『道徳教育の指導計画』）となる議論へと発展した。まず、天野発言にいち早く反応したのは新聞各紙であった。朝日、毎日、読売、日経、日本教育新聞の各紙は天野発言に対する見解を社説で展開した。これまで「ほとんどの新聞は、修身科復活に反対の立場をとった」（『戦後道徳教育

論史　下』）と評価されてきたが、実際には、天野発言に明確な反対の立場をとったのは『読売新聞』のみであり、他の新聞はむしろ賛成の立場を表明した。

たとえば、『毎日新聞』は、一九五〇年十一月七日の天野発言の翌日に「青少年のしつけ」と題する社説を掲載し、「文相が社会生活の基準となるような道徳教育の必要を痛感し、これを要望しているのならば、われわれも全く同感である。（中略）道徳の基礎的な考え方と実践を教える修身については、われわれも大いに賛成であるのみならず、是非とも必要だと思う」と主張した。また、『東京新聞』は、同年十一月十一日付の社説「『修身』復活の声に和す」を掲載し、「新聞、ラジオなどに寄せられる民衆の声の中にも修身あるいはそれに類した人格教育、純潔教育を熱望するものが決して少くない」として天野発言に賛意を示した。また、「終戦と同時に開始された精神革命は過去の伝統や権威や物の考え方や風俗習慣を打破るに急であってその跡に建設すべき内容を持たなかった」としながら、「このような危機のバクゼンたる自覚が『修身科目の復活』という声となって現れたものではなかろうか」と分析した。

これに対して、同年十二月九日付の『読売新聞』社説は、「われわれは、どんな内容のものであれ、特別に修身科をもうけることは無用であり、時にまた有害でもありうる」として明確に反対の立場を示した。そもそも道徳教育とは、社会生活を営むために必要な態度を育成することであり、その前提として社会生活の本質、個人の社会に対する連帯関係が必要となる。これを育成するのは社会科であり、「道徳教育は社会科の中で最も強く生かされる」というのが一貫した主張であった。

「修身科」復活をめぐっては、東京、読売、朝日の各紙が世論調査を実施している。同年十二月八日に掲載された『読売新聞』の世論調査は、「修身科是か非か」と題した紙上討論形式で実施された。総数七百五十五通の投書が寄せられ、その結果は「修身科」復活に賛成するもの四百八十二通、反対するもの二百七十三通で、約六四％が天野発言に賛成した。また、『朝日新聞』は同年十二月十五日に対象を教師のみに限定した世論調査の結果を公表した。ここでは、「独立教科を設ける方がよい」が、小学校三九％、中学校三六％であり、いずれも「社会科の中で取扱うのがよい」を上回る結果であった。さらに、『社会教育』などの雑誌でも同様の調査が行われたが、結果はほとんど変わらなかった。天野発言への賛意は決して少数ではなかったのである。

新しい「修身科」と社会科

新聞等での論議はさらに教育雑誌、一般雑誌の論議へと拡大していった。その論調の多くは、新しい「修身科」と社会科の関係に言及したものであった。道徳教育の観点からの社会科に対する批判は、社会科における人間像や社会像の欠如といった観点に集約されている。たとえば内海《うつみ》巌《いわお》は、「社会科において教育目標とする人間像や社会像が明瞭ではない」とした上で、「漠然と近代社会を肯定し、その社会機構に順応することをもってこと足れりとしているのではないかと疑わしめる人間形成が想見されるのは遺憾である。社会像に対しても日本の現段階を深く洞察し、どんな社会へと引き上げるべきであるかの問題が具体的に考えられていないうらみがある」（「社会科と道徳教育」）と述べて天野発言を擁護した。

これに対して梅根《うめね》悟《さとる》は、社会科の観点から「われわれはまさに、在来の修身科にあきたらないことはもちろん、現在の社会科にもあきたらないで、第三のものを求めて来た」と述べ、天野の発言に一定の理解を示した。しかし、「一体社会科が十分にその成果を上げていない、という文相の判断は何によって下されたものであるか、どんな資料によったものであるか、どれだけの的確な根拠、即ち、社会科になくて、修身科だけにあるものは何か。それは結局、『古い修身』——修身の中でのウルトラ・ナショナリズムや封建的倫理の部分だけではないのか」と指摘し、次のように天野を批判した（「道徳教育とカリキュラム」）。

社会科の不振——従って道徳教育の不振をかこつことはいゝ。だが、社会科がなぜ不振であるのかを究め、それを盛んにすることをしないでいきなり不振だからやめよう、そして元の修身科（元どおりでないにしても）を復活させようという乱暴なことを一国の文相が言い出すことは文化国家の恥でしかあるまい。

天野発言への批判に対して、天野が直接に応答することはなかった。したがって、天野のいう新しい「修身科」の構想についても議論の拡がりと深化は見られなかった。その意味では、勝部《かつべ》真長《みたけ》が指摘したように、天野が昔の「修身科」の復活をしようと言ったわけではなく、「ただ『道徳教育の必要』を問題として提供して、その『在り方』を世論に問うている」ものであったにもかかわらず、ジャーナリズムの報道と「世論」の受け止めに「主として誤伝・誤報・誤解にもとづく歪曲と屈折」が見られ、論議が「混乱」したということはできる（『道徳教育』論議」）。しかし一方では、こうした「混乱」を招いた決定的な要因には、天野のいう「修身科と社会科とを契機」とした「道徳教育の工夫」の中身について天野が具体的に説明しなかったことが挙げられる。

「修身科」復活の挫折

「修身科」復活をめぐる論議は、必ずしも天野に否定的なものではなく、むしろ好意的なものも多かった。では、それにもかかわらず、なぜ「修身科」復活は実現しなかったのか。結論からいえば、教育課程審議会の答申をはじめとして、文部省が道徳の教科設置に反対したためである。

天野は、同年十一月十六日に教育課程審議会（会長は、石三次郎《いしさんじろう》）に対して「道徳教育の振興について」を諮問した。教育課程審議会の席上では、道徳の独立教科を主張する天野と、「道徳教育の必要は認めるとしても、人間を固定化するような過去の修身科復活という考えは間違っている」という勝《かつ》田守一《たしゅいち》（東京大学教授）との間に「シノギを削る」大論争があったとされる（『戦後教育史への証言』）。教育課程審議会は、数回にわたって審議を行った後、翌一九五一年（昭和二十六）一月四日に「道徳教育振興に関する答申」を公表した。

答申は、「一部の児童、生徒の間には、著しい道徳の低下が現われていること遺憾ながら事実として認めざるを得ない」としながらも、「道徳教育振興の方法として、道徳教育を主体とする教科あるいは科目を設けることは望ましくない。（中略）道徳教育を主体とする教科あるいは科目は、ややもすれば過去の修身科に類似したものになり勝ちであるのみならず、過去の教育の弊に陥る糸口となる恐れがある。社会科その他現在の教育課程に再検討を加え、これを正しく運営することによって、実践に裏付けられた道徳教育を効果的に行い得るものと信ずる」と結論づけた。

また文部省は、この答申の方針を踏まえ、同年二月八日に「道徳教育振興方策」を発表した。ここでは、先の答申の趣旨を「その内容において適当なものと思われる」として、「道徳教育を主体とする教科あるいは科目を設けることは望ましくない」という答申の方針を支持し、道徳教育の手引書作成等を提言した。また、同年四月から五月にかけて、『道徳教育のための手引書要綱――児童・生徒が道徳的に成長するためにはどんな指導が必要であるか』を公表することで天野の構想した「修身科」復活問題には一応の終止符が打たれたのである。

上田薫の証言

「修身科」復活の天野構想は、「世論」の批判によってではなく、直接的には文部省の反対によって否定されたというのが実態であった。天野にしてみれば、教育課程審議会の答申などによって、まさに身内から外堀が埋められたという格好となった。文部省で社会科を担当した上田《うえだ》薫《かおる》によれば、天野の「修身科」復活発言に文部省は「驚愕」したという。上田は、天野の京都帝国大学時代の教え子であり、西田幾多郎の孫でもあった。上田は、「昭和二十五年の末にいわゆる修身科復活問題が起こった。私たち新教育を推進してきた者としては、大いに困惑させられる大臣発言である」と述べ、「修身科」復活をめぐる天野とのやりとりを次のように証言している（『回想　天野貞祐』）。

「君、大臣だからって思ったことを言っちゃいけないのかね」先生はときどきそういわれたが、それはとにかくとしてえらい騒動で、当時の教育課程審議会ははっきり文相提案を否決し、「道徳教育のための手引書要綱」なるものを出して従来通りという結着にすることになった。しかしそれでは大臣が承服しないかもしれない。高級官僚というものはいつの世でも勝手なもので、たまたま教え子だった私にその要綱づくりのしごとを一切がっさい背おわすことにしてしまった。（中略）いま考えると強引なことだが、委員会も思うままに動かし、本文も全部自分流に書いて、それをそのまま成案として大臣室にもちこんだ。正直いって内心不安がなかったとは言いきれない。とにかく先生の考えとははっきり違っているのである。そのとき先生はついに一言一句も直されなかった。そして、「老いては子に従えというからね」と破顔一笑された。「わたしはとにかくみんなが道徳の問題をしっかり考えてくれれば、それでいいんだよ」ともつけ加えられたが、そのときの先生はすくなからず政治的判断をされていたのかもしれないと思う。〝修身科〟などというのは世間の言いがかりで、たしかに先生の真意ではなかったのだが、先生が容易に信念を曲げる人でないのも周知のことである。いま思うと、ここはひとつ不肖の弟子に点を取らせてやろうという気持もおありになったのではないか。先生はもともと人情家であったし、それに安心できる相手だと、ときどき偽悪的なことを言われるくせがあった。私はこのときの大臣室でのやりとりに、今もいちばん身近な先生を感じている。

上田の言葉を借りれば、天野の発言は、新教育、とりわけ社会科推進の流れに掉さすものと捉えられている。しかもこの点は、天野が抜擢した劔木事務次官も例外ではなかった。劔木は後に天野が「就任早々『国民実践要領』という直筆の文書」を見せ、「戦後のわが国の教育は道徳教育を無視している。修身科を復活するべきだ」と力説したと述べている。これを受けて劔木は、「それとなく、省内の専門家に当ってみたが、『戦後の民主教育にはなじまない』という考え方が圧倒的であった。『敗戦を機に、教育はアメリカ式になりました。しつけや道徳教育も先生がそれぞれの受け持ちの教科の中で教えるというやり方です。道徳教育を独立した教科にするのは無理です』私の説明に大臣は納得されない。執務時間が終わったあと、大臣室に専門職員も集まって、本当に徹夜で三日三晩論議した」(『牛歩八十五年　劔木亨弘聞書』)と回想している。

天野が文部大臣就任早々、「国民実践要領」の「直筆」を劔木に見せたというのは、時期的に考えても劔木の記憶違いであろうが、劔木が伝える文部省内の空気は上田の証言と一致している。つまり、少なくとも天野の道徳教育構想については、天野と文部省の方針の間には大きな隔たりがあったということになる。上田は、「答申—方策—手引書要綱」という文部省の線には「明らかに不本意の面があったに相違ない」と天野の気持ちを忖度しながらも、「修身科」復活は、戦後の新教育の流れと逆行するものであると譲らなかった。

一方、天野にとって、文部省の方針は明らかに「不本意」であった。天野は、「諸方からの攻撃は固より覚悟していたが、文部省の課程審議会から、道徳教育の必要はないという答申を受けたのには驚かされた」（天野貞祐全集6）と当時の心境を告白している。たしかに、上田の証言の中で天野は、「老いては子に従えというからね」と述べ、「修身科」を設置しないことに一応は同意したようにも見える。しかし、この時はすでに教育課程審議会の答申が出ており、上田が手引書要綱を見せる段階ではもはやこの結論を覆す段階にはなかった。「老いては子に従えというからね」とは、上田が感じたように、天野の「偽悪的」な表現であり、忸怩たる思いの裏返しだったに違いない。

6　天野と「国民実践要領」制定問題

「教育勅語に代るもの」

「修身科」復活は挫折したが、これによって道徳教育問題に対する天野の意欲が衰えたわけではなかった。一九五一年九月二十二日、天野は「講話条約が国会で批准される機会に文部大臣名で『国民実践要領』なるものを出し、独立回復後の日本国民が真に自主独立の精神をもって道徳的に生きていく目標を示したい」と発言した。この発言をきっかけとして「国民実践要領」制定をめぐる議論が展開していった。ここでも気になるのが、やはり天野の「心境の変化」の意味であった。これまで教育勅語の類するものの制定に反対し続けてきた天野が、どうして「国民実践要領」制定に思い至ったのか。天野の説明を聞いてみたい。

たとえば天野は、「私はこう考える――教育勅語に代るもの」において教育勅語に言及している。天野は「教育勅語がこれまで日本人に「道徳的規準を与えていた」とした上で「日本人は何人といえども教育勅語を骨の髄まで浸透せしめ、こゝに生きゆく道の道標を見出していた、少なくともこう考えていた」と述べる。しかし、「勅語がその妥当性を失うこととなった今日、そこに何か日本人の道徳生活に対して一種の空白が生じたような感じを抱く者は決して少なくない」というのが天野の指摘であった。天野によれば、教育勅語に含まれる主要な徳目は現在もなお妥当性を有する道徳的規準ではあるが、「これらの徳目が勅語という形式において道徳的規準として要請されることの不妥当なことはもちろんでありますから、何か他の形式において教育勅語の果たしていた役割を有つものを考える必要はないかというのがわれわれの問題」であるとした。そして、こうした指摘は、約一年後の「わたしの心境——『実践要領』をめぐって」において、より具体的に説明された。天野の主張は次のようなものである。

従来の道徳は決してすべて妥当性を失ったわけでないことは明らかであります。以前は正直が道徳であったが、今日は不正直が道徳だというようなことはない。戦前は「夫婦相和シ」が道徳であったが、戦後は「夫婦相和セス」が道徳だというようなこともないのであります。それどころではなく、知恵、勇気、節制、正義の如き徳はギリシャの昔から今日まで、依然として徳であります。かように東西を問わず、古今にかかわらない人類普遍の道徳があるわけですが、時と処とによって、その重要性と内容とに相違のあることも認めざるを得ません。その意味では道徳における変わらない面と共に変わる面も考えられるわけであります。従って、今日の日本人にとって重要な徳目とその内容とを明示することの必要も理解され得ることだと考えるように私の考えは傾いていったのであります。

さらに天野は、「国民実践要領」の内容を、「単に徳目をつらねて読み上げる行き方でなく、今日の日本に生きる者の在り方を中正な世界観に立って組織し、単に暗誦するのではなく、日常座右において生きゆく途上、しばしば立ち止まって考える資料となるようなもの」と位置づけている。これらが、天野が考える「国民実践要領」のイメージといえる。

天野の言葉を辿ると、「従来の道徳は決してすべて妥当性を失ったわけではない」ということが天野の揺るがぬ信念であった。それは天野が、教育勅語が「一般に通用しなくなった結果、そこに示すところの徳目までもすべて不妥当ではないかという疑問をもつ青少年」の存在や教育勅語に掲げられた徳目を否定するかのような戦後社会の「風潮」に危機感と反発を覚えていたことを意味していた。

「国家の道徳的中心は天皇にある」

「国民実践要領」に関する論議は、当初はそれほど大きな議論もなく進展していったが、一九五一年十月十五日に天野が、「国家の道徳的中心は天皇にある」と発言してから大きな議論へと展開していった。この日の参議院本会議で天野は、「国民実践要領」の趣旨を尋ねる中山福基（緑風会）に対して、戦後の社会が勤労を尊び女性が解放され、民主的思想が浸透したなどの良い点があるが、「戦時中、極端な国家主義、全体主義が支配していたのに対し、反動的に極端な個人主義が支配するようになり、個人が国民であることを忘れ、国家が個人の母体であることを、人びとが自覚しない。したがって象徴たる天皇、すなわち象徴の意味を十分に理解させないような点から混乱が来ている。そこで一方において学校の道徳教育を改善し、他方においては私は国民諸君のご参考にするため、近く一般の基準―道徳的規準―個人・社会・国家というようなもの、また天皇の象徴性というようなことを理解していただくように提示したい」と述べ、「国民実践要領」の制定を改めて明言した。

これに対して中山は、「道徳の中心、法律の中心、宗教の中心、教育の中心、これらの拠点をどこに置くのか」と問い、天野は次のように答えた。

私は、日本の思想的、道徳的混乱が一片の文書を出すことによって解決するとは思っていない。これはもっと深いところ――政治とか経済とか、そういうものに非常に重大な根拠があると思う。また国家の道徳的中心は天皇にある。だから先ほど象徴という意味をもっと明らかにするといったのである。道徳的にですよ。

この発言は大きな議論を喚起し、新聞が一気に「国民実践要領」への注目を高めていった。参議院文部委員会は、同年十月二十四日と十一月二十日の両日、「国民実践要領」制定問題についての集中審議を行った。十月二十四日の参議院文部委員会で高田なほ子（社会党）は、天野発言をとらえ、「少なくともこの道徳の中心理念が天皇であるなどということは、これは今の新しい教育の現実を冒瀆する考えではないだろうか」と迫った。これに対して天野は、先の発言は、天皇が「道徳的な中心」と述べたのであり、これは「道徳の中心」を意味したものではないとして、発言の趣旨を以下のように説明した。

天皇が中心であるというのは、国民の親愛と申しましょうか、親しみ愛する対象でなければならない。親しみ愛するということは道徳的なことだから天皇が中心だということは、道徳的意味における中心であって決して権力の中心ということでもなく宗教的対象の意味の中心ということでもない。ただ国民親愛の意味の対象なんだ、中心なんだ、こういうことを申すはずなのでありますが、ただ言葉が足りないために、道徳の中心というふうにとられたということは私の考えとは全然反するところでありまして、（以下、略）。

天野はさらに、「わたしの心境――『実践要領』をめぐって」において、この発言に触れながら自らの見解を表明した。天野は、「国家の中心は何処にあるかと問われるならば、それは日本においては天皇にあるというべきだと思われます」と明確に述べる。しかし、その中心の意味するところは「礼拝される神としての中心」でも、また「権力の中心」とも考えられてはならず、「国民親愛の中心として親しみ愛せられなければならない」とする。そしてこの親愛とは、「人間と人間との最も望ましい関係であって、宗教的でもなく、権力的でもなく、文化的とさえも言えず、端的に道徳的と規定さるべき関係」であるとした上で、次のように続ける。

親愛の中心ということが道徳的中心を意味するとはわからぬ、という主張があるかとか聞きましたが、親愛という人間関係は、宗教的でもなく政治的権力的でもなく、文化的でもなく、道徳的というべきであること論を要しないと思います。天皇を国家の中心と考えることには議論の余地はありますが、国民統合の象徴であるから、道徳的性格における国民親和の中心ということはできるとわたくしには考えられるのであります。わたくしは、一個の学徒として天皇を親愛の中心と考え、これを「道徳的中心」と表現して少しも差し支えないと確信しております。

「道徳的な中心」は、「道徳の中心」ではないと天野は説明するが、これが「世論」に対して必ずしも説得力を持っていたわけではなかった。そのため、この発言は天野にとって最後まで「痛恨事」と記憶された。

「国民実践要領」をめぐる新聞論調

「国民実践要領」制定問題は、どのように展開したのであろうか。当時の議論を辿って行くと、「修身科」復活問題と同様、新聞論調が先行した。もっとも、「国民実践要領」の論議は、一九五一年九月二十二日から、同年十一月二十七日に天野が「白紙撤回」するまでのほぼ二ヶ月のものであった。したがって、実質的な論議は、新聞と国会での審議が中心となった。これまで「国民実践要領」については、世論が総じて否定的であり、いわば「四面楚歌のような反撃」（『戦後道徳教育論史　上』）によって実現を見なかったという評価が一般的であった。しかし、実際には、新聞はじめ世論の評価は、天野に対して決して否定的なわけではなかった。「国民実践要領」制定に明確に反対したのは、『読売新聞』のみであり、その他の各紙は概ね天野の趣旨には賛成の立場を示した。この基本的な構図は、「修身科」復活問題の時と同じであった。

ただし、同年十月十五日、参議院本会議で天野が「国家の道徳的中心は天皇にある」と発言したことで「国民実践要領」をめぐる論議が活発となった。同年十月二十三日付の『読売新聞』社説「天野文相の錯覚」は、「彼の感覚には時代に逆行したおどろくべき錯迷がある」として、「国民実践要領」の問題点を次のように指摘した。

文相は日本国民が道徳的なよりどころを失なったことをなげき、彼の「国民実践要領」を文部大臣としての彼個人の資格で社会に出したいといっている。が、これは極めて、アイマイな説明であり、文部大臣にあらざる別な個人なのか、文部大臣としての彼なのかよく分からない。（中略）文相の肩書によって放たれた言葉は、たとえ個人の名で述べられても、それを日本の民衆が命令的な圧迫感で迎えることは必然である。文相は、自分の思想を述べることにおいて自由である。だが、現状では、文相の「国民実践要領」は、上からの命令としてしか受けとれない。

さらに『読売新聞』社説は、「日本の過去におけるすべての不幸は、聖なる偽装をした国家が、国民道徳を無批判な子供や盲目の民衆に押売りしたことに原因を持っている」と述べ、天皇の象徴性を利用して、「日本が非民主的な神がかりの過去に逆戻りするようなことは、敗戦の苦悶に生きたわれわれにとって断じて許し得ない」と断じ、その上で天野文部大臣には、「新時代の人間の持った苦悶に対する理解もなく、近代民主主義の合理的革新に対するセンスも持ち合さない」と批判した。

これに対して、同年十一月十五日付の『東京新聞』社説は、「天野文相も大臣になる前に文教審議会の委員であった時には『道徳憲章』を出すことに反対した人だから道徳が訓令から完成されるものとは思っておらぬだろうが、現在は文部行政の長であり、教育行政を司る地位にあることの関連に微妙な点があるので、発表形式は十分に注意せねばならぬ」と述べた。そして、「たとえ参考にすぎないといっても広く深く検討した上で決めないと（文相のいうように）『だれがみても賛成せざるを得ない』ということになるのは相当難しい」としながらも、天野の「国民実践要領」制定の趣旨に対しては、結論として次のように述べている。

このように困難なことであるにも拘わらず文相が文教の責任者として国家の道徳指針を出したいという意図は敬意を表するにやぶさかではない。学校教育に修身科を復活せよという声も強いし世相には道徳を説かねばならぬような多くの現象が発生している事実をわれわれも認める。（中略）その意味で文相の意図している国民実践要領が形式にも内容にも十分注意して、国民道徳の良き参考になるならば非常に結構なことである。

また、「国民実践要領」制定の趣旨への賛同は、同年十月二十二日付の『朝日新聞』社説が、「文相の頭に描かれている国民の道徳的基準は、おそらく個人、家庭、学校、社会、国家などを一貫して、普遍妥当なものを抽象的にとりだす」もので、天野の「国民実践要領」制定の趣旨には「異論をとなえることもなさそう」と述べたことにも示された。さらに、「国民実践要領」制定についての『東京新聞』の世論調査（同年十二月二十日）では、「要領を有用とするもの」が40・9％の値を示し、「要領を無用とするもの」17・2％を大きく上回る結果を示していた。さらに「国民実践要領」制定には一貫して批判的であった同年十一月十五日付の『読売新聞』は、「国民実践要領」をめぐる世論の動向について言及し、「ひっくるめればまア五分々々」とする分析をした。いずれにしても、「国民実践要領」制定に対しては、「四面楚歌のような反撃」があったわけではなく、強いて言えば、天野の「国を憂うる至誠はよくわかるが、方法にも内容にも賛成できぬ」（『朝日新聞』一九五一年十一月十八日）という評価であったといえる。

参議院文部委員会での公聴会

一九五一年十月二十四日の参議院文部委員会では「国民実践要領」についての質疑が行われた。矢《や》嶋《じま》三《み》義《よし》（左派社会党）は、「天野個人というのは文部大臣としての天野個人なのか」として、「国民実践要領」の発表形式について質問をした。これに対して天野は、「訓令でも何でもないという形で出す」が、「結果としてやはり文部大臣として出す」と言明した。また矢嶋が、大臣が個人的に会って発言するのと、国が独立した機会に国民に拠るべきものを文部大臣天野個人として発表することとは意味が違うのではないか、と迫ったのに対して、天野は、「世間の要望が強いから私はそれに応えようとする」のであり、「文教の首脳者としては、やはり国民全体の、僭越かもしれませんが、道徳的帰趨というようなことについては深い関心を持って行くことが私の責任でありはしないか」と答弁した。

さらに、参議院文部委員会は、同年十一月二十六日、「国民実践要領」制定問題をめぐって、尾高《おだか》朝雄《あさお》（東京大学教授）、金子武蔵《かねこたけぞう》（東京大学教授）、金森徳次郎《かなもりとくじろう》（国立国会図書館長）、城戸又一《きどまたいち》（東京大学教授）、矢野一郎《やのいちろう》（第一生命保険相互会社社長）、野口彰《のぐちあきら》（愛宕中学校校長）、関口勲《せきぐちいさお》（日本育英会理事長）、山口友吉（小石川窪町小学校校長）、矢川徳光《やがわとくみつ》（教育学者）の九名の参考人を招いて公聴会を開催した。公聴会では具体的に、①「国民実践要領」は果たして必要かどうか、②天野文相が個人で発表することについての可否、③「国家の道徳的中心は天皇にある」とする文相の考えに対する意見、④国民道徳の現状、などについて意見を聴取することが目的とされた。公聴会は、「国民実践要領」の具体的な内容に基づいて行われたわけではない。この時点でもなお、天野からは「国民実践要領」の中身が示されていなかったからである。したがって、参考人の一人である矢川が自らの意見の中で言及しているように、意見陳述の対象である「国民実践要領」について「九人の参考人のうち誰一人知っているものはなかった」のである。

これまで、「国民実践要領」の制定が実現されなかった直接の要因は、公聴会での参考人の意見が総じて「国民実践要領」に対して否定的であり、参考人による「国民実践要領」への「猛攻撃」（『天野貞祐伝』）によって、「国民実践要領」制定の試みが「討死」したと評価されることが一般的であった

（『戦後教育史への証言』）。ところが、参考人の意見を詳細に辿ると必ずしもそうではなかった。具体的に公聴会では金子、金森を除く参考人の全てが、「国の道徳指針というのは天野一個人の信念を吐露されるのとはまるで違う」（尾高）として「文部大臣天野個人」として「国民実践要領」を制定することの形式に、疑問を呈した。また、「国民実践要領」の内容については、矢野、金子を除く参考人の全員が、天野の「国家の道徳的中心は天皇にある」という発言に関連させながら、「国民の道徳の中心は私は国民に置くべきもの」（城戸）と述べ天野を批判した。なかでも金森は、「天皇は道徳的中心であるというような感じに持ってきてあることは私どもには理解が困難であります」と述べている。

発表形式や天皇に関わる内容についての疑義と批判があった一方で、九人の参考人のうち、金子、金森、矢野、関口の四人は、「国民実践要領」制定の趣旨には原則的に理解を示した。たとえば矢野は、「国民実践要領」を「出そうというお気持ちを持たれたという点において天野さんのご計画、お考えに対して私は敬意を表するものであります」と述べて理解を示した。さらに金子は、「天野文相が世上の混乱ということをよく経験せられまして、こういう国民実践要領でありますが、そういったものをこしらえようとせられるということは私は賛成であります」と天野に賛意を示した。

以上のように、公聴会での参考人の意見は、そのほとんどが「形式と内容の二点」（尾高）、あるいはそのいずれかを問題としたものの、「国民実践要領」制定の趣旨そのものに対しては、九人の参考人のうち四人が理解を示していた。公聴会の意見は、少なくとも新聞などの「世論」と同様に「四面楚歌のような反撃」という状況ではなかった。

ところが天野は、公聴会翌日の同年十一月二十七日午後一時に参議院内で記者会見を行い、「国民実践要領」制定の撤回を表明した。新聞各紙は夕刊で「世論に従い考え直す――〝実践要領〟に文相は淡泊」（毎日）、「『実践要領』白紙へ――天野文相談　考え直す」（朝日）と報じた。これまで見てきたように、新聞をはじめとする世論は、必ずしも天野に「四面楚歌」であったわけではない。事実、翌二十八日の『東京新聞』は、社説「国民実践要領は不要か」を掲載し、「内容に検討を要するものと認めると共に、発表の方法についても政府関係の手を通じない他の形式を考えるべきだ」としながらも、「文相の談話にもある通り『これを押しつけるものではない』ならば、これを基礎として集大成する方向にもっていったならばよいではないか。その間建設的批判も決して無かったわけでないとすれば、徒らに撤回する理由がどこにあろう」とあくまでも天野を擁護した。

「国民実践要領」の撤回

しかし、当時の「世論」が、必ずしも「四面楚歌」とはいえなかったとしても、決定的に重要なことは、天野本人が当時の「世論」をどう受け止めたかということである。結論からいえば、天野が「国民実践要領」への「世論」を厳しいと受け止めていたことは事実である。天野は多くの批判を受ける中で、天野を擁護した小泉信三に触れながら次のように述べている（『教育五十年』）。

「国民実践要領」事件に関して忘れられないことがある。それは小泉（信三）氏の発言である。昭和二十五年文相として道徳教育の必要を提唱していわゆる世論の総攻撃を受け、つづいてこの問題を惹起し四面楚歌の中にいた時、小泉氏は時事新報紙上で文相が道徳的提言をしてはなぜわるいか、と論じた。氏はしばしば野球を例にとって発言されるが、この場合にも言う——天野は学生野球協会会長であるが文相たるかれは野球の試合等に際して、フェアにやれ！などと道徳的発言をしてならないのか、そんな道理はない、ことにかれは倫理学者である、道徳的助言をしても少しも差支えないのだ。小泉氏はただひとりこういう発言をされた。

小泉とは、天野が一九四九年に学生野球協会の会長になって以降、協会幹部の会合が小泉邸で行われたことをきっかけとして親しくなった。また、それまでにも学習院で天野が皇太子陛下の社会科授業を担当した経緯が、二人の距離を縮めており、天野は小泉に深い敬意を抱いていた。

小泉信三

実際には、天野を擁護したのは小泉だけではなかったが、それが「ただひとり」に思えるほど、「世論」の強い批判を感じたということであろう。また、天野は参議院本会議での「国家の道徳的中心は天皇にある」という発言を「不用意な発言」であったと述べ、これが「国民実践要領」の実現を阻んだ直接の要因であったと考えていた。もちろん天野の中では、「一個の学徒として天皇を親愛の中心と考え、これを『道徳的中心』と表現して少しも差し支えない」という理解に揺るぎはなかったが、それゆえにその意味を正確に伝えられなかったことの負い目が、「国民実践要領」を撤回した要因の一つであったといえる。
一方で、新聞や公聴会で指摘された発表の時期、形式等についての批判を天野が重く受け止めたことは事実である。同年十一月二十七日の記者会見で天野は、「新聞の論調をはじめ世間の識者の間からは文部大臣として在任中に出すべきではない、辞めてからだすべきだなど相当批判もあるので出すべきかどうか、出すとすれば、内容、形式をどうするかもう一度国会が終わってから冷静に考え直してみたい」と述べた。これも天野の率直な思いであったといえるが、この時点でもなお「国民実践要領」制定を諦めてはいないようにも読める。

7 天野構想と「逆コース」論

天野発言と「逆コース」

ところで、文部大臣としての天野の評価が、道徳教育問題をめぐって大きく逆転したことは先にも述べた通りである。その理由の一つは、天野の発言が、占領政策の転換を意味する「逆コース」の象徴とされたことにある。このことは、「修身科」復活問題や「国民実践要領」制定問題が、教育史の中では、「教育政策の反動化と『新教育』批判」や「占領政策の転換――『逆コース』――と天皇親愛教育の始動」という項目の中で整理され、朝鮮人学校弾圧（一九四八年～一九四九年）、教員組合運動への弾圧・干渉（一九四九年）、レッド・パージ（一九四九年～一九五〇年）と並んだ、いわゆる「逆コース」の重要なメルクマールとされていることからも明らかである

（明神勲「占領教育政策と『逆コース』論」）。

「非軍事化・民主化」から「反共化」への「転換」を意味する「逆コース」論の中で、天野の道徳教育構想は、吉田茂の愛国心発言と無限定に結びつけられながら、「再軍備の精神面の基礎固め」（『戦後道徳教育論史　上』）または「再軍備の進行という政治の大きな流れのなかに位置づいたもの」（『戦後日本教育史』）として評価されてきた。つまり、天野構想は「逆コース」の一環であり、特に吉田内閣のもとで進められた再軍備問題と密接に連想する、いわば「推進役」として位置付けられてきた。では、天野の道徳教育構想は、吉田内閣の文教政策や再軍備問題といかなる関係があったのか。それは「逆コース」の範疇の中で捉えることが妥当なものだったのだろうか。この点について考えて見たい。

吉田茂と「国民精神の問題」

前述のように、吉田が天野に文部大臣就任を要請した書簡には、「敗残の我現状如何ニも見るに忍ひさるところ斯国斯民善導せハ再ひ其精華を発揚するに難かかざるへく壊滅廃墟の間より新日本を再興し世界驚嘆の下に堂々列強ニ伍するに到って些か我民族の自負心を慰するに足るへく」と認められていた。このことは、戦後社会の「風潮」に危機感と反発を覚えていた天野とも思いを共有したといえる。そう考えれば、文教審議会での吉田の「教育宣言」に反対していた天野をどうして文部大臣に起用したのかという疑問も解消される。言い換えれば、「教育宣言」の問題が一気に解消され、意見の対立が支障とならないほどに、吉田が天野に親近感を持っていたといえる。

特に、吉田の「戦後」認識は、「国民精神の問題」（『回想十年』第二巻）と密接に結びついていた。端的にそれは、まず日本人に独立心、愛国心を喚起し、日本人としての矜持を回復することを説いたものであり、「再軍備を直接念頭に置いたもの、あるいは軍国主義復活と直接のつながりをもつものではなかった」（『アデナウアーと吉田茂』）というべきであった。一九五一年三月九日の参議院予算委員会での次の発言は、吉田のいう「国民精神の問題」を端的に表明していたといえる。

現在のように独立を失って占領下にある国家としては、国民の愛国心、独立心が損われるということは当然のことであろう。そこでこの愛国心、独立心を高揚せしむる第一の条件は何といっても国が独立を回復することである。従って、講和条約が一日も早く結ばれることを希望せざるを得ない。まず国が独立を回復して一国としての体をなし、国家活動が自由になれば国民の愛国心、独立心は自然に高揚するという結果になると考えるから、講和が一日も早からんことを希望するものである。

吉田にとっての「国民精神の問題」は、日本人に独立心、愛国心を喚起し、日本人としての矜持を回復することを意図するものであり、それ自体が具体的な内容を持たない「素朴なもの」であった。したがって、吉田発言の内容そのものは、先行研究が指摘するような「再軍備を直接念頭に置いたもの、あるいは軍国主義復活と直接のつながりをもつものではなかった」と捉えることができる。

とはいえ、吉田の指摘が「素朴なもの」であるがゆえに、その発言は、たやすく再軍備問題との関連性を意識させる性格を持っていたことは否定できない。吉田は、「国民精神の問題」としての道徳教育を単に「国民の自立精神の喚起」としての問題だけでなく、「民族、国家あるいは反共といった政治的イデオロギーの問題」に結びつけて論じた。また吉田は、道徳教育を講和問題との関連の中で論じており、そのことが講和問題と不可分の関係にある再軍備問題との関連を強く意識させることになったことも事実である。

つまり、吉田が「国内的政治問題を基本的に道徳の問題としてとらえる発想」（『アデナウアーと吉田茂』）からの発言を繰り返したことは、道徳教育問題と再軍備問題との連関性を強調する根拠を提供することになり、天野の道徳教育構想が、「再軍備問題のイデオロギーになるのではないかという疑惑」（『戦後日本政治史Ⅳ』）へと絡め取られたと見るべきである。一般的に見ても、吉田の「国民精神の問題」を再軍備問題を中心とした「逆コース」という政策転換に直接結び付けるのは困難である。なぜなら、吉田は少なくともこの時期は再軍備を否定していたからである。

天野構想の性格

このことは天野についても同様である。天野の道徳教育構想が、吉田はじめ政府与党と連動した形跡はなく、また天野が自身の道徳教育構想を再軍備問題と結び付けた発言もない。その意味で天野の道徳教育構想は、「政府、与党の政治的意図をそのまま受け入れたものではなく、氏独自の思想の学問的良心からでたもの」（『社会科の生いたち』）と素直に見るべきである。とすれば、むしろ問われるべきは、天野の道徳教育構想がどうして「逆コース」という政治的文脈の中で論じられたのかという点である。

もっとも、当時の政治状況は、天野の道徳教育構想を「逆コース」という政治的文脈の中で捉えることに根拠がないわけではなかった。一九五一年十月十五日の天野の「不用意な発言」の三日後の同年十月十八日、吉田が戦後初めて靖国神社の秋季例大祭に公の資格で参加し、同年十一月十六日に政令改正諮問委員会が「教育制度の改革に関する答申」を決定した。それは、天野の道徳教育構想が吉田内閣の占領政策の「行き過ぎ是正」の方針と連動することを強く印象付けるに十分であった。しかし、天野の道徳教育構想が「逆コース」と連動するという根拠は、むしろそこに内在していた三つの性格に求められる。

第一は、天野発言がその内容において具体性を欠くものであったことである。たとえば、「修身科」復活問題については、「単独の教科として復活するか、乃至は社会科の内容を改め、その中に入れるかは未だ考えていないが、これから研究したい。いずれにしても従来の修身を乗越えて、その弊を改め、新しい内容のものとしたい」といった発言を繰り返した。また、「国民実践要領」についても天野は、これを国民の「道徳的基準」、「国民の道しるべ」、「教育基本法、学校教育法の解説、注釈」などと位置づけた。しかし、前述したように、「国民実践要領」の具体的な内容が議論の過程で天野から示されることはなかった。したがって、天野の道徳教育構想の中身が明確にされていなかった中で論議は展開し、それは焦点の定まらない結末を許すことにもなった。

つまり天野の道徳教育構想は、その内容の脆弱性ゆえに、朝鮮戦争などの緊迫した社会的状況の中で、再軍備問題といった高度な政治課題に呼応するものとして理解され得る根拠を自ら提供したのである。天野の道徳教育構想それ自体が「素朴」な意図から発したものであり、本来その政治性は否定されるべきである。しかしそれは、「素朴なもの」であったがために、再軍備問題のイデオロギーになるのではないかとの「疑惑」へと回収されてしまうことにもなった。たとえばこの点を武田清子《たけだきよこ》は、「道徳性とか、主体とか、人間形成とかいうことが一笑にふされる風潮の中で日本国民に独立国民としての道義的自主性、独立精神の大切さを敢えて主張しつづけ、一人の私人となっても、尚老骨をもってその旗をかかげて立ちつづける信念と勇気とは壮とすべきであり、敬服を覚える」としながらも、次のように的確に表現している（「『道徳』の岐路　天野貞祐」）。

ただ、こうした誠実な道徳性の主張が、その真に意図した人格的人間性の開発にむけられ、真にデモクラティックな日本を形成してゆくエネルギーとなってゆくことこそ望ましいと思うのであるが、そうした方向に展開するよりは、天皇制的ナショナリズムを求める声と混同され、その援軍として歓迎され、それに継承されつつある危険性が大きいように思える。

一般的に言えば、天野のような具体性の乏しい「素朴」な発言が、言葉通りに理解されることは本来ありえない。しかもそれが、朝鮮戦争を契機とした再軍備問題が高度に政治問題化し、いわゆる「逆コース」といった「風潮」が、その内実はともかくとしても意識されていた状況の中に投げ込まれたとすれば、その趣旨は肥大化し、ほとんどの場合は変形されて一人歩きすることを余儀なくされる。

また第二には、天野が「国民実践要領」を「文部大臣たる天野個人」として発表しようとしたことに見られる天野自身の認識にかかわる問題である。この点については勝田守一が、天野の心情がどうあれ、大臣という立場は「自由人」でないために、すでにリベラルではありえないと述べながら、「文相はよく、自分の意見が誤解されたと新聞で語っておられるが、実はそれは誤解ではなくて、そういうふうにしか、個人の意見というものは、政治の機構の中では、働いていかないものなのである」(「天野文相にのぞむ」)と批判したことに示されている。これには、天野にも反論があったはずであるが、議論の中で天野がこの点に言及することはなかった。

そして第三は、「修身科」復活問題をめぐる社会科批判に関わるものである。たとえば梅根悟は、社会科が道徳教育において十分な成果を与えていないという判断は何によってなされたものであり、「どれだけの的確な根拠、客観性を持ったものであるか」という問いを投げかけた。しかし天野は、この点に関しても具体的な根拠を示すことはなかった。しかし、社会科が設置されて三年程の時間しか経過していない時点で、そもそも社会科の成果それ自体に言及することには無理があったことは確かである。そのため天野発言は、かえって「修身科」復活の根拠に対する疑念をさらに掻き立てることになったのである。

「逆コース」への反発

以上の点から考えれば、天野の道徳教育構想は、「逆コース」という当時の「風潮」を代表し、その「推進役」となったわけではなく、具体性のない「素朴なもの」であったがゆえに、当時の再軍備問題との関連性をより強く意識され「逆コース」といった「風潮」の中に絡め取られてしまったと見るべきである。実際、天野には自らの構想を「逆コース」の範疇で捉える自覚はなく、それどころか、自らの発言を「逆コース」との強い連関性の中で論じられることに不満を述べていた。「どこの国でも、どの社会、どの時代でもなにか端的にずばりと相手をやっつけてしまうような標語があるようです。現在のわが国においてそういう標語は『逆コース』という言葉だと思います」と述べる天野は、「一つの主張を簡単に『復古』だとか『逆コース』だとか片づけないで、果たして単なる復帰であるか、止揚であるかという点をよく考うべきであります。わたしの主張はいずれもつねに一歩前進のつもりです。例えば道徳教育の振興にしても修身への復帰ではない、修身（正）と修身の否定（反）との総合としての立場であります」（天野貞祐全集4）と批判した。

天野は最後まで道徳を国民に示すことが、文部大臣としての役割であり使命であると考えていた。したがって、天野にとっては、自身の道徳教育構想の趣旨が十分には理解されず、議論が本来意図したものとは違う方向へと進んでいったことへの不満と無念さのみが残ることとなった。

天野の道徳教育構想の意義

たしかに、天野の一連の発言に、文部大臣としての責任感と使命感に基づく愚直なまでの「誠実さ」と「勇気」を見ることはたやすい。しかし、天野が文部大臣に就任する三日前の一九五〇年（昭和二十五）五月三日には、吉田が南原繁東大総長の全面講和論を「曲学阿世」と非難したことが大きな波紋を呼んでおり、天野の大臣就任は、はじめからある種の政治性の中にあることを余儀なくされた。その意味では、大臣就任に際して『内外教育』誌が指摘していた「良心主義者の悲劇的運命」は、最初から宿命づけられていたことになる。では、天野の道徳教育構想が戦後の道徳教育問題に及ぼした役割と意義はどのように考えることができるであろうか。ここには二つの側面があったといえる。

第一は、こうした天野の道徳教育構想が、結果として戦後の道徳教育をめぐる論議の質的な深化を妨げる役割を果たしたことである。しかもこのことは、道徳教育問題を教育論としてよりもむしろ政治的な課題として展開していく状況を助長することとなった。戦後の道徳教育問題は、占領前期における道徳教育問題の展開の中で内在化され潜在化していた課題が、占領後期となって顕在化して行く過程と捉えることができる（『戦後教育改革と道徳教育問題』）。したがって、天野発言という具体的な対象を得ることで、積極的に論議され克服される機会でもあった。けれども議論の展開はこうした課題を克服するどころか、さらに複雑化し肥大化する結果をもたらしていった。

けれども、天野の道徳教育構想が、こうした負の側面を内包していたことで、その趣旨までが無意味であったわけではない。なぜなら天野発言は、道徳の基準を設定することの是非、道徳教育を担う教科の必要性の是非という占領前期から積み残されていた課題を的確に表現したことは事実だからである。これが第二の側面である。たとえば、天野発言を契機とする「修身科」復活問題が、「全教育界の関心の的になり、話題の中心になった」のはその証左であり、天野が道徳教育問題の本質を的確に捉え、それを表現したことで活発な論議が展開したということは否定できない。

こうしてみると、戦後の道徳教育史における天野の位置は、以上の二つの側面が相互に作用し合い、相乗された地点にあるというべきであろう。それは、天野の道徳教育構想を単純に「逆コース」の推進役とする見方からはかなりの距離があることを意味している。

もっとも天野は、「国民実践要領」の撤回を晩年まで後悔した。「本来、大臣として公表しても何ら差し支えないものであるから、いわゆる世論に屈したことは今日より見れば不覚の至りであったと考えている」（天野貞祐全集4）とたびたび述べている。また、「ある有力な自由党議員が言いました――大臣あなたはとてもよい考えの持主だが実行しないからいけない。これはわたしが『国民実践要領』を引込めたことを非難したのである。わたしも後からはそう考えたが、その時は負けたのである」（『教育五十年』）。「国民実践要領」の撤回は、天野の中では「敗北」であり、「痛恨事」としてのみ記憶され続けた。

8　天野における「平和」の問題

敗戦後の「平和」論

天野の道徳教育構想と同時進行で展開したのが講和問題である。これは、「逆コース」論と密接に関係し、天野に対する評価に関わる問題であった。

敗戦直後の天野の「平和」論をみる上で重要なものは、一九四九年の九月から六回にわたって『心』に連載された論文「今日に生きる倫理」である。これは、天野が文部大臣に就任する直前の一九五〇年四月に同名の書名で要書房から出版された。

天野は、同書に収められた論文「平和日本の在り方」において、「日本をしてあるべき日本たらしむることが今日に生きる倫理の最重要問題でなければならない」としながら、そのあるべき日本の姿とは「文化を原理とする平和日本である」と述べた。では、「文化を原理とする平和日本」を達成するために日本はどうあるべきなのか。天野によれば、それは日本国憲法の四つの精神、すなわち、①象徴としての天皇制、②主権在民、③戦争放棄、④基本的人権の確立、を実現することであるという。もちろん、この四つは天野の中で有機的に関連し不可分の関係にあるが、以下では、天野の「平和」論が直截的に表現されている戦争放棄に対する理解について見ていきたい。

まず天野は、「日本国民は恒久の平和を念願し、人間相互の関係を支配する崇高な理想を深く自覚するのであって、平和を愛する諸国民の公正と信義に信頼して、われらの安全と生存を保持しようと決意した。（中略）日本国民は、正義と秩序を基調とする国際平和を誠実に希求し、国権の発動たる戦争と、武力による威嚇又は武力の行使は、国際紛争を解決する手段としては、永久にこれを放棄する」という日本国憲法の前文を示しながら、「これが実に来たるべき新日本の根本的なあり方であって、われわれは如何なる事態に直面しようともこの宣言を堅持してたじろいではならない」と述べる。

また天野は、「われわれは歴史の真理性を信頼して憲法の宣言を文字通りに実践し、死して生くる覚悟をかため丸裸となって世界の真中に立つべきである。これこそ実にわが国を最も安全にする唯一の道でなければならない」という。では、天野のいう歴史の真理性とは何を意味していたのか。天野は、歴史を弱肉強食の論理が支配する場面であると考えたのでは、日本国憲法に示された戦争放棄の宣言を堅持する絶対平和の信念は生まれないと述べながら、次のように続ける（天野貞祐全集４）。

われわれはまず歴史における道理の支配を信じなければならない。歴史を広く深く考察すればそこに決して不道理の横行がゆるされる場処ではなくして、ロゴスが自己を実現する場処である。といっても、しかしロゴスは自ら自己を実現するのではなくして、その実現にはつねに人力の媒介を要する。従って道理の媒介者たることが人類と国家と個人との存在理由でなければならない。不道理は歴史の審判に堪えない、というのが歴史の真理性であって、われわれの確信でなければならない。この信念なくしては戦争放棄の宣言を徹底的に持して動かないことは不可能だというべきである。

「不道理は歴史の審判に堪えない」。すなわち「歴史においては無理は通らない」ことが天野にとっての歴史の真理性であり、「これこそは実にわれわれ日本国民がこの敗戦によって学んだ、或いはむしろ学ばねばならぬ最上の教訓である」と述べている。こうした天野の理解は、実は敗戦後の早い段階から示されていた。一九四八年（昭和二十三）に刊行された『生きゆく道』（細川書店）の中の論文

「平和に生くる道」の中で、「道理に反しては如何なる権力も勢威も永続し能わぬことは歴史の明証するところ」であり、「不道理は勝てない、無理は通らないというのが歴史の真理性なのである」と述べ以下のように続けた（天野貞祐全集4）。

平和の精神に徹するならば、われらがその公正と信義に信頼する諸国がわれらをこのせまい領土へととじこめる道理はない。世界は必ず門戸を開くと思う。（中略）武力によって世界をわが家となさんとすることは歴史への反逆であり、僭越極まる妄想であった。しかし、武器をすてた平和の民として世界をわが家となすことは理性と道理との支持する正しき願望であるのだ。要はわれわれが心の底から平和の民となることである。平和の精神に徹底せよ！そこに日本の生きる大道がある。死して生きるという真理を三省すべきである。

「自分達が戦争を放棄してしまって、どうあっても自分達はもう戦争はしない」という、いわば丸裸になった国家に「鉄砲を突きつけるということ」は何より歴史が許さない。「全然武力のない国を武力によって威嚇し、又は武力を行使するような国はとうてい歴史の審判に堪えない」。だから「日本人が本当に戦争を放棄したということになれば、日本は平和の民として生きて行ける」と天野は繰り返す。平和の民として憲法の宣言通りに武器を捨て、心の底から武器を捨てることによって、「日本を光輝ある平和国家にすることが出来る」。そしてこれは、「歴史においては無理は通らない」という歴史の真理性において担保されているというのが、この時期の天野の「平和」に対する理解であり、「平和」論の骨子であった。

オールド・リベラリストの「平和」論

こうした「平和」論が、天野の「戦後」認識と密接に関わり、その基底には内村鑑三から影響を受けた歴史観があったことは本書で述べてきた通りである。同時に、こうした「戦後」認識は、いわゆるオールド・リベラリストに共通するものでもあった。たとえば、小熊英二《おぐまえいじ》は、オールド・リベラリスト世代の特徴を、軍部への批判と天皇擁護、更には反共と指摘しながら、「オールド・リベラリストたちにとっては、知識ある上層階級によって政治が行なわれ、自分たちが安定した身分と『文化』を享受していた大正期の日本こそが正常な社会であって、軍人が台頭していた昭和期は突発的な異常事態であった。天皇の社会的位置も、政治と密着した昭和期が異常だったのであって、それ以前の状態に戻せば天皇制と民主主義も矛盾しないというのが、彼らの考えであった」（『〈民主〉と〈愛国〉――戦後日本のナショナリズムと公共性』）と述べた。

天野が、こうした軍部を含む戦時体制への批判を強く内在させていたことは事実である。しかし、天野が殊更に戦時体制を断罪し、単純に大正デモクラシーを称揚することで、いわば戦前・戦中と「戦後」とを切り離して論じていたかといえばそうではない。天野の批判の矛先は、軍部を含む戦時体制とともに、それに抗し切れなかった知識人にも向けられていた。天野は、「この戦争は現にその責任を問われ或は問われつつある少数のいわゆる戦争責任者のみの力によって起こって来たわけのものではない」としながら、次の言葉で知識人の責任を指摘している（「永久平和への念願」）。

一部の者は戦争を防止しようとするどころではなく、却って発火点に火を点じ、われわれ指導階級の者も平和の擁護において十分な努力をしたとは言えない。（中略）責任は東条一味にあってわれわれには無いと言われるのが普通である。しかしわが国の知識人は大戦に臨んで平和に対する熾烈な意欲を表示したであろうか。寡聞なわたくしは戦後においては平和を要求する声を聞いても戦前においては殆どそれを聞かなかった。（中略）戦争に反対しても無益だという主張の背後には自己保全の私情がありはしなかったであろうか。（中略）いずれにしても総じてわれわれが拱手傍観、事件の進展を成り行きに委かせたことについては責任を痛感せざるをえない。

自らを含めた知識人の責任を指摘した天野の矛先は、さらには軍部や為政者の横暴を許した「社会の一般教養水準の低さ」にも向けられる。そしてこの教養とは、人生に遠い雑駁な知識の寄せ集めでは無く、「魂にまで浸透した知識」、つまりは、「適確な現実の認識、中庸の把握、正邪に対する鋭敏な感覚等となって現れる開発育成された精神力」（天野貞祐全集4）と説明されたことも本書で見てきた通りである。すなわち天野は、国民すべてが敗戦意識に徹底することが日本の真の意味での再建の前提であり、それにはまず、「無条件降伏」という歴史的現実を自覚することが重要であるとしていた。そしてそれは、「生きんとするものは先ず死なねばならない」（「永久平和への念願」）という言葉に凝縮されていた。

ところが、文部大臣就任を前後して、天野の「平和」論には明らかに変化が生じている。天野は敗戦直後から「平和」の問題について積極的に発言しており、一九五〇年（昭和二十五）三月に平和問題談話会が、雑誌『世界』に発表した「講和問題についての平和問題談話会声明」に自ら署名していた。周知のようにこの声明は、日本の非武装・中立、全面講和論の立場を鮮明とするものであった。ところが天野は、文部大臣に就任すると従来の立場を変えていった。特に同年六月に勃発した朝鮮戦争以後は、単独講和と日米安保条約への賛成の立場を鮮明にし、平和問題談話会とも徐々に距離を置き始めていく。

「曲学阿世の徒」

天野の「平和」に対する立場の変化は、これまで「変節」あるいは「転換」という言葉で否定的に指摘されてきた。たとえば、後に『朝日ジャーナル』（一九七〇年二月十五日号）は、「全面講和」の立場に立つ平和問題談話会の声明に署名し、さらに「永久平和への熱願――死して生きる覚悟」というタイトルで『世界』（五〇年四月号）に決意を語った天野が、なぜ「単独講和」を推進する吉田首相のもとに入閣したかと問うた。そして、同論文の「われわれの声明が『自ら自己の運命を決定する機会を逸したことを更めて反省しつつ、今こそ、われわれは自己の手をもって自己の運命を決定しようと欲した』として反省から出発することは極めて適切だ」などの文章を引用しながら次のように厳しく批判した。「天野氏にとって教育がどうやら優先してしまうようであった。ことさら全面講和に執着する必要がないまでに。天野の思想・行動は、天野のものである。ただ、こうした〝知識人〟が署名に加わっていて、その声明が当時、知識人の勇気と良識に満ちた行動として通ったことに、まさに知識人集団としての問題があるのだ」。

文相就任と講和問題

では、天野の「平和」論に変化を促したものは何であったのか。また、その変化は天野にとっていかなる意味を持っていたのか。『朝日ジャーナル』が指摘した「永久平和への熱願――死して生きる覚悟」の中で天野は、平和問題談話会の声明について、「この声明の主張はいかなる場合にも武器は絶対に執らぬ。たとい国が亡んでも戦争はせぬ、という絶対平和主義である、武力的にはいずれの国の味方をもせぬという絶対中立主義である。かかる平和主義は決して安易に主張できるわけのものではなくして、それには死して生きる覚悟が要求せられる」と述べた。そして、「わたくしは日本国民の一人としてはこの声明をもって願望の陳述だと考えるのであるが、同時に人類の一員としてはこの願望をもって世界の良心に訴える人類性の訴願だと考え、この意味において敢えてこの声明に署名する者である。世界の良心がわれわれの死して生きる覚悟をもってする平和への熱願に傾聴することを期待し願望してやまない」と続けた上で、『今日に生きる倫理』等で展開した自らの「平和」論が、「その精神においてこの声明と合致するものだと信じる」と述べている。

ところが、この論文を発表した同じ時期に、天野は吉田首相から文部大臣就任の要請を受けている。吉田からの書簡を受けてもなお、天野が文部大臣就任を躊躇していたことは先に述べた通りである。その理由を本書は、年齢の問題と否定的な「世論」に対する反発を指摘しておいた。しかし、敢えてここに、天野の「平和」論の内容を重ね合わせて見ると、ここには別の理由が浮かび上がってくる。

そしてその輪郭は、南原繁というベクトルを加えることでより明瞭となる。

南原は、一九四九年（昭和二十四）十二月六日に渡米してアメリカの占領地教育会議に出席し、日本が民族の自由と精神的独立を達成するために、講和の即時締結を訴えるとともに厳正な中立を保持する決意を表明した。また南原は、一九五〇年三月の東京大学の卒業式でも、全面講和が、世界の恒久平和を求める国家的理想を達成する第一歩であり、それを実現するためには国民が国際的中立を掲げて一致団結することが必要であると説いた。

「曲学阿世」と「死んだつもり」

全面講和を説く南原に対して、吉田は、同年五月三日の自由党両院議員総会において、「南原総長が政治家の領域に立ち入っていうことは、曲学阿世の徒に他ならない」と批判し、このことが新聞でも大きく報じられた。この吉田の発言に対して南原は、同年五月六日、「全面講和は国民の何人もが欲するところであって、それを理論づけ、国民の覚悟を論ずる」ことは政治学者の責務であり、「全面講和や永世中立論を封じ去ろうとするところに、日本の民主政治の危機の問題がある」と反論した。両者の対立は、政治に対する現実の側からの決断か、理想を実現しようとする意志によって現実を超えようとする決断かの相違であったともいえる（『南原繁——近代日本と知識人』）。

しかし、本書の関心はここではない。いま注目したいのは、この五月六日こそが天野が文部大臣に就任したまさにその日でもあったことである。つまり、単独講和を推進する吉田内閣の文部大臣に就任することは、天野にとっては否応なく自身の「平和」論の「変節」と受け取られることを意味し、しかもそれは絶妙のタイミングで「世論」に周知されることになったのである。この点について天野は、ほとんど何も語ってはいない。しかし、天野が文部大臣就任にあたって述べた「今や四面楚歌で、死んだつもりで文部省へ出た」（『教育五十年』）という言葉は、天野の心境を重層的に推し量る余地を残している。

しかし、おそらく天野は、文部大臣に就任するにあたって、少なくとも「平和」問題に言及することを差し控える決断をしたのではないかと思える。そう考えれば、天野のいう「死んだつもり」とは、その覚悟が込められた表現ともいえる。事実、文部大臣に就任した天野は、『世界』の同年十二月号に平和問題談話会が発表した、「三たび平和について」には署名しなかった。声明には「なお天野貞祐氏は文部大臣として在官中不参加」と注記された。また、論文「永久平和への熱願――死して生きる覚悟」は、その後の天野の著作や『天野貞祐全集』にも収載されることはなかった。

朝鮮戦争と「平和」論

天野の「平和」論は、いつ変化したのか。文部大臣となった天野が、自らの主張を「封印」したことは確かである。しかし、これは「平和」論それ自体の変化を意味するものではなかった。天野の「平和」論の変化を促がす契機は、文部大臣就任後すぐに訪れる。一九五〇年（昭和二十五）六月二十五日に開始された朝鮮戦争である。これによって、天野は自らの「平和」論に明確な「変更」を加え、それを躊躇することなく堂々と公言した。

『今日に生きる倫理』の初版は、同年四月に刊行されているが、実は天野は、一九五二年（昭和二十七）九月八日の第七版を増刷する際に、同書に「第七版後記」を書き加え、自らの「平和」論の「変更」を直截に説明している。「第二次世界大戦が終り、わが新憲法の成立した時、わたしはここに歴史の新時代が出現した、武力なくして高い文化を持った国家の成立が可能に成ったと信じ、明るい希望に心を躍らしたのであった」と書き出された文章は、「ところが冷戦はますますその厳しさを加え、ついに朝鮮戦争の勃発を契機とする客観情勢の激変はわたくしの楽しく明るい希望を粉砕してしまった」と続けた。そして、「丸裸な者に切りつけることはない、否、丸裸になれば必ず切りつけられる、というような個人道徳は少なくともソ連との間には通用しない、という深刻な事例を体験して、わたしはこれまでの楽観的な考え方に強い反省を促された」とした上で、次のように「反省」の中身を説明した（『今日に生きる倫理』第七版）。

朝鮮事変の勃発に至って初めてかかる認識に達するというのは、冷静に考えれば、迂闊の至りであって一九四五年八月ソ連が中立条約を無視してわが国に宣戦を布告した事情はまさに懐に入った窮鳥をひねり殺すやり方であり、一九五〇年二月に結ばれた中ソ同盟において明らかに日本を仮想敵国としている事情を思えば、決してそういう楽観はゆるさるべきではなかった。かかる事情に由来する一般情勢の変化は歴史の新段階を思うことを不可能ならしめたのである。平和を望むことにおいては少しの変化もあるべき道理はないが、平和を守る方法は客観情勢の変化と共に変化せざるをえない。歴史の現段階においては遺憾ながら何らの防備もなくしては国家は存立しえない、そうして個人ならば身を殺して仁をなすことはできても、国家はそういうわけにゆかぬ、とすれば、何らかの防備が必要となるわけである。

こう述べた天野は、『今日に生きる倫理』に収載されていた、特に「平和日本の在り方」の「主張に変更を加えるの余儀なきにいたった」と率直に「告白」した。「本書を執筆した頃には死ぬ覚悟をすれば生きられると考えたのであるが、現下の世界情勢は到底それを許さないことを責任ある政府の立場に立ってみて痛感した」いう天野は、自分の肉親や同胞があらゆる侮辱を蒙った場合に無抵抗でいることは人間にできることではなく、まして国民全体に向って要求されるべきでもない。日本が再起するにしても「一たん滅びる」ということは、「言葉は容易であっても、その事実の如何に深刻であるかを思うべきである」と述べた。

「平和」論と講和問題

天野のいう「平和」論の「変更」は、講和問題にも及んだ。天野は、「元来、わたしは全面講和を熱望する者である。それはまた良識あるすべての日本人の願望であるに相違ない。問題はしかしその成立の見込みがない場合にどうするかである。最善の道に見込みが立たない場合には次善を選ぶ以外に道はない。わたしがいわゆる多数講和と、更に安全保障条約の締結に賛成した所以なのである」と述べている。

天野は単独講和と日米安全保障条約に賛成への「変更」を表明し、その後はこうした主張を積極的に展開していく。一九五四年（昭和二十九）刊行の『日々の倫理』では、特に、日米安全保障条約について、「何らかの意味において防備が必要だ。ところが日本にはそれをする力がないからアメリカによって防備してもらいたいという安全保障条約に私は賛成しました、わたしはよんどころないと思った。安全保障条約はよんどころないと思う」と述べている。また、「独立国として他国の兵隊を国の中に置くということは残念なことではありますけれども致し方ない現実だと思っております。一体、国と個人というものは同じに考えられない。国際間にももとより道義はありますが、それは個人道徳と同一ではないことが深く考慮されなければならない。個人間では決して丸裸の者に斬りつけることはないけれども国家間ではそういうこともあり得ることを事実が証明していると思う」とも続けた。

もっとも天野は、その一方では、「独立国が外国兵によって護られるということの不合理な上に、事実として永く外国軍人の駐留することは風紀その他の点から考えてできないし、またすべきではない」とした上で、次のように述べている（天野貞祐全集4）。

私は将来日本が国際連合にどういう資格かにおいて加入を許されて、その国際連合の警察軍の力によって日本が護られる、こういうことにぜひなるのがよい、なれるものならなるのがよいという考えです。（中略）その分担は徴兵ということでなくして、どこまでも志願兵とか義勇兵とかいうようなことでやるべきだと思う。何らかの意味において防備がなくては国が成り立たないということは残念だけれども今日はまだそういう歴史の段階だと私は考えるようになったものであります。

天野は、『今日に生きる倫理』の「第七版後記」の最後を「根本精神においてわたしの思想は終始一貫さらに変る所はない。しかし、その実現の方法に関しては、客観情勢によって変化せざるをえなかった。以上わたしは心境変化の大すじを述べて、読者諸君の賢察理解を乞う次第である」と結んだ。天野自身が認めるように、朝鮮戦争を直接の契機として天野の「平和」論は大きく「変更」したことは間違いない。それは、一九六四年（昭和三十九）に刊行された『今日に生きる倫理』の改訂版には、「第七版後記」で述べられた文書のほとんどが、「付記」として加えられるとともに、一九七〇年（昭和四十五）刊行の『天野貞祐全集』第四巻にも改訂版が収載されたことからも明らかである。

日教組批判

朝鮮戦争は、全面講和・日本非武装・外国軍隊の撤退という可能性を事実上不可能なものとした。このことは、結果として天野の「平和」論の変化に正当性を与えるものとなった。文部大臣の就任にあたって、自身の「平和」論を「封印」する決断をしていたであろう天野が、朝鮮戦争以降は積極的にその変化を主張し始めるからである。また、国際情勢をリアルに捉え、「平和」論の変化を宣言した天野の視線は、共産主義への懐疑と日教組の平和教育への批判へと向かっていった。『今日に生きる倫理』の「第七版後記」において天野は、「本書において共産主義ならびに共産党について積極的になんら述べることをしなかった」が、その後のわが国は、「共産党の実態」を「いやというほど見せられている」として、「外国の指令を受け、一部の北鮮人と共同して国内秩序を破壊するために手段を撰ばない活動に対してはよく日本人にかようなことが出来るのかと驚き怪しむほかはない。かかる破壊活動に対して祖国を守ることはわれわれの神聖な義務だとわたしには考えられるのである」と述べている。

共産主義に対する天野の強い批判は、日教組に対する批判へと連動していく。大臣就任直後の天野は、「日教組と仲のよかった大臣」と評価されており、日教組も当初は天野に敵対する姿勢はなかったことは本書でも述べた通りである。しかし、日教組との関係は、国旗・国歌の「天野談話」をはじめとした道徳教育問題をめぐって悪化し、その対立は次第に決定的となっていった。

平和問題談話会の清水幾太郎《しみずいくたろう》、吉野源三郎《よしのげんざぶろう》は、一九四九年夏から秋にかけて日教組への働きかけを開始している。当初、平和教育に対する日教組の反応は鈍かったとされるが、社会党、とりわけ左派が日教組運動の主導権を握ることでその姿勢は大きく転換していく。一九五〇年五月の第七回定期大会（琴平）で、左派が僅差で勝利したことで、日教組は平和問題談話会と協力して組織をあげて平和教育に取り組み、「政治闘争に邁進していく」のである。それは一方で、教員組合が、「教育実践においてのみならず、一国の教育政策の場面でも解決不能な外交・防衛問題まで背負いこむという代償を払うことを意味したが、ともかくもこれによって、日教組の掲げた平和教育の原理と実践は、「保守と革新を分かつ政治的対立軸を構成」するまでに強化・拡大していくのである（『教育と政治――戦後教育史を読み直す』）。この過程で重要な意味をなすのが、一九五一年（昭和二十六）一月の第十八回中央委員会で掲げられた「教え子をふたたび戦場に送るな」のスローガンであった。また、ここでは全面講和・中立維持、軍事基地提供反対と再軍備反対などが決議され、同年五月の第八回定期大会（城崎）では、「平和四原則」を基調とした運動方針が正式に決定されていく。

朝鮮戦争を契機として「平和」論の変化を明言し、単独講和への支持を表明していた天野にとって、日教組が「平和四原則」を軸とした平和教育の方針をとったことで接点は失われていた。しかも天野からすれば、こうした動きは、日教組が急速に「政治化」していくものと映った。実際にも「平和四原則」の採択は、全面講和論を掲げて保守政治に対峙する姿勢を鮮明にしたと同時に、日教組の平和教育は、「政府の文教政策に対抗するイデオロギー的根拠を与えるもの」になっていた。

「教師の倫理綱領」

さらに日教組は、同年六月十日の中央執行委員会で「教師の倫理綱領」の草案を討議決定して公表した。これには、宮原誠一《みやはらせいいち》、勝田守一、大田堯《おおたたかし》、宗像誠《むなかたせい》也《や》、梅根悟、上原専禄などが協働してまとめたものであった。このうち、「教師は労働者である」との項目が日教組の性格を表すものとして争点となるが、これが天野の教師論と距離があることは明らかであった。草案が新聞で発表されると、天野は玖村敏雄《くむらとしお》教職員養成課長を通じて草案の原文を槙枝元文に持ってこさせ、これに丹念に目を通したという。この時の天野の評価はわからないが、玖村は槙枝に将来は、「教師は労働者である」の項目が問題となるのではないかと漏らしたという（『文部大臣の戦後史』）。おそらく玖村は、天野の懸念を代弁していたのかもしれない。

「教師の倫理綱領」に対する天野の批判は、執筆に参加した日教組の中央講師団に及んだ。中央講師団とは、東京大学教育学部出身者を中心とした学者グループであるが、天野の批判はむしろ講師団に向けてのものであった。天野は、「専ら東大教育学部の教授諸君が主導者となり倫理綱領を与え、共産主義への誘導をするに至ってこれを抑制することを考えるようになった。明かなる共産主義の旗をかかげ全員政党に入党し、ストライキをやるような教員の組合は断じて排斥されねばならない」と批判した。そして、「わたし自身初期のむしろ厚意を示していたが、イデオロギッシュになってからの日教組は国の為是非除去せねばならぬと考えるようになった」としながら、以下のように述べた（『教育五十年』）。

日教組については、責任者が存在の意味を示すために意味のない活動をいろいろした。例えば夜中に大挙してわたしの私宅に押し寄せたが、わたくしは高をくくっているから起きなかった。警察へも通知せず、大学生であった三男（信三郎―筆者註）が寝巻のまま応対してすませた。当時わたしは日教組の諸君に対して同職者という一種の親しみを感じていた。正しいと考えられる主張をばわたしは助けるにやぶさかでなかった。主として東大の一部の人達が講師団としての教師の「倫理綱領」を授け、ひどくイデオローギッシュにして以来信愛の縁を切った。

「教師の倫理綱領」を契機として、天野の日教組へのまなざしに変化があったことがわかる。余談ながら日教組の組合員が、天野の吉祥寺の私邸にまで押しかけるということは珍しいことではなかった。たとえば、天野家の隣に住んでいたドイツ文学者の高橋健二《たかはしけんじ》は、「早朝けたたましい犬のほえ声に眠りを破られた。どろぼうでもはいったかと飛び起きると、どうやら騒ぎはお隣らしかった。それにしては拙宅と先生宅とに通じている非常ベルが鳴らないので、ふしぎに思っていると、日教組の連中がいわば寝込みをおそって文部大臣に面会を求めに押しかけたのであった。出勤まえに大臣をつかまえようと大挙してやって来たので、うちの犬が恐れをなしたことがわかった」(『回想　天野貞祐』)と回想している。

日教組が「政治化」していることへの危惧と違和感は、平和問題談話会の議長を務めた安倍能成が、平和問題の集会に呼ばれた際に、「そこに集まった労働者風の気負ったソ連中心見たやうな平和の叫びには、一向同感できなかった」(『戦後の自叙伝』)という指摘と相通じるものであった。しかし、日教組の平和教育が、吉田内閣の文教政策との対抗を鮮明にしたことは、文部大臣であった天野にはより切実な意味を持っていたはずである。

国際道徳と個人道徳

天野の「平和」論は、朝鮮戦争によって大きく「変更」した。文部大臣の就任を受諾した時点では、天野の「平和」論に「変更」は見られず、単独講和の方向を鮮明にしていた吉田内閣の一員となることには、ある種の「後ろめたさ」に近い葛藤をもたらしたと思われる。天野にとって朝鮮戦争は、その葛藤を一気に吹き飛ばす衝撃であった。朝鮮戦争は、天野の「平和」論に劇的な「変更」を促したと同時に、大臣就任時の「後ろめたさ」をも解消させたのである。

吉田や天野には、「国内的政治問題を基本的に道徳の問題としてとらえる発想」があることはすでに指摘した。しかし、このことは朝鮮戦争以後の天野には基本的にあてはまらない。朝鮮戦争を経験した天野は、丸裸になった国家に「鉄砲を突きつけるということ」は何より歴史が許さない。「武力のない国を武力によって威嚇し、又は武力を行使するような国はとうてい歴史の審判に堪えない」とはもはや言わないからである。まして「負けたからわるいのではなくして、わるいから負けたのである」という意味の発言も天野からは消えていく。その一方で、朝鮮戦争以後の天野に目立つのは、国際道徳と個人道徳とが根本的に相違するという次のような説明である（天野貞祐全集5）。

個人間においては全然自分は損失をして他人のみを利せしめ、他人のために自己を捧げるという行為は決して珍しいことではない。しかし国家間においては一国が全然自国の利害を無視して、他国の利益のみを考えるということはありえない。（中略）個人間の道徳としては利害とか、まして力とかいうものが行為の原理となってはならぬが、国家間においては利害のみならず力の関係をも無視できないのである。（中略）国際道徳をも個人道徳の線に向って高めることはわれわれの希望であり、義務でなければならない。理想としてはまさにそうであるべきであるが、現実の事実としては両者の間に横たわる相違が看過されてはならない。

この言葉に従えば、天野の「平和」論の「変更」は、理想から現実への転換ということになる。この点は、たとえば安倍能成の平和問題談話会との関わり方とは対照をなしている。清水幾太郎は、安倍が「正直などという道徳的徳目や科学的研究が通用しない政治の組織の世界」に入り込もうとせず、常に「それを遠くから眺めておられた」（「安倍学習院長追悼の辞」）と評した。この言葉を借りれば、天野は、「道徳的徳目や科学的研究」から離れて、「政治の組織の世界」に立ち入ったということができる。

ところで、自らの主張の「変更」を公にした姿勢は、一個の学者として誠実な態度であることは間違いない。しかし、天野が、『今日に生きる倫理』の「第七版後記」において、「根本精神においてわたしの思想は終始一貫して変る所はない。しかし、その実現の方法に関しては、客観情勢によって変化せざるをえなかった」と述べたことには違和感も残る。なぜなら、それまでの天野の「平和」論は、「永久平和」という根本精神を基調とすることで、まさにこの根本精神から、非武装中立、全面講和、戦争放棄という「方法の問題」が導き出されてきたはずだからである。

しかもこの根本精神とは、天野の人生観と歴史観を基盤としたものと説明されたのであり、根本精神と「方法の問題」とは不可分の関係として主張されてきた。とすれば、根本精神と「方法の問題」とを単純に分けられるものではなく、本来ならば、「方法の問題」の「変更」が、根本精神それ自体の「変更」を意味するか否かが天野自身の中で問われ、説明されなければならなかったはずである。国際道徳と個人道徳の相違がそれまでの理解とどう違うのか。「方法の問題」とあっさり説明される「平和」論の「変更」は、天野の哲学観、歴史観、そして人生観の「変更」をも意味していたのかどうか。しかし、天野の口からこの点の詳細が語られることはなかった。

9　義務教育費国庫負担法と文部大臣の辞任

業績の絶頂

文部大臣在任は二年三ヶ月であり、天野の満六十六歳から六十九歳までの間である。この間、天野自身が文部大臣としての「業績の絶頂」と胸を張ったのが「義務教育費国庫負担法」の成立であったことは先に述べた通りである。一九四九年の「シャウプ勧告」に基づき、文部省所管の義務教育費国庫負担金は、自治庁所管の平衡交付金に吸収されていた。地方財政平衡交付金制度は、地方財政及び地方財源の目的で、毎年の「地方財政計画」により全地方公共団体の支出と収入を見積り、その不足額の総額を平衡交付金として予算化し、これを個々の地方公共団体の不足額に按分して交付する制度である。

地方財政交付金の導入により、従来の義務教育費国庫負担金は廃止され、これによって義務教育のナショナル・ミニマムを保障する財源が失われることへの不安が教育界には拡大していった。事実、当時の地方財政は逼迫しており、教育費は地方財政の約三割を占め、そのうちの約八割を義務教育費が占める状況では、教育費が他の費目に浸食され、地域格差が拡大する可能性を抱えていた。そのため文部省は、県・市町村の義務教育にかける標準義務教育費を算定し、その支出を地方自治体に義務付けようとする法案を提出した。しかし、この法案は、平衡交付金の目的を損なうものとして連合国軍最高司令部（ＧＨＱ）に了解を得られず、また教育の中央集権化につながるとして自治庁や市町村、府県の強硬な反発によって実現しなかった。

施行期日なしの法案

この法案を引き継いだ天野は、最低の義務教育費を法律で定め、支出については地方公共団体が税の一定額を支出し、不足分を国が負担することをめざした。これは、義務教育費を平衡交付金から除外するものであり、同時にそれは義務教育費を自治庁から文部省の所管へと切り替えることを意味していた。しかし、この案に対しては、地方財政委員会や自治庁から猛反発があり、政府部内でもまとまらず、政治問題化しかねない状況となった。膠着状態を打開するため、与党自由党は、文部省・自治庁・大蔵省間の調整に乗り出し、文部省の義務教育費の全額国庫負担制度ではなく、一旦は、半額国庫負担制度で決着することに落ち着かせた。

ところが、これに対しても政府内で一致が見られず問題はさらに混迷した。天野は、法案成立を期して吉田茂首相と直談判に及んだが、吉田からは「教育のことはそう急ぐな」と言われて憤慨する。結局、予算委員長の仲介で、党三役と池田勇人大蔵大臣が合意すれば法案を成立させてよいとの許可を吉田から取り付け、そのための会合が持たれた。「備忘録」によれば、天野は一九五二年（昭和二十七）六月十三日の十六時に吉田と法案について会談。翌十四日十五時に、党三役、池田大蔵大臣、岡《おか》野清豪《きよひで》自治庁官らと会談している。「備忘録」には、「15：00　院内大臣室デ池田、岡野、保利、水田、田中、益谷、増田諸氏ト会見（負担法）」と記述されている。会談の内容を天野は、「国会の大臣室へわたしが出たら、すでに党三役が来ておられ、あとから池田氏が入ってきた」としながら、この時の様子を次のように再現している（『教育五十年』）。

党三役とわたしは席についたが、池田氏は立っていて席につかない。立ったままわたしに対して法案が施行期日を定めるなら反対である。しかし施行期日が未定ならば成立に賛成する。そのどちらにするか返答をしてほしい。池田氏は立ったままである。イエスかノーか返事しろと言わば白刃をつきつけた形である。その傲慢尊大驚くべきものがある。とにかくわたしは決断せねばならぬ。期限を要求すれば則座に否定である、肯定すれば期限はない、施行期日の定まらぬ法律が何を意味するか。わたしは瞬間決断の絶壁に立たせられた。わたしは断然として期限の決定を放棄した。それで決まった。

大臣室を出ると新聞記者はじめ多数の人々が待ち構え、「施行期日のない法案が何を意味するのだ、と軽蔑の言動は大変なものであった」と天野は回想している。施行期限のない法案は、同年六月十七日の衆議院本会議で可決された。しかし参議院では、施行期限のない法案では、法案に関係する地方税法改正の遅延を口実にして政府が実施を引き延ばす恐れがあるとして、緑風会が一九五三年（昭和二十八）四月一日を施行期日とする修正案を提出、結果的にはこれが可決された（『緑風会十八年史』）。そして、この修正案が衆議院に再回付され、一九五二年七月三十一日に義務教育費国庫負担法（法律第三〇三号）が本会議で可決成立した。

岡野自治大臣との口論

ただし、問題はこれで終わりではなかった。このまま義務教育費国庫負担法が実施されれば、これまで地方平衡交付金を受けなかった、いわゆる富裕団体にも多額の負担金が交付され、地方公共団体間に不均衡が激化するという理由で法律実施の棚上げの意見が出てきたからである（『学制百年史』）。

この対立は、文部省と自治庁との対立という宿命的な構図で展開した。当時、官房副長官となっていた劔木は、「昭和二十七年八月の某日の閣議は大荒れに荒れた」と回想した。劔木の記述が正しければ、おそらく同年八月一日の閣議であろう。当日は吉田が欠席で、池田大蔵大臣が閣議を主宰していた。閣議の最後に義務教育費国庫負担法の取り扱いが議題に上がると、天野と岡野清豪自治庁長官との間で二、三の問答があったが、「やがて岡野自治大臣は立ち上がって、威《ママ》丈高に文部大臣に大声で卓を叩いて詰めよった。文部大臣は蒼白、静かに眼を閉じて、ただ無言で座られたままであった」と劔木は記述し次のように続けた（『戦後文教風雲録――続牛の歩み』）。

> 岡野大臣はなおも激昂の様子で、怒鳴りながら文部大臣の返事を迫り、返事がないのは僕の言を承知したのかと迫った。文部大臣は無言のままである。私は閣議室の片隅、副長官席にいてじっと岡野大臣の発言を聞いていたが、事の内容を知っている私にはとても堪えられなかった。そこで岡野大臣に対して、「大臣それは違います。」と叫んでしまった。とっさに岡野大臣は烈火のごとく怒り、「君は副長官の分際でいつ閣議で発言権を認められたのだ。無礼のだんは許さんぞ。」と私にくってかかってこられた。（中略）私は、「岡野大臣、もとより私の越権行為は自覚しています。責任はとります。だが理論は理論です。文部省の言い分には相当の理由があると思います。」と答える

と、岡野大臣はいよいよ激昂されて立ち上られ、私に何か言われようとした。その時に天野文部大臣は静かに立ち上られて、「岡野君、劔木君に対し、今のようなことを言われるなら、私も覚悟をいたします。」と一言、そして静かに席を立って室を出られようとされた。

もちろん、これは文部大臣を辞める意思表示であった。吉田首相が不在での閣議の混乱は、閣内不一致となる重大な事態であった。天野の突然の態度に「閣僚は総立ちとなり、天野大臣のところに詰めかけた。一部は岡野大臣のところへ詰めより、両者をなだめて、とにかく再び皆席に戻り今日の問題は後日に解決することに努力する」ことを確認して散会した。

文部大臣の辞任

天野と岡野との口論の後、文部省と自治庁の間で調整工作が進められたが、両者の歩み寄りは難しく、解決は難航した。その間、天野と吉田と岡野が水面下でどのような調整をしたのかは明らかではなく、天野も何も語っていない。しかし、劔木の回想から大よその内容は辿ることができる。劔木によれば、おそらく同年八月五日の閣議の朝、保利《ほり》茂《しげる》官房長官が劔木の部屋を訪れ、「君、文部大臣が辞表を出され、致し方ないので、総理も受理されたよ。そこで誰を文部大臣にするかがむずかしい。君、誰にしたらいいと思うか」と切り出した。劔木が冗談半分に、閣僚の横滑りしかないでしょう、と答えると保利は、「君、天野文部大臣の後任には、岡野自治大臣《ママ》にやってもらうことにしたよ」と述べた。保利とのその後のやり取りを劒木は次のように証言している（『戦後文教風雲録——続牛の歩み』）。

全く私は驚いた。「長官、それはあんまりのことです。喧嘩相手の文部大臣を追い出し、そのあとに人もあろうに岡野大臣をすえるとは、天野大臣に対しあまりにも非礼ではないでしょうか。」「君のいう通りだよ。だがこれより他に、文部・自治両省の論争を解決する方法がなかったから、致し方なかったのだ。もとより天野文部大臣にも了解を得て断行したことだ。しかしただ一つ、これには条件がある。それは、岡野さんが文部大臣を引き受けるについて、君が文部事務次官を引き受けてくれることが条件になっているのだ。（中略）内閣不統一問題を解決するためには、これより他に道はない。曲げて承知してほしい」（中略）「岡野大臣が、私を次官にすることを条件にするなど、とうてい私には考えられないことです。」「そうだよ、そこが岡野君のいいところだ。この問題をきれいに、あとくされないように片づけるためには、それより他にはないのだ。」天野大臣も了承されていた。岡野大臣にお会いしたら、「僕は文部省のことは何も知らないよ。いっさいは君に任せる。何でも君の思う通りにやってくれよ。だから引く受けてくれよ。」とのことであった。

天野は辞職によって義務教育費国庫負担法の実質化を獲得し、岡野は文部・自治両省の対立を解消させるという絶妙の「政治的決着」であった。そのためにも、劔木の二度目の文部次官就任は必要であった。同年八月四日付の吉田から天野への書簡には、天野の後任に岡野を据え、岡野も「内諾せられ候ニ付此線ニて進み度内意ニ有之、委細ハ官房長官より可申候得共御都合も可有之と存小生内意之ところ内々申上候」（『吉田茂書翰』）と記されている。これを見る限り、吉田、保利、岡野との間で

「政治決着」が確認された後に保利から天野に説明があったと考えられる。保利からの説明を天野が了承し、その上で保利から劔木に文部次官就任が要請されたという流れになる。

ただし、天野の辞職は岡野との口論以前に吉田に伝えられていた可能性が高い。同年七月二十三日付の吉田から天野への書簡には、国会もあとわずかなので、「終了まで御まち願上候」と書き送っている。おそらく学校給食問題での池田との口論の直後に天野は辞意を固め、吉田に辞表を提出していたと考えられる。すでに辞意を表明した天野には、保利からの「政治的決着」の説明に反対する理由はなく、そのまま了承したということであろう。

ところで、天野は激しい口論をした岡野についてはほとんど言及していない。それは、後々まで池田に対して、「時代の為めであるかも知れぬが所得倍増などということに終始して、公害なぞには何の予感もなく、人間性の尊厳などには少しの感覚もなかった。（中略）文化、教育などに対する無理解は驚くべきものがある。無暗に自信が強くて識者の言を聞こうとしない。（中略）もっともかれは事務家であって政治家として見ることは初めから間違いであろう」（『教育五十年』）という辛辣な批判を繰り返したのとは対照的である。義務教育費国庫負担法の意義に余計な政治的雑音が入り込むことを排除したかったためか、あるいは池田との険悪な関係に比べれば、岡野との口論などは取るに足らないものだったのか、その真意はわからない。ただし岡野との口論の前に辞意を固めていたとすれば、これを特に記述する理由はなかったということにもなる。

天野は吉田を「徹頭徹尾誠実の人だった」と評した。「文教をわたしに委かせた以上、ひとのしばしば想像する如く決して干渉することはなかった。『国民実践要領』についても決して彼の指示によるものではない」と話している。また、天野は、文部大臣の辞任は、自らの判断であり、吉田から示唆を受けたものでないとも証言している。

「総理に対しては終始敬愛の情を抱いていた」という天野は、総理からも辞任まで好感を持たれていたと信じていたという。しかし、前述の八月四日付の手紙に「尚ほ文教審議会の方ハ従前通願上候」と書いてあったにもかかわらず、その後、文教審議会の構成員でなくなったことを「意外であった」と不満も覗かせている。ただし、これは一九五三年（昭和二十八）一月に文部大臣の諮問機関として中央教育審議会が発足し、その委員に天野が選出されたことによる配慮と考えるべきであろう。

吉田との関係

天野の辞職は、同年八月十二日である。「備忘録」には、同日十時に閣議で辞令が発令され、十四時から岡野新大臣との事務引き継ぎと省内の挨拶回りを行っている。翌十三日に両院議長、官房長官、緑風会等の挨拶をし、十六時に武蔵野警察署を訪れている。おそらく大臣在任中の警護への謝意を伝えたと考えられる。「備忘録」はこれを最後に後は余白である。「一銭の寄附もせず、領袖の邸宅に御機嫌伺もせず、党の方針に反対こそすれあまり有力な賛同もせぬ党外者を、二年三ヶ月閣僚の席においた自由党の寛大は、高く評価すべくわたし自身感謝している」と述べる一方、「私の辞職は全力を尽くして後ち止めたことで全く自発的で、さして執着するわけではないが、それでも止めるというのはさみしく諸方からさまざまな手紙を貰うとやはり慰められた」（『教育五十年』）というのが、二年三ヶ月の文部大臣在任を振り返った天野の率直な気持であった。

妻の内助

ところで、文部大臣としての激務と心労を支えたのは、家族であった。大臣在任中に天野は、『婦人公論』の巻頭言を執筆しているが、その中で妻タマについて触れている。「妻は明治時代の素朴な庶民的な気風を有ち、正直で、親切で、労をいとわず、且つ健康に恵まれています。文字通りの家内で、家庭のことは一切引き受けて処理してくれます。（中略）食事、掃除、洗濯などは家内と娘でいたし、特に洗濯は得意で、天気のよい或日には家が洗濯屋のように見えるとも（誇張すれば）言えるほどです。お蔭でわたくしはいつも清潔な下着を身につけ、よく掃除された家に住んでおります」と述べ、次のように続けた。

それ故夫婦の持場は別々で、妻は夫の仕事に関与せず、わたくしはまた家庭のことをば全然顧慮せず、全力を職務に傾尽することが出来ます。乏しい才能に拘らずなんとか今日までやって来たのは妻の内助によることであると感謝しています。もしわたくしが国家社会に対しなんらかの寄与をしたならば、それは内助を俟って出来たことで、その意味でわたくしの仕事は家内との共同作業なのです。

第六章　獨協大学と戦後教育批判

1　獨協中学・高等学校校長への就任

獨協学園の惨状

天野が一九五二年（昭和二十七）八月に文部大臣を辞任した当時、母校である獨協学園は非常な荒廃の中にあった。一九四七年（昭和二十二）からの新制中学校・高等学校設置の認可は下りたものの、一九〇二年（明治三十五）に建造された木造校舎の老朽化は激しく、体育館やその他の教育施設も劣悪な環境となっていた。「床板は破れて床下からペンペン草がのぞく。机上には時折小さなあやしげなゴミが落ちてくる。それは驚くなかれ家ダニである。二階の講堂は、やや傾斜して危険信号である。教室の扉は穴だらけ」（『獨協学園史　1881～2000』）という状態であった。また、同年四月に麻生磯次からの紹介状を持って同校へ赴任した平野《ひらの》健《けん》次《じ》は、当時の学校の様子を次のように記している（『回想　天野貞祐』）。

木造三階建ての校舎は、今にも倒れんばかりで、外から大きな突っかえ棒がしてある。後でわかったことだが、一時に三階の講堂に生徒を集めると危険なので、式などは何回かに分けてやったのである。職員室は冷房暖房完備であった。といっても夏に暖房、冬は冷房なのである。なにしろ、雨天体操場の倉庫か何かであったところで、スレート屋根で天井板はなく、しかも壁とは大きく隙間が空いているのである。無論、夏は照り返しが厳しく、冬は隙間風が物凄い。石炭ストーブをがんがん焚いても、少しも効果がなかったと記憶している。

こうした状況の中では、新制中学校・高等学校となった後も生徒の志願者数は急減し、学園の経営状態は極めて深刻なものとなっていた。また、学園内でも内紛が絶えず、一九五一年から翌一九五二年にかけて三人の校長が交代する事態となっていた。「獨協学園自体は前途への見通しの欠如と生活苦から多くの教師はただ沈黙し、学園の内部の危機はただ深刻化していく」中で、歴史ある獨協学園は、まさに「存亡の危機」にあった（『天野貞祐伝』）。学園の混乱は、生徒や保護者に動揺をもたらし、転校してゆく生徒も増加していった。

田園まさに荒れなんとす、帰りなん、いざ

天野は、一九四七年（昭和二十二）に母校の評議員となっていた。一九四八年に天野が第一高等学校の校長を辞任した後、母校の校長就任を要請されたが辞退していた。その後、天野は文部大臣に就任することで校長就任の話も立ち消えとなっていたが、大臣辞任後には再び天野の校長就任を求める声が高まっていった。とりわけ、同窓会や保護者からの

「天野待望論」は強く、その要望は日毎に大きくなっていった。

母校の惨状を目の当たりした天野は、第十三代校長として母校に帰ることを決断した。正式な校長着任は、一九五二年十二月二十七日である。天野は六十八歳となっていた。校長着任と同時に獨協学園の同窓会の会長にも就任した。校長となった天野は、文部省体育局長であった岩原拓《いわはらたく》を校長補佐に据え、「財政改革、教員の向上、学校と父母との連携強化、生徒勉学・訓育の向上、応募生徒の拡大」(『目で見る獨協百年　1883―1983』)に向けて全力投球で学園の復興に邁進していった。校長就任の経緯を天野自身は次のように語っている(『教育五十年』)。

母校窮乏の甚だしい事情を詳かにし、母校をかかる状況に見捨てて居ることは、卒業生として情に忍びざるものあり奮起して母校の再建に一身を投ずる覚悟をした。(中略)当時教員の俸給にもこと欠く有様で、知れば知るほど窮乏は甚だしかった。わたしの受諾に対する父母の声は痛切であり(中略)校長と成る以上名だけでなく実質的な校長となる覚悟をし、毎日出勤して校務を執るだけでなく、一週一回の倫理講話(朝礼)、中学三年と高等科三年とにそれぞれ一回一時間の語学教授をした。

天野の心境は、まざに「田園まさに荒れなんとす、帰りなん、いざ」であったといえる。天野の決意は不動であった。教育者となることが天野の素志であり、それが満たされれば地位は問わない。

「一たび教育者と成ればどんな誘惑をも受けず、圧迫にも屈しない。この志だけが、わたしの身上である。大臣を退任していろいろ有利な位地をすすめられたが、母校中学校長は身にあまる要職である。一意専心その復興に尽力した」(『教育五十年』)。天野はこう続けた。

天野の決意に、天野の校長就任を熱望していた保護者は歓喜し、天野の学園改革に期待した。『目で見る獨協百年　1883―1983』には、一九五二年の晩秋に保護者有志が作成したビラの写真が掲載されている。ビラの冒頭には、「転校は思いとどまって下さい。獨協は有名校になります。天野貞祐先生が専任の校長になられます」と書かれていた。

天野は、校舎などの改築を竹中組の社主竹中藤右衛門《たけなかとうえもん》に依頼して進める一方、東京大学の大学院生など多くの新進研究者を教員として採用した。一九五三年四月には新たに専任教員二名、非常勤講師十名が着任しており、教員人事も大きく変動していった。しかし、相変わらず財政状態は困窮しており、教員の給与を払うことも苦労した。そのため天野は、獨協学園の卒業生及び関係者に向けて、学園復興に向けての「御依頼状」を出して資金協力を求めた。「あらゆる個人的私的事情を放棄し、老軀に鞭うってこの難事業に微力を傾尽する覚悟でございます」という文面にも天野の悲壮なまでの決意が込められていた。一方で天野は、獨協中学校・高等学校の教育憲章と言うべき次のような根本指針を執筆して示した(『教育五十年』)。

上品な人間の育成

心構えは正しく、身体は健康、知性に照らされた善意志と、ゆたかな情操とを持つ、上品な人間の育成をめざす。これがためには、すべての生徒に、それぞれ人間としての自信と矜持を抱かしめ、各自の天分を開発し、その長所を培養する。他日社会に出ては日日の生活に感謝と喜びとを見出し、勤勉努力して社会に奉仕し、広く文化の創造に寄与する人間となることを期するわけである。教育愛こそ本学園の情熱であり、人間教育こそ本学園の精神である。

「上品な人間の育成」には、天野のめざす獨協中学校・高等学校の理念が集約されていたと同時に、天野の教育哲学と戦後教育への批判も込められていた。そもそも「上品」とは、家庭や学校の風格から自然に養われてくる品位であり、知識と違って覚えることはできない。それは、温められてしみ込む性質であるという天野は、「上品」は受験のためには殆ど役に立たないとしながら、「わたしは世間の受験教育に反して人間教育を志した」と公言し、次のように続けた（『教育五十年』）。

人間の制度には絶対の＋《プラス》も絶対の－《マイナス》もなく、相対的の価値である。受験にもプラスの面はもちろん多く、一概には言えないけれども現状のようになると、害悪がとてもひどいと思う。（中略）日本人は戦後に成ってどうして幼少からこんなに受験で苦しめられねばならぬか、これでは利口な人物はできても、大きくゆとりのある人物は出にくいであろう。そういう人物は家柄とか家庭の事情その他特別の環境によるように思う。（中略）昔日の東洋の君子が今日の世界の economic animal と成った根本の原因は、才知的学校教育によると思われるのである。平生からそういう考えを持っていたわたしは小利口でなく上品な人間を育てたいと考えた。

受験教育に堕したと見た戦後教育に対して、天野は、敢えて「上品な人間の育成」という人間教育重視の旗を掲げた。それは、戦後の学制改革への不満の表明でもあったが、戦後社会の大きなうねりの中で、天野の理想の追究は更なる「苦悩」をもたらしていった。

過去には感謝、現在には信頼、未来には希望

七十歳になろうとしていた天野の生活は、相変わらず規則正しく節制されたものであった。食事の時間は決められ、コーヒーなどの刺激物を口にすることはなかった。四十歳を過ぎた頃から寝る前に酒を飲むようになっていたが、それは十分な睡眠をとるためでもあった。校長室ではうがいを欠かさず、手を綺麗にした後は、グリセリンを塗っていたという。食欲も旺盛であった。当時、学園の教務事務と天野の秘書役を務めた小林《こばやし》博子《ひろこ》（旧姓は井田）は、天野の昼食は蕎麦か鰻が多く、「神田川のうな重をぺろりと平らげられて驚かされました」と回想している。

天野の朝礼での講話は、いつも具体的で分かりやすかったという証言が多い。教員であった小林《こばやし》昭弘《あきひろ》は、天野が「ものごとの判断において、『オール・オア・ナッシング』の考え方は危険である」と度々話したことを覚えている。また、自らも卒業生で後に獨協学園の教員となった金有一は、「先生のお話しは、いつも具体的で大変分かり易いものでした。嚙んで含めるように、諄々と話しをされるのでした。先生のお話しを聞く時、生徒の間には緊張感が漂います。畏敬の念さえ持って話を聞き

ました」と述べながら記憶している天野の話の内容を列挙した（『回想　天野貞祐』）。

・「法を守りなさい。学校の規則も法です。遅刻をしてはいけません。一回遅刻をすると、二回目は遅刻をすることが易しくなる。三回目はもっと易しくなる。だから遅刻をしてはいけません」

・「電車の中では、お年寄りに席を譲り、若い者が立つのが平等なのです。諸君等は、電車やバスの中では席を譲ってあげなさい」

・「学校でも、教室をいくら汚しても構わないという、そういう自由は本当の自由ではないのです。自分等の欲望とか怠け癖とか、そういうものに支配されているから、自由ではないのです。本当の自由とは、自分から決断をする。そして自分の欲望から自己を解放することです」

なかでも、多くの関係者に記憶されたのが、「過去には感謝、現在には信頼、未来には希望」という言葉である。これは、ドイツの実存哲学者であるボルノー（Otto Friedrich Bollnow, 1903〜1991）の言葉であるが、金有一も「これは私の最も好きな先生の言葉の一つ」と述べている。

いったいわたしはどうすればよいのか

天野による学園改革は進められ、徐々に施設も整備されていったが、その歩みはさほど順調とは言えなかった。訓話に感動する生徒がいる一方で、生徒の中には陰で「天野天皇（アマテン）」と揶揄する者もいた。校長としての天野は、可能な限りの時間を学校で過ごし、時に厳しい態度で臨んだ。とりわけ、遅刻に対しては容赦なく、朝礼の訓話に遅刻した生徒は、講堂の二階部分（回廊）の前席に立たされ、時には二十人から三十人の生徒が並んだという。「真向いの演壇に立たれた先生の御機嫌は、はっきりわかるくらいに悪くなる。それを押えて、やさしく、かんで含めるような講話をされるのが、こちらにも痛いほどわかった」と斎藤博《さいとうひろし》は回想している（『回想　天野貞祐』）。

実際、天野の訓話には、天野の言葉が生徒に浸透していないことへの苛立ちや焦りも見て取れる。たとえば、一九五六年（昭和三十一）六月の朝礼では、「どうか諸君、こういう二つのことを、よく考えてもらいたい。教場は静かにしよう、物を壊したら、自分が申し出よう、わざわざ物を壊すというような人がいるのなら、言語道断だと思う（中略）間違って壊した時は、自分が壊したという、そういう公明正大なフェア精神を、若い時から養うということが、これが学校の存在の意味で、そういうことが全然できんというなら、独協などあってもだめだと、わたしは思うのです」と呼びかけている。

また、九月の朝礼でも天野は同様の話をしている。「昨日久し振りにわたしは学校の中を歩いてみたのです。高等科の三年生、二年生の所など歩いてみたのです。そうすると、戸は壊れているし、本を持って来ない生徒というのは沢山いるのです。話をする者も幾らもいるのです。わたしは頼まれて全国の先生方に対して、道徳とはどういうことだとか、道徳教育とはどういうことだとかいっている人間なのです。自分は人にそのようなことを言っていながら、自分の学校の生徒はどうかといえば、本は持って来ていない、話は勝手にしている、ものは壊している、（中略）教場で騒ぐ人もいる、こうして集まってさえも話をする生徒がいる」と述べ、次のように続けた（天野貞祐全集6）。

いったいわたしはどうすればよいのか、こう自分で自分に反省せざるを得ないわけであります。わたしは諸君に望みたいのです。どうか一つ学校を、諸君がわたしたち先生方と協力して、よい学校にしてもらいたい。（中略）日本全国から来て見るような学校にしなくては、自分は社会に対して顔がない。皆さんのお父さんやお母さんにも申し訳ないということを、昨日はとても感じて、わたしは非常に悄気て家に帰ったわけであります。わたしも今後、どこに自分のやり方がわるいのか、自分はこれだけ一生懸命しようと思うのに、なぜ生徒諸君は、わたしの言うことを聞かんか、自分も反省しようと思うのです。どのようにしたらいったいよい学校になるのか、わたしも深く反省しようと思うのです。

「いったいわたしはどうすればよいのか」。この言葉は訓話ではなく、むしろ生徒への「嘆願」に近い。この時、天野は七十二歳。文部大臣を務め、前年の一九五五年には中央教育審議会の会長となっていた。その天野がちょうど孫の世代にあたる生徒たちに向けた言葉としては、あまりに悲痛で切ない。「なぜ生徒諸君は、わたしの言うことを聞かんか、自分も反省しようと思うのです」。教育者であり続けようとした天野が、自らの心情を全て曝け出した言葉には無力感と歯痒さが滲み出ている。

2 獨協大学の創設

一九五五年（昭和三十）、天野はドイツ連邦共和国から文化的功績を認められ、大統領から「星付大功労十字章」（大功労十字星章）を受章した。その三年後の一九五八年五月十二日、天野は受章の感慨を胸にしながら、主として戦後のドイツ教育視察のために北極回りで渡欧した。これには天野の三男、信三郎が同行している。天野が七四歳の時である。西ドイツのボン市に滞在しながら、イタリア、フランス、イギリスの教育視察は約四十日の長期に及び同年七月初めに帰国した。

欧米の教育視察

ボン市に滞在を始めた同年五月二十四日、天野は同年十月に日本書房から刊行される『天野貞祐集（現代知性全集）』のための「序」を認めている。「わたしが初めてドイツに来たのは第一次大戦後まもない一九二二年春のことであった。当時ドイツ国民は到底国力の及ばない賠償金を負わされ、天文学的数字のインフレーションに苦しみぬいていた」と書き出し、「ドイツをこの現実に追い込んだ同じ原因がそのまま祖国に存在していることを痛感した」として、『道理の感覚』を出版するに至った経緯を次のように述べた。

三十五年前哲学研究を志してドイツに来たり図らずも祖国衰滅の契機を感得したわたしは、今日祖国存立の原動力を教育に求めてその実地見学のために再びドイツに来たり、あくまでも質素堅実なこの安定した社会から、ややもすれば軽薄過激に堕する祖国の風潮を顧みてまことに感慨禁じ難きものがある。国家が衰えて国民の幸福はありえない。ひとが国家を重視するのあまり個人を軽視した時代にわたしは個人の尊敬を力説して止まなかったが、今日は個人尊重のあまり国家を軽視しようとする傾向の流行を憂え敢えて国家の存在理由を強調しようと思うのである。

ドイツの惨状から日本への「警世の書」として『道理の感覚』を世に出し、三十数年の時を経て見事に復興を果たしたドイツから、天野は日本がまさに直面している危機に思いを馳せた。「非国民と罵るも反動者と嘲るもそれは他人の事であって、わたしは道理の感覚に忠実であればよい。元来わたしは歴史が道理実現の過程であることを信じその実現に参与することにおいて人生の意味を認める。この信念においてわたしは生きて来た。これからも生きて行こうと思う」という天野の決意は、次なる困難と課題への「宣戦布告」でもあった。

関湊との出会い

天野は、獨協中学・高等学校の校長として学園改革に精力を傾けていたが、その歩みは必ずしも十分な成果を得ることはできなかった。「外界の現実は、受験競争が年々烈しさを増し、受験に有利な勉強を塾や予備校が指導するので、大学入学の成績に於いて獨協はおもわしからぬことになってくる」（『獨協学園史　1881〜2000』）という状況に直面したためである。皮肉なことに、天野が「二つのガン」と批判した受験教育の波に獨協学園も呑み込まれよ

関　湊

うとしていたのである。

「ここにわたしの校長としての苦悩が生まれる」。天野は率直にこの現実に向き合った。「上級進学は各人各家庭の望む所である、しかも学校の主導方針はややともすれば進学方針と矛盾するものがある。事実進学成績はよくなく、どれだけ心を痛めたか知れない。父母の信頼を裏切る結果とならざるをえない。現在の教育情況においてわたしの理想では成功できぬ、むしろ受験本位に徹した方がよくないかと悩んだ」（『教育五十年』）という言葉には苦悩と葛藤が滲む。もちろん、「受験本位」に徹することは、自身の主張の敗北を意味する。これができないとすればどうするか。「大学を持たねばならぬ」というのが天野の結論であった。もっとも、天野の中では校長就任当時から大学の創設は少なからず念頭にあり、同窓会からの要望もあった。とすれば、大学創設は「いよいよその機が熟した」（『目で見る獨協百年　1883～1983』）という表現の方が適切である。

一九六二年（昭和三十七）十月十八日に第一回の「大学設立準備委員会」が開催され、同十二月十三日の第二回の会合で天野は、①ドイツ語、英語を基盤とした外国語学部を設置すること、②教養があり、知識もある人材を養成すること、を骨子とした構想を発表した。天野は、七十八歳となっていた。しかし、大学創設のための資金調達は順調ではなく、大学創設計画の進捗は捗々しくなかった。

この財政的な困難を助けることになったのが、関湊《せきみなと》である。当時、関は東武鉄道株式会社の沿線開発の事務を担当する東武開発事業部にいた。東武鉄道は、上下線で乗客を確保するため、東京郊外への大学誘致を計画しようとする矢先であった。関は、獨協学園の誘致を計画するが、資金難の状況に直面し、当初は大学創設に関与することに極めて消極的であった。しかし、天野の熱意に心を打たれ、次第に大学設置に向けて協力するようになる。後に関は、「天野先生がおタマさんという奥さんと二人で、おれのところに座り込んじゃったんだ。七十五歳の私が、大学をつくるのは一生かけて最後の望みなんだと。だから、ぜひ助けてほしいと言われてしまった。それで、東武の根津嘉一郎社長も何とか天野先生の希望を達してあげるようにしたいと。それで、関君行ってもらえないかということになって、とうとう私は行ったんだ」（『獨協大学創立二十年史』）と証言している。天野の年齢は関の記憶違いであろうが、おそらく天野が関に必死に援助を依頼したことは確かであろう。それだけ天野の大学創設への思いは強かった。

天野の懇請に応えた関は、獨協学園の理事会の参与として迎えられ、その後は理事・理事長として獨協学園の発展に多大な貢献をすることになる。「学園の経営は容易ならずして校長職を引受けた天野先生の苦悩は絶え間ない歳月が続きました。その時不思議にも獨協と無関係な関湊先生が突如として彗星の如く現れて三顧の礼を以て迎えられ理事長となって実力を発揮され天野関両先生のコンビが一体となって獨協学園発展の源泉をなしたのは天野先生の至誠が神に通じたのでありましょうか、獨協は不思議な天与の幸運に恵まれたのです」。後に獨協学園顧問となる磯田仙三郎はこう述べている（『回想　天野貞祐』）。磯田が言うように、天野と関との出会いが今日の獨協学園の礎を築き、さらに基盤を強固にしたことは間違いない。天野の回想はこうである（『教育五十年』）。

独協大学は一から十までわたしの理想に従って創設した。まことに幸運なことには関湊氏を理事長にえた。関氏はずい分大胆なやり方で建築をどしどし進行させた。堅実な某氏があんな無謀なことで大丈夫かと危ぶまれたが、わたしは運命をかけたつもりで、ちゅうちょなく進行して貰った。関氏は純粋の事業家であるが、わたしに教育へひき込まれ、関夫人も危ぶんで「あなたは天野さんと心中するつもりか」と言われたそうであるが、わたしは安全の自信はなく、かれと心中してもかまわぬ覚悟であった。教師のある者は学長を独裁者と非難したそうであるが、全くその通りであった。

天野は、一度信頼した人間には全てを任せるところがある。この時の天野にとっては、関こそがその人であった。獨協大学は、一九六三年（昭和三十八）九月三十日に設置認可申請を文部省に提出して受理された。この日はちょうど天野の満七十九歳の誕生日でもあった。ちなみに天野は、戦後が新しい時代を意味する以上、旧漢字を使うべきではないという姿勢を貫いた。したがって、自身の文章では、「獨協大学」と記述することはなく、最後まで「独協大学」と表記した。このことは、天野の「戦後」理解の一端としても興味深いが、それ以上の理由を詳細には語っていない。

3 「国民実践要領」と国家論

「国民実践要領」の刊行

獨協中学・高等学校の改革に格闘する中で、天野は一九五三年（昭和二十八）に文部大臣在任中には発表できなかった「国民実践要領」を刊行した。これによって天野は、教育者としても教育改革者としても一応の責任を果たしたといえる。戦後の社会では、教育勅語にあった徳目までもが否定されるという風潮に天野が反発したのが「国民実践要領」の提示であったことは天野自身が説明してきた通りである。一般に「国民実践要領」は、天野個人の執筆と思われがちであるが、実はそうではない。実際には、「京都学派四天王」と称された高坂正顕、西谷啓治、鈴木成高の三人に天野が執筆を委嘱したものであった。当時、高坂、西谷、鈴木の三人は公職追放されて京都におり、「それぞれ受持の部門を執筆され、相互に検討し合って出来上がったものに、わたしがいくらかの私見を加え、命名したもの」（天野貞祐全集6）が「国民実践要領」であった。

天野によれば、この種の文書には「教育勅語のように徳目を並べて立派な文書とし朗々誦するに適したもの」と「考え考え読んで日々の生活の生き方を会得できるような体系的なもの」の二種類があり、「国民実践要領」は後者を採用したという。「道義を確立する根本は、まずわれわれひとりびとりが自己の自主独立である人格の尊厳にめざめ、利己心を超えて公明正大なる大道を歩み、かくして内に自らの立つところをもつ人間となることに存する。また他の人格の尊厳をたっとび、私心を脱して

『国民実践要領』

互いに敬愛し、かくして深い和の精神に貫かれた家庭、社会、国家を形成することに存する。自主独立の精神と和の精神とは、道義の精神の両面である」とする「まえがき」は次のように続けられた。

われわれのひとりびとりもわれわれの国家もともにかかる無私公明の精神に生きるとき、われわれが国家のために尽すことは、世界人類のために尽くすこととなり、また国家が国民ひとりびとりの人格を尊重し、自由にして健全な成育を遂げしめることは、世界人類のために奉仕することとなるのである。無私公明の精神のみが、個人と国家と世界人類とを一筋に貫通し、それらをともに生かすものである。その精神に生きることによって、われわれは世界の平和と文化に心を向けつつ、しかも祖国を忘れることなく、われわれの国家も、犯すべからざる自主独立を保ちつつ、しかも独善に陥ることなく、俯仰天地に愧《は》じない生活にいそしむことができる。ここに道義の根本があり、われわれは心を一つにしてかかる道義の確立に力を尽くさんことを念願する。この実践要領を提示する主旨も、ここに存するのである。

「国民実践要領」は、「個人」「家」「社会」「国家」の全四章から構成され、それぞれ次のような徳目が列挙された。

第一章　個人―人格の尊厳、自由、責任、愛、良心、正義、勇気、忍耐、節度、純潔、廉恥、謙虚、思慮、自省、知恵、敬虔
第二章　家　―和合、夫婦、親子、兄弟姉妹、しつけ、家と家
第三章　社会―公徳心、相互扶助、規律、たしなみと礼儀、性道徳、世論、共同福祉、勤勉、健全な常識、社会の使命
第四章　国家―国家、国家と個人、伝統と創造、国家の文化、国家の道義、愛国心、国家の政治、天皇、人類の平和と文化

たとえば、天野の宗教問題にも関係のある「敬虔」については、「われわれの人格と人間性は永遠絶対のものに対する敬虔な宗教的心情によって一層深められる。宗教心を通じて人間は人生の最後の段階を自覚し、ゆるぎなき安心を与えられる。人格の自由も人間相互の愛もかくして初めて全くされる。古来人類の歴史において、人の人たる道が明らかになり、良心と愛の精神が保たれてきたことは、神を愛し、仏に帰依し、天をあがめた人達などの存在なくしては考えられない」と述べられている。「国民実践要領」の内容は、京都学派に連なる四人の合作であり、その哲学体系の表現であった。個

人から国家、人類へと同心円的に拡大する体系的な構造は、「一々の項目にそれぞれ適切な解明の付せられた徳目が配置され、実にうつくしくさえも感ぜられる整然たる組織である。これほどの座右自戒書はわが国はもちろん外国にも類例は乏しいと信ずる」（天野貞祐全集6）。天野はこう述べて「国民実践要領」の出来ばえに満足した。

「静かなる愛国心」

一九五一年（昭和二十六）二月七日の衆議院予算委員会において天野は、井出《いで》一太郎《いちたろう》（民主党）の質問に答えて、自らの「愛国心」についての考え方を披露した。天野はここで、「愛国心といえば戦場に出て何かはなばなしいことをやるとか、そういう異常なことであるかのような考え」ではないとした上で、「静かなる愛国心」を次のように説明した。

ほんとうにこの国土、この日本が自分たちの基盤なのだ、自分たちはこの国土を離れてはないのであり、またこの国土も自分たちを離れてはないのである。そういう自分たちの実体であり、国家の実体もまた自分たちである、と、そういう精神をどうかして植え付けたい。言い換えれば激越的な愛国心ではなく静かな、理性的な、ほんとうにこの国を自分の国と考える、自分がこの国であるという愛国的な自覚をどうかしてさせたい。そういうことを強く考えておるものである。

「静かなる愛国心」は、天野の「愛国心」に対する簡潔な表現である。天野は文部大臣在任中にも「愛国心」について、「国を愛するとはわたくしたちが国家をもって自分の存在の基体として自覚し、国家のことと感じ自分の存在が国家の一契機であると感ずる心情」であると国会で答弁している。では、天野は「愛国心」の対象である国家をどう定義していたのであろうか。「国民実践要領」では次のように表現されている。

　われわれはわれわれの国家のゆるぎなき存続を保ち、その犯すべからざる独立を護り、その清き繁栄と高き文化の確立に寄与しなければならない。人間は国家生活において、同一の土地に生まれ、同一のことばを語り、同一の血のつながりを形成し、同一の歴史と文化の伝統のうちに生きているものである。国家はわれわれの存在の母胎であり、倫理的、文化的な生活共同体である。それゆえ、もし国家の自由と独立が犯されれば、われわれの自由と独立も失われ、われわれの文化もその基盤を失うこととならざるをえない。

国家とは個人存在の母胎であり、「倫理的文化的な生活共同体」である。この定義は、天野によって繰り返し述べられた。「少なくとも現段階においては国家が比較をゆるさざる実在性を宿す存在」であり、「その意味においては国家をもって人倫的生命体と考えるヘーゲルの説に同意せざるを得ない」とする天野は、国家を「高度の実在性を持った統一体」と捉えていた（天野貞祐全集4）。

　こうした国家の定義から導き出された「愛国心」とは、「国が値打があれば愛し、値打がなければ愛しない」という利害関係に基づくものではなく、「もっと自然に、自分の存在の母胎」として、さらには、「とにかく祖先このかた、同じ土地に住み、同じ言葉を話し、同じ皇室をいただき、同じ運命を背負い、そうして一つの民族を形成した生活共同体、運命共同体」として自覚することであるとする。天野は、「静かなる愛国心」を次のようにも表現するのである（天野貞祐全集5）。

祖国はわれわれがその一員を成す主体的存在である。従って国が悪ければよくするというのが愛国だと思います。国を愛するというのは、国をよくすることです。国をよくするにはどうするのかといえば、自分がよくなる。自分がよくなるにはどうすればいいのかというと、自分の職を一生懸命やるということで、私の愛国論というのは極めて簡単なんです。私はそれを静かな愛国心と言っております。

真の愛国心は人類愛と一致する

「国民実践要領」の中で「愛国心」は、「国家の盛衰興亡は国民における愛国心の有無にかかる。われわれは祖先から国を伝え受け、子孫へそれを手渡して行くものとして国を危からしめない責任をもつ。国を愛する者は、その責任を満たして、国を盛んならしめ、且つ世界人類に貢献するところ多き国家たらしめるものである。真の愛国心は人類愛と一致する」と定義されている。なかでも、「真の愛国心は人類愛と一致する」ことを天野は繰り返し強調した。

もちろん、ここにもやはり内村鑑三の影響を見ることができる。天野が内村の国家論と愛国心について直接に言及した記述は見当たらないが、「世界的視野を持った人物」あるいは「日本的教養を身につけた正真正銘立派な日本人」の一人としてたびたび内村の名前を挙げている。たとえば、次のような文章である（天野貞祐全集3）。

世界文化という大構想においてわれわれは日本的という個性を滅却してしまうわけではない。真に日本的であればあるほど世界的であり普遍的なのである。われわれ日本人はよき日本人であればあるほどよき世界人であり、よき世界人であるほどよき日本人なのである。（中略）立派な日本人が立派な世界人なのである。福沢諭吉、内村鑑三、夏目漱石、西田幾太郎のような堂々たる日本人が世界人であった、という生きた事実を思うべきである。われわれは世界人類を思う故に国家民族の地盤から遊離してはならない。国家や民族を思うあまり、世界人類に奉仕することを怠ってはならない。日本的であることが世界的であり、世界的であることが日本的であるところに静かなる愛国心は成り立つのである。

「日本的であることが世界的であり、世界的であることが日本的であるところに静かなる愛国心は成り立つ」とする理解は、「われわれが国家のためにつくすことは、世界人類のためにつくすこととなり、また国家が国民ひとりびとりの人格を尊重し、自由にして健全な成育をなし遂げしめることは、世界人類のために奉仕することとなるのである。無私公明の精神のみが、個人と国家と世界人類とを一筋に貫通し、それらをともに生かすものである」という「国民実践要領」の「まえがき」の表現と見事に連続している。

こうした天野の理解は、内村が、「全世界は我国の為に存在するもの、我国こそ世界に覇たるの運命を有すと思ひて行動するは、誤りたる愛国心である。我国は世界の為に存在する者、之をして其天職を全うせしむるは、是れ全人類をして神の定め給ひし福祉《さいわい》に入らしむる為の必要にして欠くべからざる途である。我は我国の為に尽して世界人類の為に尽すのである」と述べたことと重なり合うことになる。しかも、それは内村が次のように続けたことでより鮮明なものとなる（『内村鑑三全集』二十八巻）。

人に個性が必要なるが如くに、国に国民性が必要である。之を以てして人も国も世界人類の為に尽すことが出来ると云ふのが聖書の見方であると信ずる。（中略）愛国心はまた、人が自分自身を救う為に必要である。人は単独で救はるゝのでない、彼の属する家族又は国家又は人類と共に救はるゝのである。人に個人性と人類性とがあると同時に又国家性がある。彼は国家人たらざらんと欲するも得ない。イエスは最良のイスラエル人でありしが故に人類の救主であり給ふのである。（中略）我等も亦善良なる日本〔人〕たらずば善良なる世界人たり得ない。愛国心を欠きたる人類愛は偽の人類愛と称せざるを得ない。真の愛国は他国の権利を重んじ、其発達を希望する。

自国のために尽すことが、「世界人類の為に尽す」ことであるという内村の理解は、天野が「国民実践要領」の中で示した「愛国心」の定義と確実に一致する。

「国家と個人」の関係

天野の国家観において、「国家と個人」の関係はどう理解されていたのか。この点を説明する際、天野はしばしば日本の歴史の中での全体主義と個人主義に言及した。天野は、「大戦前より戦時にかけていわゆる全体主義思想がわれわれの社会を風靡し、論者はあたかもおのれ自身自己を持たない人間であるかの如くに主張して、個人とか人格とか言う者は非国民の如くに扱われ、免職される恐れがあるばかりでなく身辺の危険さえもあった」と述べ、戦前戦時の全体主義を批判する。そして、「全体主義が無自覚に唱道されて社会を支配し、人格ということさえも言ってはならぬなどという時代にあっては個人の品位と尊厳とは如何に強調してもし足りない」と続ける。しかし、自身は「いわゆる個人主義の主張者ではない」とする天野は、「個人をもって唯一の実在となし国家をもって単に個人の生命財産を保護しいわゆる幸福を増進するための方便だと考える個人主義は、国家をもって唯一の実在となし個人をもって単なる方便と考える全体主義と同じく誤った見解」であると述べるのである。その上で天野は、両者の関係を次のように説明した（天野貞祐全集4）。

われわれはものを全体として考えなければならない。（中略）ほんとうの個人主義はほんとうの全体主義と一致し、その逆も成り立つともいえる。なぜなら個人を尊重することなくしては全体も成り立たず、全体的考慮なくして個人の良き存在のあり得る道理はないからである。個人と国家を対立せしめて何れか一方を単なる方便となす考え方は簡単であってもそれでは人間存在の真実は捉えられないと思う。

天野は、こうした「国家と個人」との関係構造を世界と日本との関係にも敷衍して説明している。たとえば交響楽（オーケストラ）を例としながら、「交響楽において用いられるのは一種の楽器ではない。多数の楽器が演奏されて、そこに一つの大きな構想が実現されるのである。同様に世界文化も各国の文化がそれぞれの個性をもって発展され、その結果内容の豊富な世界文化が成立することとなる。従ってわれわれ日本人は日本文化という楽器をできうるだけ立派に演奏すればよい。そこには日本国を愛し、その伝統を尊重することが必然的に要請される」と述べている。

天野にとって、普遍性と個性、世界性と日本性とは矛盾なく一致していた。それは天野が、福沢諭吉、内村鑑三、夏目漱石などを引き合いにして、彼らのような世界的視野を持った日本人を育成するためには、「よき日本人を目ざせばよい。日本的教養を身につけた正真正銘立派な日本人を育てることに努力すればよい」と繰り返し述べたことにも表現されている（天野貞祐全集5）。

天野の天皇論

天野の国家論の中で天皇の問題は大きな位置を占めていた。「国民実践要領」制定をめぐる論議が進んでいた一九五一年（昭和二十六）十月一五日、天野が参議院本会議において、「国家の道徳的中心は天皇にある」と発言し、大きな議論へと発展したことはすでに述べた通りである。しかし、天野はこれを「不用意な発言」とは述べてはいるが、その後も自身の天皇論を変更してはいない。また、その必要も認めてはいなかった。天野にとっては、誤解される余地のある表現をしたことが「不用意」であったということである。「国民実践要領」第四章「国家」で「天皇」は次のように述べられた。

われわれは独自の国柄として天皇をいただき、天皇は国民的統合の象徴である。それゆえわれわれは天皇を親愛し、国柄を尊ばねばならない。世界のすべての国家はそれぞれに固有な国柄をもつ。わが国の国柄の特長は、長き歴史を一貫して天皇をいただき来たったところに存している。したがって天皇の特異な位置は専制的な政治権力に基づかず、天皇への親愛は盲目的な信仰や強いられた隷属とは別である。

ここで特に注目すべきは、「国民的統合の象徴としての天皇」という表現である。改めていうまでもなく、これは日本国憲法第一条に示されたものであるが、天野の天皇論はこれを素直に受け止めたものであった。天野は、「考えることはできても、目にも見えず手にも触れられぬような理念的存在を、目に見え手に触れることのできるような感覚的存在が表わしている場合に、理念的な前者に対して感覚的な後者を象徴と言う」と述べ、「象徴」の意味を説明した。そして、「歴史や文化を離れて日本国の無いことは、精神を離れて個人の無いのと一般である。われわれは祖先以来この国土に住み、同じ日本語を話し、同じ皇室」をいただいた文化的倫理的運命協同体としての日本においては、天皇こそがまさに「国民統合の象徴」であるとする。以下が天野の説明である（天野貞祐全集5）。

天皇は見ることもでき、写真にもとれる感覚的存在として日本国という理念的全体性の象徴である。日本国民の統合についても統合は目に見えない、そのあり方は物体のそれと違って理念的である。それを天皇という感覚的存在が表わしているから、天皇は統合の象徴である。天皇は象徴であるから天皇を尊ぶことは、日本国を尊び、天皇を敬うことは日本国民統合を敬うことである。元来、象徴という言表わしはアメリカの指示に基づくものであろうが、いわば怪我の功名で、天皇の性格を極めて適切に表現していると思う。

こうした天皇論は、「象徴と規定されたから天皇の影が薄くなった」とする当時の風潮に対する反発も含まれていた。しかし、「象徴ということこそ日本の天皇に特有の性質で、天皇本来の相」であるという理解は、天野の中で確固たる信念であった。それは「日本の皇室は概して権力の主体ではなかった。権力者は将軍とか幕府とかいうものであった。昭和時代になって天皇が神としての絶対的権力を持つかのように言われた時においてさえも、実際には一人の総理大臣を任命する実権をも持たなかった事実はわれわれの記憶に新たなるところである。事実としては天皇はいつも象徴であったと言うべきである」（天野貞祐全集5）という表現でも示された。

国家と個人の倫理

すでに述べたように、道徳教育問題に関して天野は「従来の道徳は決してすべて妥当性を失ったわけでない」と述べ、たとえば教育勅語が、「その妥当性を失うことになった今日、そこに何か日本人の道徳生活に対して一種の空白が生じたような感じを抱く者は決して少なくない」と指摘した。つまり天野には、教育勅語が「一般に通用しなくなった結果、そこに示す徳目までもすべて不妥当ではないかという疑問をもつ青少年」の存在やそうした「風潮」に対する「危機感」と「反発」を抱いていたことになる。そしてこの「危機感」と「反発」の対象は、戦後日本の国家をめぐる問題へと向けられる。天野は、「今日、社会に流行すると思われる考え方において、如何かと思うのは、歴史を考えるのに、新旧に立ち切ってしまって非連続の面のみを考えて連続の面を忘れ、或いは連続の面のみを主張して非連続の面を軽視するという傾向」であると述べ、以下のように続ける（天野貞祐全集4）。

歴史は単なる断絶でもなく、単なる連続でもなく、新旧のかみ合い（相互媒介）において成立することを明らかにしたいと考えております。また、個人、国家、世界という関係において戦前戦時における極端な国家主義が国家あるを知って個人と世界とを無視した反動として、現在は個人と世界とを重視するあまり、ややもすれば国家存在の理由が薄くなる傾向を免がれないのはいずれも中正の思想とは考えられない。

天野にとって、個人か国家か、そういう「あれか、これか」という考え方は、単なる抽象論と映った。「私どもは、個人も大切であれば国家も大切である。そういう両者を中に含んだ一つの国家観とか人生論とかいうものを持って行くべきだと思うのであります。そういう立場に立っているのであって、『あれか、これか』entweder oder という考え方でなくして、『あれも、これも』sowohel als auch という考え方でありたいのであります。即ち、個人も国家もともに揚棄（aufheben）した、そういう立場で行かなければならぬ、こういう考えを持っておるのであります」（天野貞祐全集5）というのが天野の基本的な立場であった。

天野は、この「揚棄」という言葉を「止揚」と置き換えることも多いが、それは、「国家あっての個人、個人あっての国家というように相互関係的に考えるべき」ということである。ここでいう国家とは、「個人がそこに生まれ、同じ言葉を話し、同じ歴史と伝統のうちに生きる倫理的・文化的生活共同体として、言わば個人存在の母胎であって、決して個人の単なる方便ではなく、個人また国家がそれにおいて自覚をもち、それを通じて活動する自由の主体であって決して単なる方便」ではないということである。つまり、天野にあっては、「国家は個人の人格と幸福を重んじ、個人は国家を母胎として認識し、これを愛するところに国家と個人の倫理が成立する」ということであり、裏を返せば天野は、こうした「国家と個人」の関係が意識されることなく、「国家と個人の倫理」が崩れているところに、戦後社会の問題点を見ていたのである。

中庸と「哲学学徒の使命」

天野は、この「国家と個人の倫理」が成立していない状態をたびたび「中道を逸脱したもの」と表現した。また天野は、この「中道」を「中庸」とも称したが、それは天野の「戦後」認識とともに、天野の教育観と人生観の中で重要な位置を占めていた。たとえば天野は、「わたし達は一般によきことを希求します。しかし、何がそれであるかに迷う場合が、決してまれではありません。そういう際に、中道ということが、生きゆく道の目じるしとして、人生の大道を指示してくれると思います」と述べ、「ものごとにおいて、極端をさけ、中を目ざすことの重要性を、ひとり個人についてのみならず、国家民族についても思わざるを得ません」と続ける。

そして天野は、「中庸というと何か中位のものごとのような誤解を起こしやすいが、中というには態度のあり方から言って、過大でもなく、過小でもなく、中だというのであって、情意や行為のねうちから言えば、最上のもの」であるという。そして具体的には、「怯懦と無謀との中である勇敢、放埒と無感覚との中である節制、放漫とケチとの中である寛厚、卑屈と虚傲との中である矜持」を例にしながら、これらの「徳は価値としては最高であっても存在としては中位をしめる」と述べるのである。

もっとも、天野は全ての行為や情意が中をゆるすわけではなく、悪意、破廉恥、嫉視のごとき情意、姦淫、窃盗、殺人のごとき行為は、「過小過大の故ではなく、それ自身非難されるのであって、無条件に過ち」であるとする。また、「中は道徳的であってもその内容が一定の規準によって定められているわけではない」ために、それを捉えることは難しく、そのための「人間智の涵養」の必要性を強調してもいる。しかし、天野は、論語の「中庸の徳たるや、それ至れるか。民すくなきこと久し」などの言葉をしばしば引用することで、徳としての「中庸」を一貫して重視するのである。

「中庸」についての天野の理解の上に、戦前を「国家あるを知って、個人と世界との存在理由を無視していた」極端な国家主義の時代、戦後はその反動として、「個人のみを主張し、ややもすれば国家を単なる手段化しようとする」極端な個人主義の思想が風靡しているとする理解が加われば、戦前と戦後が、ともに「中道を逸脱した」ものと映るのは当然であろう。次の言葉は、天野の理解と時代への向き合い方を端的に表現している（天野貞祐全集４）。

私生活についてみても、政治や思想においても、極端に走る傾向の強いことは、わたし達日本人の大いに反省を要する点ではないでしょうか。わたくしは一個の哲学学徒として、つねに中道を求めて止まないつもりでいます。ひとが右に走ってもついて走らず、左に走っても立ち止まって中道を求めようと思います。それ故にひとが国家あるを知って、個人と世界とを知らない時代には、人格の尊厳を力説し、今日ひとが個人あって、個人が国民であることを忘れる時に当っては、国家の存在理由を主張することは、哲学学徒の使命だと信じています。

「国民実践要領」で示された国家論の上に、「個人のみを主張し、ややもすれば国家を単なる手段化しようとする」ことへの批判、また「個人あって、個人が国民であることを忘れる」ことへの批判が相乗されることで、天野が文部大臣在任中に提起した道徳教育構想の内容はより構造的となる。しかもここに、「中庸」を重んじることが「哲学学徒の使命」であるとまでいう信念が加わることで、その意味はさらに強固なものとなっていった。

もちろん、こうした国家観と「戦後」認識は、天野に特有なものではなく、オールド・リベラリストの多くが共有する最大公約数でもある。しかし、特に再軍備問題をめぐって、左右の対立が顕著となり、教育においても「文部省対日教組」の対立軸が鮮明となっている状況では、国家や愛国心、そして天皇が対立の争点となり、天野の主張は政治的文脈の中に解消されていったことも先に見た通りである。リベラリストに「オールド」を付けて区別される状況の中では、「真の愛国心は人類愛と一致する」との定義さえもが、冷静に受け止められることはなかった。

「国民実践要領」と「期待される人間像」

「国民実践要領」の内容は、一九六六年（昭和四十一）の中央教育審議会答申別記「期待される人間像」との類似が指摘される。しかし、それは当然である。前述したように、「国民実践要領」は天野が高坂正顕、西谷啓治、鈴木成高の三人に執筆を委嘱したものであった。「期待される人間像」は、中央教育審議会の第十九特別委員会の主査を務めた高坂正顕が執筆したものであり、第十九特別委員会には天野も委員として参加していたからである。

たとえば「愛国心」について「期待される人間像」は、「今日世界において、国家を構成せず国家に所属しないいかなる個人もなく、民族もない。国家は世界において最も有機的であり、強力な集団である」としながら、「世界人類の発展に寄与する道も国家を通じて開かれているのが普通である。

国家を正しく愛することが国家に対する忠誠である。正しい愛国心は人類愛に通ずる」と定義する。「正しい愛国心は人類愛に通ずる」とする理解は、「国民実践要領」と同じである。もちろんこうした理解は、天野や高坂に特有のものではない。国家を否定することなく、あくまでも国家を介して世界（人類）が統合されるという理解は、特にオールド・リベラリストに共有された思考であったといえる（『知識人――大正・昭和精神史断章』）。

天皇についても「期待される人間像」では、「象徴としての天皇の実体をなすものは、日本国および日本国民の統合ということである」と述べながら、「天皇への敬愛の念をつきつめていけば、それは日本国への敬愛の念に通ずる。けだし日本国の象徴たる天皇を敬愛することは、その実体たる日本国を敬愛することに通ずるからである。このような天皇を日本の象徴として自国の上にいただいてきたところに、日本国の独自な姿がある」とされていた。「国民実践要領」に比べると表現は整理されているが、天皇が「国民統合の象徴」であり、天皇への敬愛が日本国への敬愛に通じるという理解もまた、オールド・リベラリストに共有されたものであった。

4　中央教育審議会と新学制批判

一九四六年十月八日に設置された教育刷新委員会は、一九四九年六月に教育刷新審議会と改称され、さらに一九五二年六月に中央教育審議会へと改編された。中央教育審議会は、「文部大臣の諮問に応じて、教育、学術又は文化に関する基本的な重要施策について調査審議し、及びこれらの事項に関して文部大臣に建議する」（「文部省設置法」第七条）と規定された。委員には、「人格が高潔で、教育、学術又は文化に関し広くかつ高い識見を有する者のうちから、文部大臣が内閣の承認を経て任命する二十人以内の委員で組織する」とされた。

中央教育審議会は、一九五三年一月の閣議において十五名の委員が決定され、天野をはじめ、小泉信三、児玉九十《こだまくじゅう》、前田多門《まえだたもん》、矢内原忠雄《やないはらただお》らが同年一月六日付で任命された。初代の会長には、日本学術会議議長の亀山直人《かめやまなおと》が選任された。中央教育審議会が最初に取り組んだのは、「教育の政治的中立性」の問題であった。この時期には、いわゆる「文部省対日教組」の対立構図が鮮明となっており政治的中立性の問題は文教政策の鋭角的な課題でもあった。中央教育審議会は、第三特別委員会（主査は、河原春作）を設置し「教育の政治的中立性」に関する審議が進められた。

天野はこの問題にどのように対応したのであろうか。同年十月十二日の中央教育審議会第十六回総会で天野は、日教組が「個人の自由意志によって一つの政治上の意見を述べるとかいうのじゃなくて、それ以上に一つの団体として政治活動的な、政党的な色彩を持ってやっているというのが現状」であると批判した。

「天野・矢内原論争」

さらに、同年十月二十六日の中央教育審議会第十七回総会では、「教育の政治的中立性」をめぐって激しい議論となった。残念ながら、この総会の議事録は、ほとんどが「速記中止」となっているため詳細は明らかではない。しかし、翌十月二十七日付の「『教育の中立性』で激しく論争」と題した『朝日新聞』の記事が、「速記中止」部分を補い、議論の様子を比較的詳しく伝えている。

総会では、まず前田多門が、「東大の教育学部の教授の中には従来、日教組の行きすぎた考え方を甘えさせたり、もしくはそれを正当化しようとする傾向があったようだが、この点は熟考を要する」と批判し、これに続いて天野は次のように述べた（『教育における「政治的中立」の誕生――

矢内原忠雄

「教育二法」成立過程の研究』）。

東大の教育学部の教授などは、その言動がしばしば国内に大きな影響を与えずにおかない指導的地位にある学者であり、日教組のやり方などについても必要があれば、これに対して苦言、忠言を行うべき立場にあるのだが、少なくとも新聞紙上などでは、これまで苦言や忠言めいた所論を発表したのを見たことがない。（中略）これらの教授達は、文部省が一般国民の間に社会科改善の要望が高まっているものと考えて、その改善につき検討を進めている際に、十分な学問的究明を加えもせず、直ちにこれを再軍備とか軍国主義に結びつけて、政府の陰謀よばわりした逆コースだときめつけるのはおかしい。これらの人々は、もっと指導的立場から、こうした問題を学問的に究明して、日教組などを導くべきである。

これに対して矢内原忠雄（東京大学総長）は、「東大教授の中にも、もちろん日教組に加入しているものもあるが、教育学部としては、教育の民主化と日教組の教育研究活動の指導という二つの点から努力しているもので、社会科問題なども、こうした観点から論じているものと思うから、これに対する非難は必ずしも当たらない。社会科問題に関連して政府の陰謀よばわりしているような事実があれば具体的に指摘してもらいたい」と反論したとされる。

天野が指摘した社会科問題とは、同年八月七日に教育課程審議会が答申した「社会科の改善、特に道徳教育、地理・歴史教育について」をめぐる議論を指している。特に同答申は、社会科の改善にあたって力を注ぐべきものの一つが、「基本的人権の尊重を中心とする民主的道徳の育成である」としながら、「社会科では、民主的社会における道徳生活のあり方の理解や、道徳的判断力を、児童・生徒の発達に応じて育成することに力を注ぐべきである」と提言した。また、これを受けた文部省は、同年八月二十二日に「社会科の改善についての方策」を発表し、「民主的社会における道徳生活のあり方の理解や、道徳的判断力を育てることは重要であり、これに対して社会科が特に寄与しなければならない」としていた。

こうした社会科での道徳教育重視の方向に対して、日教組をはじめ、海後宗臣《かいごときおみ》（東京大学教育学部長）、宗像誠也らは社会科問題協議会を結成して声明を発表した。六回にわたる声明では、これが

「実質的に社会科を解体し、地理、歴史、公民に分割する道」を開き、この改訂が政府の「占領政策の行き過ぎ是正」の動きと連動し、「平和憲法に違反する再軍備の線と決して無関係のもの」ではないと批判した。天野の発言はこうした動向を踏まえたものであった。同記事は、「審議会の大勢は前田、天野両氏の意見に賛成の空気が強かったといわれる」と伝えているが、「天野・矢内原論争」からは、天野の日教組への批判と社会科への評価を読み取ることができる。

「教員の政治的中立性維持に関する答申」

一九五四年（昭和二十九）一月十八日、中央教育審議会は「教員の政治的中立性維持に関する答申」を提出した。答申については、同年一月十一日に中央教育審議会第二十回総会で集中的に審議された。天野は、日教組の政治的活動を念頭に置きながら、「教員の自由というのはむしろ組合活動によって束縛されていることがある（中略）適当な措置をするということは、私はそれを歓迎する教員も多いと思う」としながら、教育の政治的中立性を確保することには基本的な賛意を示し、教員の政治活動を制限する立法措置を講じることも否定はしなかった。しかし、天野は提示された答申案については大きく二つの点で修正意見を述べている。

第一は、答申案が、「教員の組織する職員団体及びその連合体にあっては、公務員法に定める給与その他の勤務条件等の経済的地位の向上を図ること以外の行為をなしえないことにする」とされたことに対してである。天野は、「教員の活動というものは全然経済活動だけに限っちまうという点が私はどうも無理があるような気がいたします。勿論教員も自分で労働者、労働組合だといっておりますけれども、実は任意団体なんです。（中略）任意団体における組合の教員活動というものはもっと広く一般に考えられているとと思うのであります。だから文化とか教育とかということも教員の活動の中から取っちまうというところに非常に無理がある」と答申案の修正を求めた。

また、第二には、立法措置を取るにしても、その手続きとして可否を中央教育審議会で議論すべきであるとするものである。「教育の中立性を侵すのは日教組ばかりではなくして、場合によっては政党によって侵されることもあるのだから文部省がそういう措置をとるときにはこの中央教育審議会にかけるということが教育の中立性というものを維持する上では非常にいいこと」であるというのが天野の主張であった。

戦前から健全な教員組合の誕生を期待し、その役割と意義を主張してきた天野からすれば、こうした主張は当然のものであった。それは、ともすれば日教組対策のみに傾斜しがちであった議論を改めて本質論へと引き戻す役割も果たした。結局、答申では、「公務員法に定める給与その他の勤務条件等の経済的地位の向上を図ること以外の行為をなしえない」の文言は削除されたが、第二の主張は採用されなかった。

同年三月の『アサヒグラフ』で天野は、「日教組の行き過ぎに対して二年三ヶ月という間私も散々てこずっていた」と述べた。そして、子供はあらゆる意味での「可能性」であり、「たとえば先生が再軍備反対で世には賛成論もある。その両論の理由を説き、判断を生徒にまかすという態度が必要で、日教組が偏った教育上の指令を出すなどという態度には絶対賛成できない」としながらも、中央教育審議会の決定を経る手続きを欠いたことは問題であり、「誰が文部大臣でも公平な意見を聞かずに教育の理想に到達することは出来まい」とコメントした。

中央教育審議会の会長就任

一九五五年（昭和三十）一月、天野は中央教育審議会総会で互選され会長に就任した。七十一歳の時である。獨協中学・高等学校長として学園の再建に尽力しながらの重責は、天野に更なる激務を強いることにもなった。天野は、一九六三年（昭和三十八）四月十三日まで八年三ヶ月にわたって会長を務め、文部行政の施策の責任者としての公的な役割を担うことになる。

天野は会長在任中、「私立学校教育の振興についての答申」（一九五五年九月）、「教科書制度の改善方策についての答申」（一九五五年十二月）、「短期大学制度の改善についての答申」（一九五六年十月）、「教員養成制度の改善方策について」（一九五八年七月）、「大学教育の改善についての答申」（一九六三年一月）など合計十一の答申をまとめ挙げ、森戸辰男に会長を引き継いだ。

また天野は、会長を退いて以後も、中央教育審議会の委員として一九六七年（昭和四十二）五月二十七日まで在職した。なかでも、第十九特別委員会の委員として「期待される人間像」の制定に関与したことは、先に述べた通りである。中央教育審議会の在任は十二年を超え、退任したのは八十三歳となる年であった。日本側教育家委員会、教育刷新委員会、中央教育審議会委員として、文部大臣時代を加えれば、天野と戦後の文教行政との関わりは二十年に及んだことになる。

「道徳の時間」への距離

天野が会長に在任していた一九五八年（昭和三十三）九月、学習指導要領が改訂され小中学校に週一時間の「道徳の時間」が設置された。これは、同年三月十五日の教育課程審議会答申「小学校・中学校教育課程の改善について」での提言に基づくものであった。「文部省対日教組」といわれる激しい対立の中での「道徳の時間」の設置には、日教組などからの激しい反対運動が展開された。とりわけ、「道徳の時間」の趣旨の徹底のための道徳教育指導者講習会は、「教員組合、その他の労働組合の集団暴力による反対を受け、前例のない困難な情勢」の中で行われた。同年九月六日から十月九日まで、五会場（東京、仙台、奈良、徳島、別府）で開催された道徳教育指導者講習会は、「いつも赤旗と労働歌とピケ隊と笛の音の中」での開催となった（『新しい道徳教育のために』）。

「道徳の時間」の設置は、天野による「修身科」復活問題の延長線上にあったが、この議論に天野は直接的には加わっていない。おそらくその大きな理由は、中央教育審議会の会長という立場上の配慮であったといえる。また、「道徳の時間」設置は、当時の教育課程審議会の所管事項でもあった。当時、教育課程審議会の会長は、京都帝国大学、第一高等学校、文部省で苦楽を共にした日高第四郎が務めており、日高を信頼して任せたという見方もできる。

天野が「道徳の時間」の設置に言及した文献はほとんどないが、道徳教育指導者講習会には天野も講師として参加している。「道徳教育について」と題した講演の中で、道徳教育の本質や自由の意味、愛国心、天皇論などの持論を展開しながら、「道徳の時間を特設することと、全教科を通じて道徳教育を行うことは、決して矛盾しない。両者は相補うものである」「今後の文部省の道徳の指導要領はよくできている。作った人はすぐれたかたがたで、き誉ほうへんを度外視して作られたもので敬服に値する」と述べるに留めている。

わずかに、「今の日本にはAll or Nothingの考え方があるということである。これは誤りで、少しでもよいことはやるべきである」としながら、「道徳教育についても、いっぺんに理想の状態にならないのだから、少しでもよくなればという考え方で進めていきたい」「『道徳か、社会科か』また『全科か、特設か』というように、『あれか、これか』でなく、『あれも、これも』という考え方になることがたいせつである」と従来からの持論を述べたのが、「道徳の時間」へのわずかな言及であった。

倫理科の問題

一方で、天野は高等学校の倫理科の問題については積極的に言及した。天野は一九五七年（昭和三十二）六月三日から同七日まで文部省が主催して開催した「中学校高等学校社会科倫理講座」の講師として参加し、「倫理学の基本問題」を講義した。また、同じ時期に「倫理科の問題」と題する論稿を発表し、「高等学校に倫理科（哲学科といっても、思想科と言ってもよい）を設けることはぜひとも必要ではないか」と提言した。時代は社会のあらゆる領域において専門的知識を求めている。したがって、すべての学科が専門家によって教えられなければならないという天野は、さらに次のように続けた（天野貞祐全集5）。

倫理科はあくまでも学問的でなければならない。哲学史とか思想史とか歴史に重点をおくことがよいであろう。哲学的知識をも鍛錬をも与えないことは新制高校教育の一大欠点だと思われる。旧制高校では論理、心理、哲学というような学科があったが、新制高校はそれを欠いているから高校を出ても新聞や雑誌に出る思想的文章などさえも理解できない恐れがある。思考力のすぐれた生徒であっても、思考のいわば定石を知らないから思想が健全であるわけにゆかない。「思うて学ばざればあやうし」ということに至らざるを得ないのである。高校生に人生哲学に関する歴史的教養を授け、論理的鍛錬をすることは本人にとって幸福であるばかりでなく、明日の日本にとって極めて重要なことだと私には考えられるのである。

倫理科の主張は、かつて天野が文部大臣であった一九五二年（昭和二十七）に高等学校での漢文科復活を提言したこととも重なる。これは、同年二月十九日の記者会見で「高校の漢文は、できれば必修科目に改めたい」と述べたことを発端とした。「漢文は国語の古典だから、西洋の子供がラテン語やギリシャ語を学ぶのと同じように漢文を学ばせたい。（中略）漢文の簡潔な表現は便利だし、なにか精神的なものがふくまれている。漢文を学んだものには背骨が通っている」というのが天野の主張であった。当時、「修身科」復活問題、「国民実践要領」制定問題に続く、第三の「天野構想」と称されたが、天野の中では漢文科もまた道徳教育的な意味合いを持っていたことがわかる。

しかし、それ以上に重要なことは、天野の主要な関心が初等教育には向けられず、もっぱら中等教育から高等教育へ注がれていたことである。それは、戦後の新教育批判が大学教育に集中していることからも明らかであった。これが小中学校に対する「道徳の時間」と高等学校での倫理科に対する言及の温度差をもたらしたともいえる。ここには甲南高等学校校長、旧制第一高等学校校長、獨協中学・高等学校長を歴任した経歴に由来するともいえるが、天野の教育論の対象は主に高等教育を念頭に置いたものであった。

新学制の功績と問題点

「教育刷新委員会が六・三制の原理を採用したことは適当であったが、その運用についてはさまざまな過誤を犯し、教育は刷新されずして、かえって今日の困難な状況を招くに至ったことは、国家再建途上における一大不幸であったと言わなければならない」（天野貞祐全集5）。天野は戦後の学制改革をこう評価した。そして「一大不幸」をもたらした根本が高等教育改革の「過誤」にあったというのが天野の指摘であった。

特に天野は、一九六四年（昭和三十九）十一月に発表した「日本教育のゆくえ」という論文で戦後の学制改革に言及している。ここで天野は、九年の義務教育を実現したこと、戦前までの袋小路であった体系を一元化して不公平を廃棄したこと、の二点を大きな功績であると評価した。特に後者は、「旧学制によれば小学卒業生は一方の者は中学に入り、高等学校をへて帝大或いは専門学校へ進むという希望を抱くのに反し、他方の者は普通実業学校に入り、そこは袋小路であって、先に進むことができない」。この二方向の区別を撤廃して一様に中学校としたことの意義は大きく、高等教育においても「帝大コースと専門学校という二本立を新制大学によって一本化し、不公平を廃棄し、社会の明朗化に貢献したことは新学制の大きな功績」と述べた。

ところがその上で天野は、六・三・三・四という学年区分は果たして適切であったかと問う。特に、中学校の三年という期間は、校風とか伝統とかを涵養するには短く、「むしろ高校と共に六年の学校を構成する方が適切だと思う」と述べた。そう述べる天野の念頭に七年制の旧制高校があったことはいうまでもなく、最も適切な学制は、六・七・四制であるとも述べている。

さらに、天野が問題視したのは、「新制大学の創設に際して歴史と伝統とを無視した統合が行われたこと」である。この点が、旧制高等学校廃止の問題に焦点化されたことは本書でも指摘した通りである。「当時わたしは第一高等学校の校長として一高の併合に反対したが、東大の強力な併合要求と一高教授大多数の併合賛成のために、涙を呑んで一高を東大に引き渡し、伝統に輝やく一高を葬ったことは日本教育史上の一大痛恨事とわたしは信じている」という。そして天野は、「学制改革に当たって、わたしは旧制高校は新制大学とし、旧帝大、少なくとも東大京大は学部を持たない大学院大学とし、全国新制大学の優秀な卒業生は大学院に進学するとすれば、新制大学の位地は旧制高校と同じく、その伝統を生かしうることを提案したが、当局の容れるところとならなかった」と述べ、次のように新学制を総括した（天野貞祐全集5）。

その結果旧帝大は地方大学と全く同資格の大学となり、大学院はその機能を十分に発揮できず、学問研究にとって不利な状況を招来した。（中略）もともと高等小学が中学となり、中学が高校となり、高校、専門学校が大学となったとすれば、旧制大学が新制大学院大学となるのが、ものの順序である。然るに旧帝大を地方大学と法的に同資格としたことから種々問題を生じて来た。旧帝大と地方大学は名目上は同資格でも、実質的格差は明らかであるから、高校卒業生の進学希望が旧帝大、わけても東大京大に集中し、ここに前代未聞の激烈な競争が展開することとなった。旧学制においては地方のどの高校へ入学しても東大京大への進学路線は開かれていた。が、新学制において東大京大の卒業生となるためにはそこの教養（学）部へ入学せねばならぬ。言わば二十数個の入口が一個に縮められてしまったも同然である。その結果は高校はもちろん中学も小学までも受験予備校に化せられてしまった。日本教育の重大難渋なガンがここに発生したのである。

さらに天野は、東京大学の約六割以上の学生が浪人であるという現状は、「地方から入学しうる者は資産家の子弟に限られることとなり、地方から人材が出にくくなる」と指摘した。天野によれば、「旧帝大の大学院への採用人員は旧帝大自身新学制大学を持つゆえ極めて少数に限られることとなり、地方のいかなる秀才も深遠な学殖を身につけることはむずかしい。旧学制において各地の高校から旧帝大へ進みえたとは非常な相違である。歴史と伝統とに輝やく旧制高校からその独立性を奪った結果は地方の人材に発展の進路を閉ざす結果となった」ということになる。

加えて天野の批判は、新学制の中での大学院にも及ぶ。「新学制は学問研究を困難にした」という天野は、その理由を「新学制においては四年の大学の上に五年のコース制大学院があるゆえ、教授の負担は著しく増大せねばならぬからである」とする。つまり、「一国の学問研究を引き受けていると も言えるような代表的な教授達が初歩の講義や指導に力を奪われて研究に専心できぬとなれば学問の発展は到底望みうべくもないのである」という指摘であった。これは、かつて「総合教育研究所」の創設を強く主張した天野からすれば当然のものであった。そして、新制大学が現状に留まれば、高校以下は受験学校化し、大学に合格すれば勉強の意欲を失うような状況は決して日本の有為な人材を育成すべき環境ではない、というのが天野の結論であった（天野貞祐全集5）。具体的に天野は、「修士課程を新制大学に譲り博士課程だけの大学院大学も研究すべきである。この場合の大学院大学は研究本位であって、大学院学生をもった研究所でなければならない」と主張した。

天野の持論である大学院大学の必要性は、高坂正顕の『大学問題と学生運動』（一九六八年）でも提唱された。高坂は、新しい大学の理念は、「エリートを中核とした大衆の大学」をめざすべきであるとしながら、大学院大学を高等教育機関の中で再構成することを提言した。大学院大学は、現代人における人間疎外を人間性に向かって恢復させる学問研究を主眼としながら、具体的には「今日の大学院と大学附置の研究所とを一体としたもの」を想定したものであった。大学院大学が、「研究することを学ぶ場所であり、研究を通じて教育する場所」であるという高坂は、この構想が「天野先生の構想に近い」ことを認めていた。

教育学部の失敗

天野は、新学制への批判とともに、「各帝大に一時に教育学部を創設しようとしたこと」も大きな失敗と断じた。学部とは長い歴史の中で蓄積した教授力の結晶であり、十分な準備をすることなしに一時にいくつもの学部を創設することは、全く「無謀」であったというのが天野の指摘であった。しかも「教育学部の教授は他学部の教授よりも一層日本全国の教育に対して影響力を持つゆえに、その学識人物が優秀でなければならぬのに、そういう適任者を急速に集め得ぬことは論を要しない」という天野は「この失策が日本教育に持ち来たした非常な災害については、わが教育の現状を知る者の等しく概観するところだと思う。というのは教員組合が指導者として適当な大学教授を見出しえない結果を招来したからである」と続けた。

改めていうまでもなく、この指摘は先述の日教組批判と結びついている。天野の日教組批判は、日教組の政治的な活動と同時に、教員組合を健全に導くことができなかった教育学者に向けられたことを特徴としている。特に、東京大学教育学部の宮原誠一、勝田守一、宗像誠也、大田堯らが草案をまとめて、一九五一年六月に公表した「教師の倫理綱領」以降、天野が日教組批判を強めていったことも先述した通りである。

天野が文部大臣を務めていた当時、東京大学教育学部の五十嵐顕、宮原誠一、勝田守一、宗像誠也大田堯、細谷俊夫《ほそやとしお》、三木安正《みきやすまさ》、岡津守彦《おかつもりひこ》の八名が日教組の中央講師団のメンバーであった。これは教育学部教授会の構成員のうち約四割にあたり、なかでも宮原誠一、勝田守一、宗像誠也のいわゆる、三M教授は、中央講師団の有力メンバーであり、かれらの意向によって講師団の編成が決まったと言われた。ちなみに三Mとは宗像と宮原の姓のイニシャルのMである。勝田の姓はMではなく、名前も「しゅいち」であるが、これを「もりかず」とこじつけて三Mとし、三教授を三Mと呼んだ。一九五三年四月に東京大学教育学部に着任した清水義弘《しみずよしひろ》は、日教組の教研集会（教研）にかなりの教授が出席するために、教授会が開けなかったことも珍しくなかったと証言している。竹内洋《たけうちよう》は、特に三M教授の影響は日教組だけには止まらなかったとして、次のように述べている（『改革幻想の戦後史』）。

日教組の教研だけでなく、教科研（教育科学研究会）やその機関誌『教育』を通じて、全国の教育学者を組織し、教師の啓蒙活動を展開した。三Mは進歩的教育学者のシンボル教授であり、進歩的教育学者の牙城としての東大教育学部の看板教授だった。

この背景には、戦前の師範学校から大学の学部として設置された、いわゆる「ポツダム学部」としての教育学部設置をめぐるある種の「無謀」さがあったことは否定できない。「各帝大に一時に教育学部を創設しようとした」という天野の表現は控えめであるが、その視線が東京大学教育学部に据えられていたことは間違いない。同時にそれは、東京大学教育学部と日教組との関係、さらには三M教授に代表される東京大学教育学部の教育学全体に及ぼす影響を視野に入れたものであった。

「自由転学案」と「抽せん制」

獨協中学・高等学校の校長としての職務を続けながら、天野は獨協大学の学長としてまさに獅子奮迅の働きを続けた。その一方で、大学問題についての発言を続けていった。その中心は、天野の持論である大学院大学論であったが、さらに天野は「自由転学案」と「抽せん制」にも言及した。もっとも「自由転学案」は、すでに教育刷新委員会で承認されたもので、四年の大学を二年ずつ前期と後期に分け、「前期修了者はどの大学の後期にも転学できるという制度の活用」の徹底が主眼であった。

もちろんこの案には、大学入学と同時に転学試験の準備を始め、落ち着いて勉強ができないという難点があることは天野も承知していた。しかし「学生が希望を持って勉強することは、試験に無理がなければその欠点を補う」ことになると天野はいう。また、「今のままでは一般に有望な学生は地方大学を欲しない、むしろ二年でもそういう学生がいることは他の学生と切磋して一般の空気を活発にし、全体としてはプラスではないか」というのが天野の結論であった。

天野は、大学院大学論や「自由転学案」は、教育体系の問題として重要な意味を持つが、これだけでは受験教育という「癌」を克服するには不十分であるという。ここで天野が提案したのが、「抽せん制」というユニークな案である。激烈な入試の競争をこのまま放置すれば、「わが民族は文化の創造力において、道徳的エネルギーにおいて退化することはないかと心配でならない」という天野は、「重病の手術には思い切った作業を要する」と述べ、「抽せん制」を次のように説明する（天野貞祐全集5）。

抽せんと言っても初めからクジに頼るのではなく、国が全国高校卒業生に対して、別に受験準備を要しない高校卒業程度の試験をし、それに及第した者は大学入学の資格、従って権利ありとし、どの大学をでても自由に志願させ、志願者が定員を越した場合には抽せんによって合格をきめるという構想である。（中略）これによって大学間のいわゆる学校差は撤廃され、青少年を高慢にしたり卑屈にしたりする教育の欠点が除去される。高慢と卑屈ほど人間性を傷つける性質はなく、しかも現在の制度においては、それは教育の必然的所産であることが十分に考えられねばならない。クジという言葉に迷わされてはならない。

こうした提案の根拠が、ドイツの大学をモデルとしたものであったことを天野も認めている。「ドイツの大学生は、自分の欲する大学において、自分の欲する教授について学んでいる。ドイツでいう『大学の自由』は研究、教授の自由、学生の学習の自由である。これこそ実に大学の自由というべきである」という天野は、日本の大多数の学生が自分の行きたい大学で学び、「大学が学問を通じての人間形成の場となる工夫はないものであろうか」と問う。そして、大学院大学と「抽せん制」がその実現に一歩を進める構想だと信じた。ただし、高度経済成長による「豊かさ」を基盤として大学の進学率が増加し、大学の偏差値による順序化が固定化するという「大学の大衆化」が加速度的に進む状況の中では、天野のこうした提案はほとんど議論にならなかった。

5 獨協大学の理念と経営

入るは易く、出るは難き大学

獨協大学は、天野の満七十九歳の誕生日である一九六三年（昭和三十八）九月三十日に設置、認可申請が受理された。埼玉県草加市の松原団地隣接地に設立され、学部は外国語学部と経済学部の二学部であった。外国語学部はドイツ語学科と英語学科からなり、入学定員はそれぞれ一〇〇名の二〇〇名で、経済学部二〇〇名と合わせて計四〇〇名であった。翌一九六四年（昭和三十九）三月十八日に文部大臣から大学設置の認可がおり、獨協大学の創設が実現した。

天野が、「一から十までわたしの理想に従って創設した」という獨協大学の理念とは何であったのか。獨協大学が認可された後の同年四月一日、天野は『朝日新聞』の「学芸欄」に「独協大学のねらい―学問を通じての人間形成」という一文を寄稿している。ここで天野は、日本の大学教育について四つの点を指摘している。第一は、入学試験に関するものである。「大学入試のために高校も中学も、更に小学校までも、すべて入学予備教育に終始し、本来の教育が甚だしく歪曲されている。教育の全精力が受験準備に傾尽され、しかも多数の浪人を出し、その結果予備校や塾が繁盛をきわめ、しかのみならず予備校に対してでも入学難があるというような、古今東西に類例を見ない奇怪な事象を生じ来たっている」と指摘した。これは、繰り返し表明された天野の持論である。

第二の問題は、受験を突破した学生が、目的を達成したことで向学の精神を失い、場合によっては驕慢心さえも持つに至ることである。「受験準備の激しい勉強の反動として、かえって怠惰の弊風を生じ、しかも大学はこれを放任し、難渋なのは入学であって卒業は安易だという事態」を招来していると天野は指摘した。もちろんこれは第一の問題とも連動する天野の持論であった。

第三は、大学は人間形成の場であるにもかかわらず、その意味が十分に考え抜かれていないという点であり、第四は、大学卒業生の実用語学力が不十分であるという指摘である。「読解力があっても、話し書くことができぬというのでは、今日の世界事情に対処することは不可能である」というのが天野の指摘であった。その上で天野は、「それらの点を是正した大学を創設するならば、わが国の教育に一寄与をなし得ることを信じ、あえてこの難事業に踏み切った」と述べ、獨協大学の特色を以下のように続けた（天野貞祐全集5）。

（一）入学試験については、外国語と作文だけを試験する。外国語といっても特にすぐれた学力を要するわけではなく、高校卒業の普通の力があれば十分である。わたしの試みは大学入試の全般的解決をめざすものではなく、受験準備を要しない一大学を日本教育に加えようという意図に出ずるものである。準備を要しないといっても、もとより比較的のことであろう。しかしいわゆる受験準備に比すれば無きに等しいといえると思う。

（二）受験準備を要しないが、勉強しなければ卒業できない。入学はやさしいが卒業はむずかしいこと、一般の大学と逆である。したがって厳重に出席を要求し、勉強を奨励する。

（三）人間形成はスポーツ、茶道、宗教的修行等々さまざまな方法を通じてなされるが、大学の人間形成は勉学によるのが本道で、その他の方法は副次的であると私は考える。学問を媒介とした人間形成が大学の本質でなければならぬ。

（四）外国語学部の学生はもちろん、経済学部の学生も、四年間を通じて二カ国の外国語を学び、第一外国語は実用語をも身につけることを目標とする。これまで実用外語の達者な人は、とかく軽薄のそしりを受けたが、独協大学の卒業者は教養があり、しっかりした精神的背骨を持ち、しかも外語を自由にする人格であることを期するわけである。

最後に天野は、「わたしは京大教授時代およそ二年間、学生課長を兼務した。そうしてわたし自身不思議に思うほど、強い関心と親愛とを全京大学生に対して感じた。当時の京大生はわたしの教育愛に共感し、実に素直に従順によくわたしの指導を受入れた」と述べた。そして「今は時代が違うと、ひとは言う。今日の学生は果してわたしの教育愛を感得し、新大学の理想実現に協力してくれるであろうか。わたしの生涯の最後の、そして決定的な賭がここに横たわることを思わざるを得ない」と締め括った。

生涯最後の、そして決定的な賭け

獨協大学の創設は、「生涯の最後の、そして決定的な賭け」であると天野は宣言した。端的にそれは、「入学はやさしいけれども卒業はむずかしい。勉強を厳重に要求し、出席や礼儀をやかましくいう。大学における人間形成は主として学問によるとわたしは考える。大学生の仕事は勉強が主であってその他の活動は副次的でけっして学問の習得と同列ではない」という天野の方針の具体化であった。同時にそれは、天野が指摘した戦後教育の問題点に対する「異議申し立て」であり、「徹底的惨敗者」として実現しなかった自らの高等教育論を世に問う「再挑戦」でもあった。

大学は学問を通じての人間形成の場である

大学の正式認可がおりる前の一九六四年一月三十一日、獨協高等学校生に対しては認可を見越して学内選考試験が実施され、百七十五名の合格を内定していた。また、認可後の同年三月二十六日に二学部の一般入学試験を実施し、同年四月二十六日に第一回入学式を目白の獨協学園講堂で挙行した。天野は八十歳になろうとしていた。

式辞の冒頭で天野は、「わたくしは独協大学の名において、諸君を独協大生として、即ち倫理的文化的教育団体の一員として、大学理念の実現に協力する同志として、協力者として受け入れることを宣言します」と述べ新入生を歓迎した。その上で天野は、先述の「独協大学のねらい――学問を通じての人間形成」で示した四つの問題点に言及しながら、獨協大学の理念について説明した。なかでも天野が強調したことは、学生も獨協大学という倫理的文化的な教育共同体の一員として大学の創造的主体の創造的要素であり、教職員と学生とがそれぞれの持場において大学理念の実現に協力することの必要性であった。

大學は
學問を通じての
人間形成の
場である
天野貞祐

獨協大学建学の碑

　また天野は、大学が人間形成の場である、としながら、「大学における人間形成の道は主として学問を通じての形成であります。学問を通じての人間形成の道が大学の本質であります」と述べた。そして、「大学生本来のあり方は勉学において成立します。勉学しない学生というのは、矛盾した概念であって、飛ばない鳥とか、泳がない魚とか、黒焼きにした氷とかいう類のものであります。それでは大学理念の実現に協力するわけにはいきません」と続けた。ただし、天野は、「われわれの勉強はいわゆる受験勉強とはちがいます」とした上で、次のように述べてもいる（天野貞祐全集5）。

われわれの大学は日本教育の癌をなす受験から解放された自由の世界であります。諸君はよろしく自由快活、のびのびとしてカレッジライフを味わうべきであります。学問の味は体験しなくてはわからない。（中略）今や諸君の前には学問の王国が横たわっています。そこはイデアの無限な宝庫であります。しかし、そこに通ずる道は勤勉以外にはあり得ない。このイデアの国を目指して進む自由が諸君に与えられているわけであります。けれどもその学問には少しも無理はいらない。（中略）急がずに休まずに、つとめて止まざる勉強が必要なのであります。

また、獨協大学の大きな特徴は、入学に際して宣誓文を誓い署名をすることであった。宣誓文は天野の書いたものであり、以下のようなものであった。

わたくしは獨協大学生として、この倫理的・文化的・教育共同体の一員として、学問の同志として相互に信頼し、大学理念の実現に学生としての誠実な協力をいたします。
学生としての在り方を謙虚に反省し、学則はもとより、一般に法を尊び、秩序を重んじ、日々の生活は規則正しく、勉学に精進し、心も健康、からだも健康、他日国家社会の優れた創造的奉仕者となることを期します。
心からの信頼と矜持をもって、この誓約をいたします。

財政の困窮

しかし、大学運営の財政的な負担は予想以上に大きく、教職員の給与も関がポケットマネーで出していた。開学した一九六四年十一月には、「完全なピンチ」となったという。関湊は、大学に出る間もなく資金調達に苦労した当時を次のように証言している（『獨協大学創立二十年史』）。

金が一銭もなしというとき、学校へ来たって金が入るわけじゃない。学校に金はないんだから。とかく金のないときほど、一カ月の給料の支払いが早く来る。金がなくてどうしようかと必死になっているとき、組合の連中は、いや手おくれの、いや何してくれのと言ってくる。ないからだめだということになると、うちのイメージがダウンしちゃうから、何とかそれをごまかして、金はあるけども、出さないような顔をしていなきゃならない。あれがつらかったな。

財政危機を乗り切るため、天野の理想的な大学創設への賛同と資金援助を目的として「天野貞祐後援会」も組織された。一九六四年九月に発足した後援会には、世話人として安倍能成、小泉信三、茅《かや》誠司《せいじ》、森戸辰男ら十五名が名を連ね、三百名以上の会員から二百八十五万円の募金が集まった。

関の尽力で、同年には体育館を竣工するなど徐々に大学の施設も整備されていった。また、大学経営を軌道にのせるためには、学生定員の増員は急務の課題であった。一九六五年（昭和四十）七月十六日の理事会で一九六七年（昭和四十二）度からの法学部の新設、経営学科の増設、外国語学部の定員増などが決定し、のちにフランス語学科の増設などへと拡大していった。しかし、学生数の増加は、天野の理想とする姿から徐々に乖離して行くことを意味していた。天野の大学理想の実現と大学経営の財政的な課題の解決は、新しい理念を掲げた獨協大学が抱えた宿命的な難問であった。

6　大学紛争と学長辞任

不協和音

獨協大学は、一九六七年（昭和四十二）二月に関湊が理事長に就任し、創設から四年を経て完成年度となる同年五月六日に式典が執り行われた。同日、「大学は学問を通じての人間形成の場である」と刻まれた建学の碑の除幕式も行われ、大学運営も軌道に乗り始めたかに見えた。「初め三年間は思いのままに活動して、満足そのものだった」（『教育五十年』）。天野もそう回想している。

ところが、学内的に「不協和音」がなかったわけではない。獨協大学では学部ごとの教授会はなく、教授のみが全学の教授会として開催していた。一九六六年七月十五日の評議員会では、「教授会を全学教授会だけにしたのはどうかと思う。教授会を効果的にするには各学部に教授会を置く方がよいではないか。専門の違う多数の教授の意見を統一するのは無理な話」であるという意見が出された。これに対して天野は、「各学部の教授会では全体的なことを考えないで、学部のことのみを考える利己的傾向がないではないので、教授会は一本として、全体として考えてほしい。各学部から代表者を出させて、全体できめる。各学部と懇談してから教授会に提出するつもりである。獨協大学は規模が小さいのだから、他の大学の例に拘泥せずにいきたい」（『目で見る獨協百年　1883―1983』）と答えている。

また、一九六六年に教授として着任した朝倉保平《あさくらほへい》は、天野の理念がなかなか大学に浸透して行かず、次第に「竜頭蛇尾に近いものになっていった」としながら次のように述べている（『回想　天野貞祐』）。

天野さんは心に描いた、新しい大学構想が仲々理解されない、いらだちがあったのではないか。「入学試験などくじ引きでもいい。」とまで言われたことがある。それよりも入学してきた学生を指導し、鍛え、ひたすら学問の道に精進させる。具体的には学生は毎日登校し自習と休暇を図書館や教室で行うこと、また、教師は教師団として一つであり協力して教育指導に当り、授業をきちんと時間割通り行なう。病気以外は休講しない。人間は怠け者であるからこうした外からの強制が必要であるという学長の考えに基く要請であった。（中略）従前の硬直した大学の真似ではない、前例のない大学にするためのさまざまな発想はすべて無理難題という外はなかった。

獨協大学では学部・学科の新設と増設が進む中で、多くの若手教員も採用されたが、教授会は専任の教授によって行われていた。そのため、徐々に教員組織の中での意思疎通が滞り、天野が掲げた理念との乖離を少しずつ拡げていくことになった。また、個人研究室が無かったことは、特に若手教員からの不満を溜め込んでいった。

もっとも、教授会が教授のみで行われたことは、必ずしも獨協大学の独自の制度というわけではなかった。一九六三年（昭和三十八）一月二十八日に中央教育審議会がまとめた「大学教育の改善についての答申」では、「教授会の構成員は、学部における教育研究の管理運営について直接責任を負うものでなければならない。現在、教授会の構成員の範囲は、各大学によって区々であるが、教授会は教授のみをもって構成されるべきものとし、特に必要があるかぎり、評議会にはかって助教授または常勤講師を加えることができるものとする」とされていた。そして、この答申を中央教育審議会の会長として取りまとめたのが天野であった。天野の立場からすれば、獨協大学の教授会は、中央教育審議会答申に基づいたものでもあり、当然のことと考えていたに違いない。

大学紛争の嵐

学内の状況に加えて、獨協大学にも全国的な大学紛争の嵐が見舞った。一九六八年（昭和四十三）一月の東京大学医学部の研修医問題に端を発した大学紛争は、同年五月の日本大学全共闘会議の結成を契機として急速に全国各大学へ波及した。一九六八年度は六十七大学、翌一九六九年度（昭和四十四）は百二十七大学で紛争が発生した。

大学紛争の背景には、何より戦前から継続するマルキシズムの影響を無視できないが、直接的には一九六〇年代の学生数の急激な増加と「大学の大衆化」という社会構造上の問題があった。一九六〇年（昭和三十五）から一九六七年（昭和四十二）までの間に、大学数は二百四十五から三百六十九に増加し、学生数も六十七万人から百十六万人へと急増した。「戦争を知らないこどもたち」という歌が流行し始めたのは一九六八年である。大学紛争の担い手となった「団塊の世代」は、高度経済成長の下で青年期を過ごし、右肩上がりの生活水準も身体化しつつあった世代であり、一方では過酷な競争を経験することで、「管理社会」への強い不満を抱えた世代でもあった。

たとえば、小熊英二は、大学紛争の背景を理解するためには、①高度経済成長による都市への人口集中と農村の過疎化、進学率の急上昇やベトナム戦争などの時代状況が若者に与えた影響、②幼少期には高度成長期以前の社会に育ち、青年期には高度経済成長の爛熟期に生きた「団塊の世代」が経験した幼少期と青年期の生活・文化・教育のギャップと彼ら自身の「とまどい」、③日本が高度経済成長によって先進国に変貌していく状況の中で、当時の若者たちが感じたアイデンティティの不安・未来への閉塞感・リアリティの希薄さといった「現代的不安」、つまりは社会の激変が、若者たちをどんな心理的状況に追い込んでいたのかという観点への注目が必要であるとしている（『一九六八〈上〉——若者たちの叛乱とその背景』）。

小熊はまた、一九六〇年代の教育状況がこうした背景を二つの意味で支えたと指摘した。一つは、彼らが「戦後民主主義」の理念を内面化していればいるほど、眼前の受験競争や学校のあり方や現実の政治がそれらを裏切っていると見えたことである。そのため、彼らにとっては、「戦後民主主義」

それ自体が「欺瞞」に映ることになるが、同時にそれは自らに内面化している価値観を「欺瞞」とするアンビヴァレンスを含んでいた。もう一つは、受験競争が「教師」や「学校」に象徴される「体制」への反感を植えつけたというものである。その意味では、各大学での学費値上げや学生会館の管理権問題は、あくまでも「契機」に過ぎないものであった。

獨協大学の大学紛争

獨協大学は、創立から①学生自治会はつくらない、②非合法な運動への参加は認めない、③表現の自由は、大学の秩序を乱さない限りにおいて承認する、ことを原則としていたが、一九六八年秋ごろから大学紛争が学内でも表面化し始め、一九六九年の前半まで嵐が吹き荒れた。その最初は、一九六八年十月二十日から二十七日まで開催された第四回学園祭であった。大学教育への学生参加、学生管理の近代化、学生の政治的活動禁止の解除、煩瑣な規制反対、クラス・ゼミ単位の自治会創設をめぐって自主的な討論グループが大学の中庭で自然発生的に起こったと『目で見る獨協百年　1883—1983』は伝えている。その後の主な学内の動きを同書の年表で辿れば大よそ次のようになる。

［一九六八年］

11・23　教授会は流動しはじめた学生の動向に対応し、かつ急激に拡張された若手教員層を把握するために、臨時特別委員会（万沢遼《まんざわとおし》委員長）を設置する。天野理念の実施面への批判が若手教員や学生から噴出しはじめていた。

［一九六九年］

2・4—5　大学の学生集会。学年末試験中にかなりの一般学生を含む大集団が、外国人非常勤講師の契約解除の疑問や教務処理上の不満や学生の政治参加の禁止規定をめぐって、説明集会を求めた。紛争は序盤の混迷期に入る。

2・6　集会は激発した学生集団の臨特委への質問が徹夜になり夜明けに。「二月六日未明事件」なる左右学生間の衝突事件が五棟内で起る。一般学生層に不信感が群生し「主体的な問いかけ」が流行した。大学幹部や臨特委々員の教員が、ノンポリラジカルとセクト派が指導権をとり、多数の一般学生が参加していた徹夜団交に安易に引き出されることになってしまった。

3・27　第二回卒業式挙行。卒業生総数六八九名、専攻科二名。

4・10　第六回入学式挙行。新入学者数一、九五九名、専攻科十二名。天野学長臨席の入学式にヘルメット姿の極一部のセクト派（革マルといわれる）の学生が演壇に一時乱入する。二・三月の臨特委で改革案が審議・答申された。

4　在校生の履修科目登録についての「処理上のミス」があり、学生間の話題となり、これが端緒となって「学生運動」が漸次発展し、ついに全学生の問題となった。団体交渉としての全学追求集会が連日開かれ「大学当局」の出席が求められ、かつ経理公開なども要求されてきた。セクト派の紛争拡大策と全国的な大学紛争の刺激と連鎖反応、一般学生の自由化への目覚めが融合し、騒然たる事態にいたったが、大学側は当分は集団要求には応じないことを協議し、学生間にその旨を徹底させるよう努力した。

4・21 万沢臨時特別委員長を中心にまとめた〝獨協大学の将来について全学の諸君に訴える〟が学内に配布され、学生間および教員間のそれぞれに波紋と論議を巻き起こす。昨秋以来の学生問題対策の臨特委は、新旧老若の教員間の差異と矛盾を拡大しつつ、左右の対立を含めて事態のますますの混迷化、セクト派学生の激化と一般学生の流動化を押え切れないまゝに、数次にわたり構成員の変更をみせてきた。（中略）しかし事態の混迷はその後も深まった。天野学長と現場執行部の事実誤認や判断の行き違いも深まった。新しい大学理念に燃えてスタートした天野学長の苦悩は最高度に達してきていた。

5・26 学長出席のもとに本学の基本的態度についての説明集会（図書館講堂）。集会は鎮静化せず中途解散となる。極一部の学生は帰りの昇降機脇で老学長の身体にふれることまでした。天野学長は集会に一時間の約束で出席し、質疑応答が行われたが、果てしない「討論」なので一時間で打切り退席帰宅。その後、革マル・社学同らが一つになって学内デモを起こす。それを見学中の一般学生も加わって気勢をあげ騒然となった。埼玉県警は、大学側に関係なく、機動隊（トラック三台）を校門前に出動させ制止につとめた。

5・27　学生デモが学内で盛んに行なわれ、騒然さを倍加させた。

5・28―29　教授会が民主化され、助教授から助手までも含む全専任教員による拡大教授会がはじめて開催される。極「左」学生の暴力介入を避けて目白中高で行う。

獨協大学の大学紛争

年表には記述されていないが、一九六九年三月二十七日の卒業式の朝、活動家の学生十数名が、黒い紋章をつけた天野の大きな写真を中央に飾り付けた立看板を正門前に出すという「事件」が起こった。年表を追って行けば、大学側も臨時特別委員会も有効な対応をなし得なかった状況が浮かび上がる。臨時特別委員会の委員でもあった安本《やすもと》行雄《ゆきお》は、この点を認めながら、「学生たちの一部は益々尖鋭化していって、やがて一部教師を捲き込んで公然と天野先生の建学の理念を否定し、天野体制の打破を叫ぶようになった」（『回想　天野貞祐』）と振り返っている。

これに対して、鈴木《すずき》康治《やすはる》は別の見方もしている。それは、大学運営が正教授に委ねられたため、変貌する学生に迅速に対応できず、逆の問題を紛糾させたのではないか、というものである。「密室的評論ではことが解決せぬし、意志決定に参与せずして伝達、責任を負わされる一方通行では、互いに困惑するのみである」と指摘した。もっとも鈴木は「大学の大衆化」が進む中では、以心伝心は不可能であり、大学紛争は単に経営と理念の相剋ばかりではなく、いわば「起るべくして起った」問題であるとも述べている（『回想　天野貞祐』）。

当時の獨協大学には、国立大学を定年退職した教授が多く、その一方で四、五十代の世代が少ないために、若手教員との間に考え方のギャップが生じていた。

天野の絶望

「大学は学問を通じての人間形成の場である」ことを建学の理念に掲げた天野にとって、紛争の衝撃は、理想の大学の挫折を意味していた。なかでも、同年四月十日の入学式の混乱は、天野にとって大きな意味を持っていたはずである。後に獨協大学の学長となる白旗信は、この時の様子を次のように証言している（『回想　天野貞祐』）。

四十四年の春四月、入学式の日の騒動を思い出す。先生が学長式辞を述べ始めたとたん、十名足らずのヘルメット学生が式場の扉を蹴って跳び込み、壇上のマイクを奪って何やらわめく者、国旗、校旗を引きちぎる者、新入生の「かえれ！　かえれ！」の大合唱、この混乱のなかでも先生は無言で立っておられた。丸山武夫図書館長に促されて私は先生を抱えるようにして裏の控え室に退いた。「残念だ、残念です。こんなことに屈してはいけない。もう一度やり直します！」と言われた先生の毅然とした声がまだ耳にある。やがて静まるのを待ち、泰然として最初から式辞をやり直された先生が、なにか大きく大きく見えた。

さらに、天野にとって決定的な衝撃となったのは、同年五月二十六日の説明集会であった。萬澤副学長は、この集会への出席が学長辞任の直接の動機であったとしている。「学長が学生に集会を要求されたとき、僕は極力学生の集会へ出ることを留めたにもかかわらず、自分が話せば学生は納得してくれるという自信があったので、無理に学生集会に出た。初めて出たのです。それまでは僕が全権を委任されて、僕が出ていたのです。その結果がさんざんだったので、先生は学生に失望して、それで学長をやめられたんです」（『獨協大学創立二十年史』）。これが萬澤の説明であったが、天野にとっては、「失望」というより「絶望」というものであったはずである。そして、この日を最後に天野は、九十五歳の天寿を全うするまで一度も大学の門をくぐることはなかった。

学長の辞任

天野は、同年五月三十日の理事会の席上で、「まだ理事長にも誰にも相談していないが、学長を辞任したい。重大なことであるから自分としても充分考慮をつくした上でのことである」と辞意を伝えた。自らの出処進退は自分で決める。天野は、今回もそれを貫いたことになる。また、学園長に就任する意志はなく、学園から一切、身を引きたい、とも発言したとされる。天野は辞任の理由について、①大学での自分の理想実現が困難となったこと、②健康が許さないこと、③社会に申し訳ないこと、を挙げた。①と③はともかく、たしかに天野は前年の一九六八年三月に虎ノ門病院に入院していた。大学紛争とは関係ないこの時に辞意を伝えていたというから健康面での不安は決して方便ではなかったといえる。

これに対して関理事長は、「天野学長の尽力にもかかわらず好ましからざる事態が発生しているから、学長が責任をとろうとする気持は理解できるが、獨協は天野先生あっての獨協である。各教員の中には、学長の教育理念に背き、学園のためにもならない者もあることは事実である。しかし学長が去れば学園は真暗になる。もう一年だけでもよいからぜひ止まっていただきたい」という「血涙下る慰留」をした。関はまた、大学紛争は獨協大学だけではなく、学長一人が責任を取る必要はない。何とか学園長だけでもお引き受け願いたい。自分も学長と共に辞任したい気持ちもあるが、「学園には多額の借入金があり、私はその保証人でもあるから、私が去れば大学はどうなるか。学長の辞任は決してそれにとどまらず、当然経営の面にも波及してくる」とも述べた。これに対して天野は、次のように返したという（『目で見る獨協百年　1883―1983』）。

もし学園が潰れるようなことがあれば、多くの教職員やその家族の生活を破壊することになる。私もそれを痛感し、相すまぬことだと思っている。しかし、私の退陣を望む者もあることだし、自分としても自分の考えが実行されないとなれば、退陣より外はないと考え、随分、苦しんできた。私ももっと若かったらあるいは切り抜けられるかもしれぬが、老齢の上、近来、健康も勝れないので、活気ある有力な人に学長の席をゆずるべきだと考えるにいたった。

「母校獨協を愛し、火中の栗を拾って零細紛争の中高校長となり、苦労の末に大学をつくり、八十なかばになって大学のために力を尽くしてきた天野博士は、獨大紛争の中で思い悩んだ」と『目で見る獨協百年　1883―1983』は記述している。また同書は、天野が自分の後任に黒沢清《くろさわきよし》教授を推薦し、天野の理念に反発する相当数の学生の雑言批判や若手教員の一部に「情けない」思いを残しながら、「潔く学園を去りたい」「明日から一切の会議に出席しないが、ご了承願いたい」と言い残して理事会を退席したと伝えた。

天野の辞任は、同年六月四日に了承された。天野辞任の報が伝わると、学生の間に「学長留任歎願」が広がったというが、その願いは届かなかった。同年八月には黒沢清学長代行が選出され、同年十二月の「平和宣言」の公示によって獨協大学の大学紛争は終息した。もっともそれは、同年八月七日に成立した「大学の運営に関する臨時措置法」によるところが大きかった。

獨協大学の学長を辞任した天野であったが、獨協中学・高等学校の校長はしばらく継続した。ただし、同年四月から天野の負担軽減のために小池辰雄《こいけたつお》が副校長となり、実質的な職務を代行した。翌一九七〇年四月一日、天野は関の言葉を受け入れ、獨協学園の学園長に就任。それと同時に獨協中学・高等学校校長を辞任し、その後を小池辰雄が校長として引き継いだ。

天野の思い

天野は学長辞任の経緯をほとんど記述していない。『教育五十年』においても「関氏を盲信して建築関係は大成功であったが事務系統を盲信してすっかり失敗してしまった。（中略）東大を初め諸方の大学騒動が盛んとなるに及び、自分の大学も同じような騒ぎを始めた。

わたしの人間観社会観はあまりに甘かった。学生の大部分はわたしを支持しても一小部分にまかされてしまった。『天をうらまず、人をとがめず』自分の不明を恥じて潔く辞意を表明した。中高校長は小池辰雄教授に、大学学長は黒沢清教授に譲りここにわたしの教育五十年は終了した」とあっさり記述しているのみである。

しかし、学長辞任直後の雑誌の対談では、もう少し詳しく自身の思いを吐露していた。天野は、大学の定員増加に伴い、「むやみにたくさんの若い先生を採ったために、学生たちは世間の風潮にかられる」と述べながら、次のように続けた（『フォト』一九六九年八月）。

私の方針を理解しない先生方が二、三十人おる。そうしてほんとうの百人ぐらいの学生と、二、三十人の先生のために全く私の教育ができなくなってしまった。（中略）そうして何でも数でいく。教授会でも若い諸君もみんな入らなくちゃいけない。それで数でやるとなると思想の円熟した諸君の数は少ないですから、みんな若い者に押されてしまう、というようなことが新制大学の非常な悩みなんです。少なくとも私の大学の悩みです。初めのうちは非常に思うとおりにやれたけれども、すぐやれなくなったということなんです。

「一番の原因は若い先生をたくさん採ったということですね。それで行き詰ったということなんです」。天野はこうも付け加えた。そして、「私がもっと若ければ、からだを張ってやれるのですけれどももう九月には八十五歳になる。体力がないからとうていやれない。そうしてまた自分の考えと違う大学をやるということは、自分の気持ちが許さない。非常に残念だけれども思い切ってひとつやめようということになったわけです」と悔しさも滲ませた。

天野の辞任に対して、新聞は天野理念の「挫折」と報じた。「せめて天野さんが手塩にかけた獨協大学ぐらいは紛争も起こらず全人教育を貫いていくだろうと期待されたのだが、それもむなしく終わった。もはや『道理の感覚』も時代の流れに抗し切れず、どうしようもなかったらしい。天野さんの退陣は明治調の大学理念の挫折であり、また一つの時代の終りを意味するものとして、きわめて象徴的である」（『サンケイ新聞』）、「明治調の古典的大学像が、若い人々には一つの虚像としか受取られなかったのも事実だろう。老学長と二十代の若い学生の間には、埋めがたい〝断絶〟があったのだ。天野さんの退陣はそういう意味ではこの時代の象徴的事件といえる」（『毎日新聞』）というものであった。

また、『週刊サンケイ』（一九六九年六月二十三日号）は、天野の辞任について、「紛争といっても一種のハヤリ病のようなもので、じきに静かになるでしょう。何もあわてておやめになることもないと思うんです。天野サンを慕って入学させた親はみんな嘆いていますよ、見捨てられたのかって」という保護者のコメントを掲載した。さらに、「うちの教授陣は、ほとんどが国立大学定年後の老人ばかり。（中略）この狂瀾怒濤の時代にどう対処していいのか、見当もつかない人たちなんです。えてしてそういうタイプの教授に天野信奉者が多い。この大学では天野サンは神サマなんです。神サマに逃げられて、これからうまくいきますかね。（中略）看板のなくなった大学になったことは間違いない」という若手教員の発言も掲載した。天野の思いとの乖離を象徴する内容といえるが、天野辞任の学内事情を能弁に語っている。

第七章　自由学園とキリスト教

1　天野貞祐と自由学園

自由学園との出会い

文部大臣を辞任した天野は、一九五二年（昭和二十七）十一月から母校である獨協中学・高等学校校長として獨協学園の復興に着手したことはすでに述べた通りである。実はその一方で、天野はもう一つの学校とも関わりを持っていた。それは自由学園である。自由学園との深い関わりは、教育者である天野の人生にとって大きな意味を持ち、特に獨協大学の学長を辞任した後も大切な場所となっていった。

自由学園は、羽仁《はに》もと子・吉一《よしかず》夫妻によって一九二一年（大正十）に設立された大正新教育運動の象徴的な学校の一つである。天野と自由学園の関係に言及した文献はほとんどないが、両者の関係は極めて深い。天野は自由学園との出会いを次のように述べている（『教育五十年』）。

文部大臣辞任後いち早く自由学園の創立者羽仁吉一、もと子両先生の訪問を受け出講の依頼を受けて快諾した。自由学園では普通の教科の外に津田左右吉、折口信夫の如き碩学を招いて一ヶ月一回とか二ヶ月一回とか特殊講義を依頼し、また、もと子夫人は自身、津田先生の私宅に通って講義を聴問することもあった。型にはまらない学園である。先ずわたしが敬服したのはその創立の根本方針であった。それはキリスト教と天皇尊重の二本の柱であった。戦時中世間が忠君愛国一辺倒にて、キリスト教を排斥し、自由を容れなかった時期にも、キリスト教を教学の柱とし自由を主張し、もし自由という校名を止めねばならぬなら、学園そのものを止めると主張して譲らなかった。世間が君が代をかれこれ云う時期になっても、讃美歌と共に国歌を唱い、校庭には毎日国旗を掲げることを止めない。かような校是に忠実な態度もわたしの敬服する所である。

羽仁夫妻が天野を訪れて大学での講義を依頼したのは、天野が文部大臣を辞任したそのわずか三日後の一九五二年（昭和二十七）八月十五日である。羽仁吉一は、イギリスに留学中であった三女、羽《は》仁《に》恵子《けいこ》に宛てた同日付の書簡で「今日は今度辞任した天野さんに敬意を表するため、母さんと二人で目白でつくった菓子と二宮から持つてかえつて来た紅白及び桃色のカーネーションを持つて天野氏宅を訪問した。（中略）天野さんは血色もよく少しも疲れた風はなく、いくらか重荷をおろしてセイセイしたという風であった。少しお休みになったら学園の大学部にはまだ哲学の講座がないから一学期に一回、出来るなら月一度位『大先生』になつてお話に来て頂きたいといったらキットあがりますといわれた」（『雑司ヶ谷短信　下巻』）と記している。

この時、天野は妻タマとの二人暮らしでお手伝いもいなかった。羽仁夫妻が訪れたちょうどその時、タマは洗濯していたことを天野は覚えている。「羽仁氏はあまりに簡素な旧大臣のくらしを異とするものの如くであった」（『教育五十年』）というのが天野の記憶である。

この約束通り、天野は翌一九五三年（昭和二十八）十月二十日から自由学園での講義を開始し、以後、講義は一九七一年（昭和四十六）まで続いた。講義では当初、カント哲学を講じていたが、一九五四年（昭和二十九）から女子部では『羽仁もと子著作集』を用いての講義となった。

自由学園創立50周年記念式典

しかし、正確に言えば、この時が天野と自由学園との出会いの最初ではなかった。戦前、自由学園では各分野の研究者を招いて「講筵十二ヶ月」と題する講演会を催していた。天野も講師の一人として、一九四〇年（昭和十五）六月三日に自由学園を訪れ、「人生と創造」と題する講演を行っていた。講演の記録は、『私の人生観』（一九四一年）に収載されているが、この時に羽仁夫妻と親しく食事をしたことが天野と自由学園との長い関わりの始まりであった。この時を境に、天野は一九〇三年（明治三十六）に羽仁もと子が創刊した『婦人之友』に掲載された座談会に出席するなど、羽仁夫妻との公私にわたる交わりを重ねていった。

もっとも、天野はそれ以前から羽仁夫妻の活動には関心を持っていた。一九七一年（昭和四十六）の自由学園五十周年式典の挨拶で、『婦人之友』の前身の『家庭之友』に触れ、「実は明治三十六年両先生の始められた『家庭之友』第一号より毎号購うて郷里の義姉へ送りました。これはもちろん両先生のご存知ないことであります」（『教育五十年』）という話を披露している。その意味では、天野と羽仁夫妻との関わりは更に時間を遡ることができることになる。ついでながら、天野の妻タマも天野の勧めで『婦人之友』と『明日の友』を長く愛読し、晩年まで「家計当座帳」を使用した。

天野は、文部大臣に就任した一九五〇年の夏、体調を崩した羽仁もと子の元を忙しい公務の合間を縫って見舞いに訪れている。また、一九五一年（昭和二十六）五月十六日に挙行された自由学園三十周年記念式典には、天野は文部大臣として出席し式辞を述べている。この式典には、吉田茂総理大臣、GHQのルーミスCIE教育課長、小泉信三、岡田武松《おかだたけまつ》、那須皓《なすしろし》、長谷川如是閑など錚々たる来賓が出席し式辞を述べている。

たとえば吉田は、「戦時中自由ということを口にするのがけんのんなとき、自由学園では、決してその看板を下ろさぬばかりか、その名を変える位なら学校を廃めてしまおうと、決心されていた。また戦後において、世間がとかく皇室をそまつにする今日の時代に、どこまでも国歌を歌い、国旗を掲げてはゞからない。こうした自由独立の精神は、私のもっとも敬服に耐えないところであります」と祝辞を述べた。

また、小泉信三は、「ほぐれつゝ　葉形つぎつぎあらはれる　木々の芽ぶきの　ときぞにぎはふ」という、歌人岡麓《おかふもと》の歌を引用しながら、「若い青年男女に接しているとよくこの歌を思い出します。三十年間こういう日々を続けてこられた羽仁先生は何というお幸せなことでありましょう。多くの世の人の知らない幸福を受けられたのは、まことにお羨ましいことと思うのです」とお祝いの言葉を贈った。

自由学園という小さな私立学校の式典に、現職の総理大臣、文部大臣、占領軍関係者が出席することは極めて異例といえる。いうまでもなくそれは、天野の人間関係によって実現したものであるが、ここには天野と羽仁夫妻との交流の深さと同時に、自由学園に対する天野の強い親愛の思いが象徴されている。

羽仁もと子の天皇観

天野は、自由学園の「キリスト教と天皇尊重の二本の柱」という方針に共鳴したと述べている。実際に天野は、学校行事での式辞や講話でもこの点に多く言及している。たとえば、一九六四年（昭和三十九）四月の入学式では、自由学園の教育の特色は「キリスト教に拠っているということ」であり、子供の時に宗教を学ぶことは「非常によいことだと思います」としながら、次のように続けている（天野貞祐全集6）。

キリスト教を学ばれると同時に、皆さんが、日本人だということをも、はっきりと考えられるようになると、いくらキリスト教を学んでもどういう教育を受けても、国籍の無い人間のようになったのではだめですけれども、この学校は、一方においては、この校庭には日の丸の旗がたっており、式の場合にばかりでなく、朝礼の時にも、君が代を歌われるというようなことも非常な特色だと思うのです。ミセス羽仁、或いはミスタ羽仁のような方でも、一方においては非常に広い世界的な思想をもっておられるけれど、他方においては、日本人だ、日本の国民だということを決して忘れられない。そして皇室を尊んでおられるということも、私はこの学校の非常な特色だというふうに思っております。

天野がいうように、自由学園では戦時中に国旗を掲揚し国歌を斉唱していた。これについては、羽仁夫妻の孫（長女の説子と羽仁五郎の長男）であり、自らも自由学園で学んだ羽仁進《はにすすむ》が、天野とは違うニュアンスを伝えている。羽仁進によれば、もと子は「きわめて現実的なひと」であり、「自分たちの一つの社会である学園を守り抜くために、いろいろと知恵をはたらかせた。現実に対応することにかけては、特殊な才能をもっていたような気がする。たとえば、自由学園は国旗掲揚をしなかった。圧力が強まると、自由学園の旗のほかに、国旗掲揚も行なうようになった」（『自由学園物語』一九八四年）という。国旗掲揚は、羽仁もと子の本意ではなく、時局に対する「現実的」な対応であったというわけである。

たしかに、もと子の時局に対する迎合的に見える現実的な対応については、これまでも指摘されてきた。それは、もと子が国家と家族とをアナロジカルに捉えたために、天皇制イデオロギーとしての

「家族国家観」を批判できず、結局はこれに取り込まれてしまったという批判にも連続する（立川正世「羽仁もと子の教育思想」）。

しかし、羽仁もと子が天皇個人に対する強烈な尊敬の念を生涯もち続けていたことは間違いない（『羽仁もと子――生涯と思想』）。むしろ重要なことは、もと子が戦時期の神格化された天皇のあり方を日本の歴史における本質から逸脱したものであると認識していたことである。たとえば、もと子は、「天皇は神であり、日本は神国であるという牽強付会《けんきょうふかい》な右翼思想の横行は、どれほど皇室のためにもご迷惑であったか、国のために有害なものであったか、個人の自由、思想の自由を圧迫したか」（『羽仁もと子著作集』第十九巻）と述べていた。

仮にそうだとすれば、天皇に対する強烈な尊敬の念と、羽仁進のいう「現実的」な対応とはそれほど矛盾無く共存していたといえる。この点は、後に三女である羽仁恵子が、「羽仁もと子はまた、自分の生まれた国を愛せずにはいられない人であった。それはあたりまえのことであるが、日本の皇室と国民とのつながりがまた家庭的であり、親子の愛に似通うものがあったからである」として、次のように続けたことでも明らかである（「解説」『羽仁もと子著作集』第二十巻）。

わたし達の不十分な肉の親子の間にも、皇室と国民との間にも、他国の人と人との間にも、神の愛に消るほどの深く広い信愛がそだつようにとねがっていた。彼女の心の中では早くも戦前から天皇陛下を国民の統合の象徴と確信してこれを敬愛してやまず、陛下の上をお想いして戦時中もその後も、その御苦痛をどんなにお察ししてもし切れないという思いを禁じえないようであった。

この言葉は、天野がもと子を評して、「皇室に対しては、非常に深い親愛の情を持って居られていましたが、しかし決して天皇を政治の権力者だから尊ぶ」という意味ではなく、また宗教的な主体としてこれを崇めたわけでもなく、「ミセス羽仁の、書いてある言葉通りに言えば『敬愛し、そして親愛する陛下』というようなお気持でもって皇室を尊んで来られたと思う」（『学園新聞』第六十八号）と述べたことと重なり合う。そして、こうしたもと子の天皇観は、天野のそれと強く共鳴するものであった。天野が自由学園の理念を「キリスト教と天皇尊重の二本の柱」と捉えたことは間違いではないし、天野の中では自由学園におけるキリスト教の理念と天皇尊重とは矛盾なく溶け合っていた。このことは、羽仁吉一が一九五三年（昭和二十八）十月に書いた次の言葉にも表現されていた（『雑司ヶ谷短信　下巻』）。

われ〳〵は日本の国柄《くにがら》を信じ、皇室を尊敬することにおいて、決して人後に落つるものではない。しかし天皇を「神」とすることは、われ〳〵の信仰の絶対に許容し得ざることである。この一点は特にわれ〳〵の心を痛めたところであって、この信念を貫くためには、或は一死もまた免《まぬ》かれ得ないのではないかと、ひそかに思い定めたこともあった。一たび敗戦となるや、人心は極度に混乱し、新聞を見ても、ラジオをきいても、皇室に対して、普通人にさえ用いないような、無礼きわまる言辞を弄して恥じないような世にも苦々《にがにが》しい時は暫くつゞいた。学園では朝礼の前に、国歌をうたうことを、戦前も戦時中も戦後も、一日も休むことなく今日に及んでいる。国旗は司令部の許可があつてからは、校庭の中央に毎日これを掲揚しつゞけている。偶々《たまたま》参観に来た人々が、国旗を仰ぎ、君ヶ《ママ》代の声をきいて、覚えず涙《なみだ》ぐむというようなことも度々あった。世間《せけん》がどう変わろうとも、われ〳〵の信念は永久に不動《ふどう》である。

理事長として

一九五五年（昭和三十）十月にもと子の夫、吉一が急逝した。自由学園に駆けつけた天野は、吉一の棺の前で「悲嘆は学園の親愛を増すべきであります。困難は勇気を生むべきであります」と述べた。この言葉は、自由学園関係者と遺族、特に羽仁夫妻の三女、恵子に強い慰めと励ましを与えた。

吉一逝去の後、体調に不安があったもと子は、天野に自由学園の校長への就任を依頼している。しかし、天野は当時すでに中央教育審議会の会長に就任する一方、獨協中学・高校の校長を務めていた。試行錯誤の中で学園の再興に精力を集中していた天野にとって、その求めに応ずることはできなかった。ただし、可能な限りは学園長をお助けすると答え、一九五六年（昭和三十一）十一月から自由学園理事に就任している。すでにこの時、もと子は外出もままならなくなっていたが、天野が講義のために自由学園を訪れる日を楽しみにしていたと言われる。

翌一九五七年（昭和三十二）四月に羽仁もと子が逝去した際、天野は葬儀委員長を引き受け、式の終わりの挨拶を、「みなさまのご同情と愛とを彼女の社会的遺産であり、彼女の精神をつぐ、自由学園と婦人之友と友の会とにおよせ下さい。御願い申し上げます」と結んだ。もと子の後を引き継いで学園長になったのは、羽仁恵子である。恵子に天野は、「死んだつもり」で勤めるよう励ました。いうまでもなくこれは、天野自身が文部大臣を引き受けた時の心境でもあった。「死んだつもり」とは、「死ぬつもり」ではない。「そうではなくて、はじめから自分をころして立ち向かうのである。そこでころす自分とは、ほんとうの自分ではなくて毀誉褒貶を気にする自分である。『死んだつもり』で希望と勇気とに生きるようにとおさとし下さいました」。後に恵子はこう振り返っている（『回想　天野貞祐』）。

同年六月からは自由学園の理事長となり、羽仁恵子学園長を名実ともに補佐することになる。獨協大学の創立と獨協学園全体の再興という重責と課題を背負いながらの激務の中で、天野は理事会をはじめ、一般の大学に相当する最高学部での女子部、男子部での講義、始業式、終業式、卒業式、体操会など様々な式典と行事にも可能な限り出席した。

羽仁五郎への批判

ところで、羽仁夫妻の天皇観は、長女説子の夫であり共産主義者であった羽仁《はに》五郎《ごろう》の思想との間に摩擦と緊張を引き起こしていった。たとえば、羽仁進は、羽仁五郎のもとを訪れていた野呂栄太郎《のろえいたろう》が、幼少の進に対して天皇を「軍人の親方」と教えたことを巡って、羽仁夫妻と五郎との間に「ちょっとした論争」があったと証言している（『自由学園物語』）。

しかし、思想的な対立にもかかわらず、五郎に対する羽仁夫妻の好意は変わらなかった。実際に、マルクス主義には否定的であったが、戦時下の自由学園で五郎が教鞭をとることを認め、戦後、五郎が参議院議員に立候補した際には、「主義はちがうがよろしく」という趣旨の葉書を関係者に送っている。羽仁夫妻の五郎への対応を自由主義者としての「節操」とみるか、あるいは家族の「愛情」と捉えるべきかの評価は分かれる。ただし、天野の羽仁五郎に向けた眼は明らかに批判的であった。

天野は、「羽仁家は二女あり、長女説子氏は羽仁五郎氏に嫁し共産主義である関係上、次女《ママ》が学園長を継いだ。自由学園は天皇制の強い信奉者であるが、しばしば羽仁五郎氏の学校の如く世間より誤解されおることは相互に大変な迷惑と云わねばならない」と述べ、「自由学園は思想感情において羽仁五郎氏のそれとは全く相反している。かれは自由学園の理事でもなく教師でもなく学園の教育には全然無関係である。学園は決していわゆる進歩的ではなく、その根本方針の示す如く極めて穏健中正な学園である」と続けている（『教育五十年』）。天野の羽仁五郎に対する批判が、思想的な違いによるものであることは明らかであるが、ここには、天野の文部大臣時代に参議院議員であった羽仁との激しいやりとりをした記憶が重なっていたはずである。

自由学園との関わりは、理事としての責務だけでなく、天野自身の生き方にも深い影響と変化をもたらしていた。『天野貞祐全集6』には、「自由学園訓話」三十編を収載している。同巻には、「甲南訓話」「一高訓話」「獨協訓話」も収載されているが、「自由学園訓話」には、他とは違う二つの顕著な特徴が認められる。

第一は、自由学園の校名でもある自由についての言及が多いことである。天野の講話は、勉強の秘訣や「良い友達を得るためには自らが良い友を持つに値するような人間になることが大切」といった身近な話題から、西田幾多郎の「一即多、多即一」の原理など多岐に及んだが、建学の精神である自由の意味については繰り返し取り上げている。もちろん、自由こそは天野の思想の中核であり、講話の内容は天野の持論の表明でもあった。天野は自由をどのように理解していたのか。改めてこの点を整理しておきたい。天野の自由に対する理解は、戦前、戦後を通じて一貫して変化はない。

2 「自由」の意味と天野の講話

自由の意味

まず天野は、カントの定言的命法とは「汝自身においても如何なる他人においても、その人類性をつねに同時に目的として、決して単なる手段として取り扱わぬように行動せよ」というものであると説明しながら、「理性的存在者は各人が自分自身をも他人をも決して単なる手段としてではなく、常に同時に目的自体として取り扱わなければならぬ、という法則の下に立つ」ものであると述べる。つまり人間とは、「他の目的に対する単なる手段（物）でなくして目的自体（人格）」であり、「基本的人権の形而上的根拠は人間の自由性において存立する」というのが天野の理解の前提であった。

天野は、「単なる物体でも生命体でもなくして、まず目的を定立し、その目的を実現する手段を考え、その手段によって目的を実現するところの精神・身体的存在である」人間は、何より「自由の主体であり、目的自体であり、人格である根拠はカントのいわゆる『自ら始める能力』としての『超越的自由』において成立し、ここに人権の基礎が横たわる」と述べる。その上で、自由を次のように説明する（天野貞祐全集4）。

人間が人格として品位をもち尊敬にねうちする根拠は、人間が道徳律に従い道理の実現に参与する点において成立する。そうしてこの道徳力の根底に横たわるものは人間の「自ら始める能力としての」形而上的自由性であって、ここに人権の形而上的基礎が存在するのである。ひとはしばしば、恣意をもって自由と解する。しかし恣意は感能的要求に支配されることでかえって不自由でなければならない。感能的要求をしりぞけることこそかえって自由なのである。（中略）我欲からの解放は消極的ではあるが、重要な自由性であってカントが実践的自由性と名づけたものである。しかしこの自由性にもその根底に「自ら始める能力」としての超越的自由が存せぬならば、自己を感能の係縛から解放することは不可能であって、精神の本質としての自由性はあくまでも「自ら始める能力」としての自由性において存立せねばならぬわけである。

自由の人格

天野がいう自由とは、「意味と価値とに対する理会を有し、それに準拠して態度を決定する。この態度決定の可能性」と定義されることになる。しかし、人間が自由の主体であるといっても、無条件に自己のあり方を決めるというわけではない。なぜなら、人間はそれぞれの境遇に生きてその影響を受け、その制限を受けることになるからである。この点について天野は、「人間は、歴史につくられながら歴史をつくり、運命につくられながら運命をつくる、環境につくられながら環境をつくる存在者」であるとしながら、「自ら自己のあり方をつくり、自己を自己の情欲、わがままの如き傾向性からも解放する力が即ち人間の自由性であって、この力のゆえに人間は自由の主体であり人格である」と述べる。したがって、神でもなく、動物でもない、いわば神を宿した動物、すなわち精神的・身体的存在である人間は、官能の要求に支配されず、「かえってそれを支配する能力としての自由の主体」であり、その支配からの自由が人間の本質であると天野は理解していた。

自由の意味については、一九四〇年六月三日に天野が初めて自由学園で行った講演でも言及されていた。ここでは、自由を「法律上の自由」、「人格的な自由」（聖人の自由）、そして「ある物事に対して良し悪しと判断を下し、それをとるとらないを決定する決断の自由」の三つに分けて説明した。そして天野は、「決断の自由」のないところに道徳は成立せず、「自ら決断しそれに従って責任をもってゆくところに初めて道徳が生じ、私どもの人格的な存在が生まれ」、私達の自由な決断によって選び取ったという責任を感じるところから、「すべての人格的道徳的な働きが生まれくる」と述べる。つまり、人間が自由の主体であり、「人格的自由」が意識された時にはじめて人間の行為における善悪が問題となり道徳が成立するという天野は、次のように続けた（天野貞祐全集1）。

私どもはたとえあらゆる行動の自由を失っても、その根本にこのような厳然たる決断の自由を有している。ここに私どもの人格の侵すことのできない自主性があることを忘れてはならない。従ってこの自由は人が何でもしたいことをしてよい、食べたいものを食べてよいというような放逸の自由ではない。自由な決断に基づいて自分からそれに従ってゆくという責任を伴った自由であります。私どもの生涯の目標はこの第三の自由によって自分を人格的に高め、第二の聖人の自由に幾らかずつでも接近してゆくところにあるのではないかと思うのであります。

天野は後にも、この「決断の自由」が前提とされてはじめて人間の行為としての善悪と正邪とを問題とする道徳が成立すると繰り返し述べている。そして、天野の自由に対する理解は、「国民実践要領」において次のような関連の中で整理された。

第一章　個人

一．人格の尊厳

人の人たるゆえんは、自由なる人格たるところにある。われわれは自己の人格の尊厳を自覚し、それを傷つけてはならない。われわれは自己の人格と同様に他人の人格をたっとび、その尊厳と自由とを傷つけてはならない。自己の人格をたっとぶ人は必ず他人の人格をたっとぶ人である。

二．自由

われわれは真に自由な人間であらねばならない。真に自由な人間とは、自己の人格の尊厳を自覚することによって自ら決断し自ら責任を負うことのできる人間である。おのれをほしいままにする自由はかえっておのれを失う。おのれに打ちかち、道に従う人にして初めて真の自由な人間である。

三．責任

真に自由な人は責任を重んずる人である。責任を伴わぬ自由はない。われわれは自己の言うところ、なすところについて自己に対し、また他人に対しひとしく責任をもつ。けだしわれわれは自己と他人の人格を尊重し、且つ完成せしめるように、つねに努めねばならないのである。無責任な人は他人に迷惑を及ぼすだけでなく自己の人格をそこなう人である。

人間は自由の主体である。自分で自分のあり方を決定する力が自由性であり、これが人間の本質をなすものである。つまり、人間は自分で自分のあり方を決定し、その決定したあり方にどこまでも責任を感ずることができる存在であり、それゆえに人格と称することができる、というのが天野の理解であった。

自由学園における自由

そして天野は、この自由に関する自身の理解が、羽仁夫妻の思想や自由学園の理念とも一致していると確信していた。たとえば、一九五八年（昭和三十三）の卒業式において天野は、「自由学園の自由は、単に主観的な自我を主張するという自由ではなくして、自分の我儘とか、情欲とか、そういうものを抑える所に、それを否定する所にこそ」成り立っていると述べ、「いろんなことを忍耐してするとか、或は、他人に対して寛容であるとかいうことが、即ち、自由学園の自由だと思う」と述べている。

そもそも自由学園の「自由」は、聖書の「汝等もし常に我が言に居らば真にわが弟子なり。また真理を知らん、而して真理は汝らに自由を得さすべし」（ヨハネ伝第八章三十一～三十二節）から取られたとされる。また、当然ながら、羽仁もと子も「真の自由人をつくりだすことにこそ、真の教育なのである」（『羽仁もと子著作集』第七巻）と繰り返し述べている。では、自由学園の建学理念の「自由」とは、天野のいう自由と一致するのか。その端的な答えは、羽仁恵子の次の言葉に表現されている（『自由学園の教育』）。

> 当時は大正のデモクラシー隆盛期というような時代で、自由主義ということが、何かにつけていわれておりましたが、学問的に、宗教的に考察された真の自由を学んでいた人は極く少数であったと思います。そこに自由学園が出来て、その名のゆえにしばしば誤解されることがあり、ミセス羽仁はよく「自由学園の自由は、個人主義から出て来た自由思想、人間を手前勝手にする自由主義の

自由とは対蹠的にちがっている」といわれたり、書かれたりされました。自由というものは、人間が一つの行為をしようとすることも、為すまいとすることも出来ることをいうのですから、それ自身一定の内容を持っているものではないように思います。創立当初の生徒が、あまり自由という名を人々がからかうようにいうので、そのことをミスタ羽仁にお話しすると「そういう人には自由ということはわが儘勝手ということではなく、かえって責任を持つということだと話しなさい」と教えられました。

自由学園の建学理念としての自由は、天野が「人間を人間たらしめる自由は気儘勝手ではなくして、却って気儘勝手を制することでなければならない。気儘勝手はいかにも自由のようであるが、実は自分の我儘とか情欲、欲望などに支配されている自由ではない」としながら、自制は不自由のようであるが、我欲、情欲などから自己を解放することで、ほんとうの自由となる、と述べることで重なり合う（「自由ということ」）。

キリスト教への言及

自由学園における講話の第二の特徴は、キリスト教への直接の言及である。自由学園での天野の式辞や講話を詳細に見ていくと、その内容には驚くほどキリスト教に言及したものが多い。このことは、第一の特徴でもある自由との関係についても論じられた。自由学園のめざす「自由」が責任を伴うものであるという点で天野の自由概念と重なりあうとしても、自由学園がキリスト教を建学理念の根幹とする以上、その自由がキリスト教と無関係であるはずはなかった。事実、羽仁恵子は、「自由学園の目指す自由とは、多くの罪に掩われた人間の心の表面において感ずる、したいことを否定することと、神の子たる本来の人間の心底において欲するところを行うところに成立する」ものであり、「キリストとともにあるという自由、人間最高の賜物であり尊厳である自由」であると繰り返し説いていた（『自由学園の教育』）。

問題は、天野が自由学園の建学の根幹であるキリスト教をどのように受け止めていたのかである。たとえば天野は、自由学園に貫かれている人生観は、「神を信じ、歴史は結局において、神の御心の実現される過程であって、われわれが、その実現される過程に何らかの意味に於て参与する所に、わたくし達の人生の意味」があり、「羽仁両先生はこのことを強く信じ、この人生観に立って、教育を営まれた」と述べている。また、自由についても自由学園のめざすべき「自由」とは、忍耐とか他人への寛容であるが、「これをうら返すというと、コリント前書十三章に説かれるような愛ということになります」とした上で次のように説明している（『学園新聞』第七十九号）。

寛容であるとか、妬まない、誇らず驕らず他人の悪を思わないとか、自分の利を求めないとか、ということになります。そういう自由というのは、自由学園が強く主張する自由であって、利己的我欲的自己からの解放で、それをうら返すと、それが愛ということだと、こういう様に、わたくしには考えられるのであります。

自由学園での天野の式辞・講話では、『道理の感覚』における「道理」が「神」に置き換えられ、自由は、キリスト教の愛と結び付けられている。もちろん穿った見方をすれば、こうした置き換えは、自由学園での講話を想定した方便とも見える。しかし、実際の天野の講話の内容は、自身の信仰の問題に踏み込んだものが多数を占めた。なかでも、一九六〇年（昭和三十五）の卒業式において、当時七十六歳となっていた天野は、自らが内村鑑三から直接に神の存在と、神に対する祈りを教えられた経験に触れながら、「年をとるに従って、わたくしはその教えを受けたことを幸福だと思っております。祈るべき神があり、又祈ることが出来るということ位、力強い話はないということを年と共に痛切に感じております」と述べて、自らの信仰に言及している。また、天野は一九六四年（昭和三十九）と一九六八年（昭和四十三）の卒業式の式辞では、聖書の「コリント前書第十二章」を詳しく論じている。

もっとも、この時点での天野のキリスト教に対する立場は、信仰者というよりは、キリスト教へ信仰を希求する「求道者」としてのものであった。このことが直截に語られたのが、一九七一年（昭和四十六）の年頭における講話である。この時天野はすでに獨協大学を離れ、八十六歳となっていた。ここで天野は、自らが研究してきたカントの「知識を制限して、信仰に場所を与える」という言葉に触れ、「普通の知識には限界がある、すべてわかるとは言えない。そこは、信仰の場所だ。理論を制限する代りに、此方に信仰の場所を与えると言ったことが、カント哲学の大きな柱」であるとした上で、次のように述べている（『学園新聞』第二二二号）。

自分もそういう問題を知力で解決しようかという考えがあるものだから、キリストの救いというようなものは、よく呑み込めなかったけれども、それは、そういう知識で呑み込もうという、わたしの考えが間違っているので、そうではなくしてこれはやはり信仰すればよいのだ、ということを気がついて、これから死ぬまで、何時死ぬかわかりませんけれど、よくそういうことを呑み込んで、死ぬまでに立派なキリスト者になりたいと思っております。（中略）わたしはこれから希望をもって、いろいろな勉強をして、また立派なキリスト者として死にたいと思っております。

その後も天野は、式辞・講話の中で、「わたくし自身もよきキリスト者を目標とし一生努力するつもりでございます」あるいは、「だんだんわたしなどはどうか死ぬまでに立派なキリスト者になりたいと思っている」という信仰への強い思いを繰り返し吐露するようになる。

3　自由学園と信仰

長女、和子との別れ

天野が創立直後の獨協大学で奮闘していた一九六六年（昭和四十一）一月二十二日、病弱であった長女カズ（和子）が天に召された。享年四十七であった。幼少の頃、妹たちと教会に通っていた帰り道、下鴨神社付近で馬車に出合い、和子が自分の身を呈して妹達を守ったことを家族は覚えている。和子はその後も教会に通い、天野が甲南高等学校へ転任した際は、シスターとなっていた岩下壮一の妹亀代子からキリスト教の導きを受けた。天野と岩下との関わりは和子にも引き継がれたことになる。また、天野が東京へ戻ってからは、吉祥寺のカトリック教会の会員として過ごした。

天野は和子との別れについてほとんど言及していない。それは天野の悲しみの裏返しに思えるが、八十二歳となっていた天野には、その悲嘆の大きさは計り知れない。病弱だったため、天野は姉妹の中でも和子を一番大事にしたと次女のミツ（光子）は回想している。また、和子が亡くなった時、慟哭している天野の姿を姪の出射淡路《いずいあわじ》が鮮明に記憶している（『回想 天野貞祐』）。

自由学園において天野が自らの信仰について積極的に触れたのは、和子の死と無関係とは思えない。特に、第一高等学校の校長に就任して以降、文部大臣、中央教育審議会会長、そして獨協学園の再興に奔走する激務の中で、家族との時間を十分とることが叶わなかった天野にとって、和子との別れは、自身の生き方と信仰の問題とが対峙する決定的な契機となったように思える。

一九七九年（昭和五十四）三月、天野は妻タマと共にカトリックに入信した。内村鑑三や羽仁もと子のプロテスタントではなく、なぜカトリックを選択したのかの理由を天野は語っていない。ただし、その眼差しの向こうに和子がいたことはたしかであろう。羽仁恵子は、この点を「内村鑑三先生のところに一高の頃にお通いになった信仰をさらに深められて、十五年前に亡くなられたお嬢様がカトリックでおいでてでしたのと同じようにカトリックの洗礼をお受けになり、本当に深いところまで神様に従っていこうとなさった」と解説した（『学園新聞』第二〇七号）。

天野にとっては、内村鑑三に出会って以来、自らの大きな課題であったキリスト教の信仰に入り、「立派なキリスト者として死にたい」という生来の宿願を叶えたということになる。天野にとって、「神と人とに仕える道」は人生の目標であった。これまで、天野の言う神は「道理」と言い換えられてきたが、受洗によって神は、明確にキリストを意味することになったのである。

天野の中の自由学園

鈴木成高は後に、甲南高等学校、第一高等学校、そして獨協学園へと至る経歴は、必ずしも「先生の思う通りになったというわけではなかった」と述べている。それは、天野が常にわが道を行くということを貫き、自ら良心に反するような妥協をしなかったためであるという。結局は自由学園こそが天野が「最後までそのつながりを全うした、たった一つの所だったかもしれない」とした上で、鈴木は次のように続けた（『学園新聞』第三一〇号）。

天野先生は、わが道という自分の道、これを最後まで一筋に貫かれた。決して曲げたことはなかった。そして自由学園のこの建学以来の一筋の道というものが、たまたま同じ道だったのではないか。（中略）だからこの学園における理解に関するかぎり、先生は自分の良心を毫も曲げることなしに学園と一つになること、融け合うことができたということだったのではないかというような気もちをもっております。

一九六九年（昭和四十四）七月の『学園新聞』第一九八号には、天野の「協力会総会の挨拶」が掲載されている。ここで天野は大学紛争に触れ、これを「非常な乱暴」と断じた上で、改めて自由の意味を説いている。すでに言及したように、この年の六月に天野は獨協大学に学長の辞表を提出している。その意味では、鈴木の言うように、獨協学園は天野にとっての「わが道」を全うする場とはならなかった。天野には、自由学園こそが教育者としての「わが道」を全うする場であると思えたに違いない。少なくとも自由学園は、学生運動の喧騒からは隔絶された静かな教育の場であった。

また自由学園は、天野にとってこれまでの人生の歩みを振り返り、キリスト教の信仰という長年の課題と直接に向き合う清閑な思索の場ともなったはずである。人生においてたびたび「辞任」を経験してきた天野であったが、自由学園の理事長だけは最後まで「辞任」することはなかった。

第八章　追悼と遺産

1　信仰と終焉

米寿の祝いと晩年

一九七一年（昭和四十六）五月、自由学園五十周年式典で、天野は理事長として挨拶をした。またこの年の九月三十日、天野は八十七歳の誕生日を迎えた。この日、第一高等学校の教え子たち主催による「恩師・天野貞祐先生・米寿の祝」が皇居前のパレスホテル二階のローズルームで開催された。発起人代表には柴田洋一《しばたよういち》（大同商運株式会社）があたり、林義郎《はやしよしろう》、坂本義和《さかもとよしかず》、小柴昌俊《こしばまさとし》、古在由秀《こざいよしひで》をはじめ、天野の主治医でもあった湖山聖堂《こやままさみち》ら四十八名が発起人として名を連ねた。午後五時三十分に開始された会には、かつての教え子二百数十名が参加した。天野は妻タマとともに出席し、教え子たちに向かって二時間ほどの講話をした。教育者を自認してきた天野にとって、最も誇りとした第一高等学校の卒業生たちとの懐かしい夕べは、感慨無量の時間であったに違いない。

獨協学園の学園長になってからは、中学校・高等学校へ訪れる機会も少なくなり、卒業式などへ出席する程度となった。校長として改革に奔走していた頃は、昼食にうなぎをぺろりと食べて、秘書役の小林博子を驚かせたが、学園長になってからの昼食は、サンドイッチと紅茶が常となった。

天野は、一九七三年（昭和四十八）、勲一等旭日大綬章を受章した。また、この年に野球殿堂（特別表彰）入りを果たしている。満八十九歳の時であった。獨協大学を辞任してからは、自由学園の理事長としての責任を果たす以外は、静かにカントに向き合う静謐な時間を過ごした。念願であった「カントに帰れ」が本来的な意味で実現したといえる。しかし、身体的な衰えは年を追うごとに顕著となっていった。

一九七九年三月の初め、天野は獨協学園百年史の資料集『独協百年』の表紙の題字を揮毫した。三女のミツによれば、この揮毫が天野が筆をとった最後であった。題字はやはり、新字の「独協百年」とされていた。この年の冬、家族がインフルエンザに罹り、家族の中では最後に天野が感染し床に伏した。三月六日である。インフルエンザは完治したものの、この日を境に外出することは困難となり、ほとんどの時間を病床で静かに過ごすようになる。

同年五月、主治医の湖山が天野の自宅を往診に訪れた際、天野は、「私は非常に健康と長寿に恵まれて、ここまでに、成し度いと思っていた事は、殆んど成し終えた様に思う。今後、私が病に伏した時は、現代の医学の力で、無用な延命を計らんで欲しい」と伝えている（『回想　天野貞祐』）。この時には最期の時を自覚し始めていたといえる。同年の秋以降は食欲が落ち、日を追うごとに体は衰弱していった。天野の自宅を週二回は訪れていた小池辰雄は、病床の天野を次のように伝えている（『回想　天野貞祐』）。

先生が「讃美歌を」と言われるので、「何を歌いましょうか」とおたずねすると、「『主我《われ》を愛す』を」と言われた。「先生、この歌は讃美歌のアルファーでオメガですね！」といって、私は繰り返し歌ったりした。お母様を助けて看護にきておられた二女の光子（ミツ）さんや三女の清子さん、それから羽仁恵子自由学園長さんも居合わせられたときは、みんなで合唱もした。また先生のために声を出して祈った。

天野の愛した「主我を愛す」は、讃美歌四六一番であり、次のような歌詞である。

1　主われを愛す　主は強ければ　われ弱くとも　恐れはあらじ
わが主イエス　わが主イエス　わが主イエス　われを愛す

2　わが罪のため　さかえをすてて　天よりくだり　十字架につけり
わが主イエス　わが主イエス　わが主イエス　われを愛す

羽仁恵子は、病床にあった天野のもとへ週に一度、自由学園の様子を報告に訪れ、病床の天野はそれを楽しみにしていた。同年十一月末に羽仁と連れ立って天野のもとを訪れた鈴木成高は、その時の様子を次のように述べている（『回想　天野貞祐』）。

久し振りにお目にかかったベッドの上の先生は顔はおだやかで明るいし表情も生き生きとしておられたけれども、私の眼に映った先生の衰えは、予想をはるかに上廻るものだった。（中略）もともと大柄なひとではなかったが、毛布にくるまった先生のからだが私の眼には子供のように小さくみえて悲しかった。五十年間を通して私の中に定着している天野先生のイメージとは、すべてがあまりに隔っていた。羽仁さんは先生の腕をとって何か言葉をかけながら、まるで娘が父親にするようにその腕をさすっていた。先生の表情には喜びの色が感じとられたが、しかし言葉は発せられなかった。羽仁さんにも、私にも。

この年の九月三十日、天野の満九十五歳の誕生日に合わせて、自由学園出版部から『わが人生』が刊行された。これは、一九七七年（昭和五十二）に『神奈川新聞』紙上に二十五回にわたって連載した回想録をまとめたものである。『わが人生』が編集される時期には、天野にはすでに原稿に手を加える力はなく、同書の「あとがき」は羽仁が書いている。

終焉と密葬

一九八〇年（昭和五十五）に入ると天野の容体は悪化し、同年二月十一日から酸素吸入と点滴の生活となった。翌十二日から湖山は吉祥寺にある自宅を毎日往診し、自転車で数分の所に住んでいた小池辰雄もほぼ毎日、天野のもとへ通った。同年二月二十日、天野は一時危篤となった。この場に居合わせた小林博子は、この時の緊迫した様子を次のように記している（『回想　天野貞祐』）。

昭和五十五年二月十二日に肺炎を併発され、時間の問題となりました。二月二十日にお給与をお届に参りましたところ、危篤状態で親族の方々が集まっておられ、奥様が「貴女もお別れして下さい、もっともっと近くに寄って」と私をベットに近ず《ママ》けられました。ベットの両側で看護婦さんが脈を取り、酸素吸入での呼吸が苦しそうでした。

小池辰雄

幸いこの時は持ち直したものの、就床してからちょうど一年目の同年三月六日午前七時五十分、天野は、タマ夫人と次男の勇二郎、三男の信三郎、次女の光子と三女の清子の四人の子供たちと小池に看取られながら静かに天に召された。九十五年五ヶ月の生涯であった。数時間後に自宅に駆け付け、天野と対面した羽仁恵子は、「ほんとうに神々しいまでにおだやかなお顔は私どもに大きな人間の尊厳とともに、神の深い深い愛をお教え下さいました」(『婦人之友』、一九八〇年五月)と記した。
また、天野の臨終に立ち会った小池は、「一年間のおくさまの愛の御看護、これを助けての二女、光子さま、三女清子さまの御孝養が、先生の最大の慰めであった」と述べながら、天野の臨終の様子を次のように伝えた(『独協百年』第三号)。

三月六日の早朝、電話が鳴った。ハッと思った。先生危篤のお報せである。急遽参上。獨協関係では私だけが御臨終に侍り得た。黙禱しつつじっと看護っていた。午前七時五十分息が絶えた、心臓がしばらく動いていた。心臓が止った、体温がなかなか退かなかった。かくて先生の地上の御生涯は終わった。文字通りの大往生であった。

三月六日の夕方、小池の司式で納棺式と親族と近親者のみで告別集会が執り行われた。これは、天野の遺言に基づいたものであった。森戸辰男、羽仁恵子のほか、獨協大学の白旗信学長、出射義夫《いずいよしお》法学部長、獨協中学・高等学校校長の篠原寛《しのはらひろし》などが臨席した。小池は死別の言葉の中で旧約聖書の詩編二十三篇四節の「たといわたしは死の陰の谷を歩むとも、わざわいを恐れません。あなたがわたしと共におられるからです」という聖句に言及しながら、次のように天野の生涯を描写した(『独協百年』第三号)。

天野貞祐先生の生涯は、生涯そのものが「道理」の身証であった。その「道理」の根幹的な線は、論語、孟子、聖書、内村鑑三およびヒルティーの諸書、カント哲学、ヘーゲル哲学、西田哲学といってよいであろう。先生は、しかし堅い道徳家《モーラリスト》ではなく、人道主義者《ヒューマニスト》であった。このことは、先生自らの告白でもあった。それは孔子の「恕」という言が好きで、思い遣りの深い人であったことからも、充分にうかがわれる。「教育」といっても、もってまわったような教育家ではない。個人の自律、自由、創造を重んじ、言葉の深い意味で義に強く、人間味の豊かな人間らしい人であるように、「神を信じ、人に仕える高尚な勇ましい人」であるように、それが自他への念願であるという教育者であった。その念願を先生は、生涯を貫いて実践し、実証して、天寿を全うしたのであった。万人が在り得る、在るべき無碍の一道を、天野貞祐は身証したのであった。これをしも至道無難の証者とは謂う。

翌三月七日、カトリック吉祥寺教会（武蔵野市御殿山）で密葬が執り行われた。井の頭公園や自然文化園に隣接する教会は、吉祥寺駅から徒歩五分の所にある。吉祥寺教会は、天野の所属教会ではなかったが、かつて長女、和子の通っていた教会であった。密葬のミサは、天野に洗礼を授けた上智大学の柳瀬睦男《やなせむつお》司祭が行い、喪主は、長男の誠一が務めた。この日はあいにくの激しい雨であったが、正午から執り行われた密葬には、約一八〇〇余名が天野との別れに参列した（『天野貞祐伝』）。

天野逝去の報道

天野の逝去は、同年三月六日の夕刊で新聞各紙が伝えた。「文相時代に修身復活を提唱　晩年はカント哲学研究一筋」（『朝日新聞』）、「六三制の育ての親」「カント哲学、気骨の人」（『毎日新聞』）、「六三制推進の元文相」「〝信念の哲人〟静かな死　九五歳最後まで入試制度憂え〝カント文相〟天野さん」（『読売新聞』）などの見出しが紙面に躍った。『読売新聞』は、天野の足跡を辿りながら、獨協大学辞任後、市井の一哲学者として悠々自適の生活をしていたと紹介しながらも、「落ちこぼれ、非行、自殺の激増など教育の現状には心を痛め、『日本の教育の最大のガンは入試制度だ。そのために、日本の社会は秀才をやたらにありがたがる傾向に陥っている』と訴え続けていた」と報じた。

また、『朝日新聞』は、「学長をやめてからは学園長として獨協学園に時折通っていたが、書斎に戻ってカント研究に没頭していた。『いまの教育のあやまりは、一高と東大を併合したことだ』『小、中学校を通じて〝法に従う〟という精神を養っていないから大学紛争が起こるんだ』。一徹ぶりは死去まで変わらなかった」と報じ、当時、朝日新聞客員論説委員を務めていた永井道雄《ながいみちお》が、「道徳、自由、そして愛…」と題したコラムを寄せた。

『毎日新聞』は、森戸辰男、山崎正一《やまざきしょういち》（東大名誉教授）、神田順治、天野の姪、出射淡路の夫で獨協大学教授であった出射義夫らの談話を掲載した。なかでも、天野の文部大臣時代に日教組委員長であった岡三郎《おかさぶろう》が、「私の知る限り最も文部大臣らしい大臣であった。あの人は決して〝逆コース〟の人ではない。当時の世相はギスギスしていたし、ちょっと左がかったところを元に戻したいということの現れが〝逆コース〟とみられたのかもしれない」と述べたのは異色であった。さらに『毎日新聞』は、二日後の三月八日の夕刊にも大島康正による「道理と教育愛」という追悼文を掲載した。

学園葬と追悼会

一九八〇年三月二十五日午後一時から、「故ヨゼフ天野貞祐先生　獨協学園葬」が、獨協中学・高等学校に隣接する文京区目白台の東京カテドラル聖マリア大聖堂（東京カテドラル関口教会）で執り行われた。司式は、ペトロ白柳誠一大司教であった。

学園葬の前、獨協中学・高等学校では「お別れの式」が執り行われた。校長の篠原寛は、「二十五日の学園葬に先立ち、ご遺族の胸に抱えられた先生のみ魂と御遺族を、先生が長年ご愛用になられた校長室へお迎えしました。そして、私達が中高体育館へご遺霊をお迎えして、小池先生のお力添えをいただき、教職員、生徒一同で簡素ながらも真心をこめて、先生へのお別れの式を行うことが出来ました」（『回想　天野貞祐』）と伝えている。

学園葬の「式次第」には、天野の略歴と「主我を愛す」の歌詞、そして、「道徳、自由、そして愛、快楽――わたしはこのような考え方で『わが人生』を歩んできたのです」という天野の最後の著書となった『わが人生』の結びの言葉が印刷され、参列者に渡された。蝦名賢三は、学園葬の葬儀ミサの様子を次のように記した（『天野貞祐伝』）。

大聖堂の大窓から陽光のさし込む中で、大司教は御霊の復活を信じて祈願し、道理の世界に生きた天野を心からいたみつつ追悼説教を行った。聖歌隊は自由学園の学生一〇〇名、天野愛唱の聖歌四六一（主われを愛す）を歌い、葬儀ミサが終った。

葬儀ミサに引き続いて告別式が執り行われた。弔辞は、関湊（獨協学園理事長）、谷垣専一《たにがきせんいち》（文部大臣）、羽仁恵子（自由学園長）、加瀬恭治（獨協学園同窓会副会長）、森戸辰男（友人代表）、大島康正（教え子代表）が述べている。このほか、大平正芳《おおひらまさよし》首相、灘尾弘吉《なだおひろきち》衆議院議長らの弔電が披露された。当日の参列者は三千名を超え、全員の献花が行われた後、午後三時半、遺骨は多数の参列者に見送られて自宅へ戻って行った。同年三月十四日の閣議において、天野は従二位に叙せられ、銀杯一組が贈られることが決定した。

天野の逝去に際して、自由学園では、同年五月十七日に追悼会が催された。また、『学園新聞』第三一〇号（一九八〇年五月）を天野の追悼号として特集した。この中で次女の柿原ミツは、次のような一文を認めている。

理事長として学園長にお力添えいたしてまいりましたが、晩年老令のため外出も思うに任せず週一度学園の報告に来訪下さる羽仁先生を大へん心待ちにいたしておりました。毎年九月三十日の誕生日に、学園の皆様から祝福をいただく幸せな父でございました。五月十七日の父の追悼会を学園でお催し下さり母と共に子供、孫まで出席させて頂き、自由学園での父の存在を教えて頂きました。帰宅後、母が「お父さんが自由学園に何時も喜んでお出かけになられた気持がよく判りました」としみじみ申しておりました。

自由学園にある「六〇周年記念講堂」には、正面向かって右側に羽仁吉一、もと子の写真が、そして左側には羽仁恵子と天野の写真が掲げられている。また、「羽仁両先生記念図書館」の二階には、「仰いでは星辰の天　心には道徳律」という天野直筆の書を収めた額が現在も掲げられている。

2　道理を信じ、道理に生きた教育者

高尚にして勇気ある生涯

一九七一年（昭和四十六）五月、『天野貞祐全集』第二巻の「月報」に森戸辰男は、教育刷新委員会での「人間性の開発」についての提案、「国民実践要領」、大学院大学の提唱、獨協大学での改革に言及しながら次のように述べた（『回想　天野貞祐』）。

戦前・戦中・戦争直後にかけて、天野さんは学校教育の現場で（とりわけ京大・甲南高校・一高など）、また出版・講演を通じての社会教育の面でも、教育者としてすばらしい業績をあげられており、また文相としても教育改革の上にかずかずの重要な施策を残されています。にもかかわらず、人間性の回復・開発をめざした天野さんの教育改革のいくたの企画は、私の関係したかぎり、残念ながらほとんど実りませんでした。

森戸の言葉は、天野自身が「徹底的惨敗者」と自認していたことともつながる。だが、と森戸はいう。「さいきんになって舞台は急転し、新たな情景が出現してきました。そこでは人間性の復興が照明をあびて教育再改革の焦点となり、人間疎外の克服が社会改革の中心課題となっています。（中略）雪どけの春のように、天野さんの人間性の開発の提唱は、いま浅緑の芽を出しております」と続けた。時を経て、天野の主張の大切さがやっと理解され始めてきた、ということであろう。

この時、森戸の念頭にあったのは、自らが中央教育審議会会長として、同年六月にまとめた答申「今後における学校教育の総合的な拡充整備のための基本的施策について」（いわゆる「四六答申」）の中の「今日の社会は、人間の可能性の開発をますます重視し、自主的・創造的な人間の育成を要求する方向に発展しつつある。今後の学校教育は、そのような量的な拡張に伴う教育の質的な変化に適切に対処するとともに、家庭・学校・社会を通ずる教育体系の整備によって、新しい時代をになう青少年の育成にとってのいっそう本質的な教育の課題に取り組まなければならない」という文言であったはずである。明治維新の学制改革、戦後の教育改革に続く「第三の教育改革」を標榜した「四六答申」の理念が、天野の教育論に回帰しているというのが森戸の言う意味かもしれない。

この森戸の評価が正しいかどうか、その歴史的な評価はまだ定まってはいない。したがって、いま言えることは、一九三七年（昭和十二）の『道理の感覚』の「自発的絶版」から獨協大学学長の辞任まで、教育改革者としての天野は、「徹底的惨敗者」であったということである。しかし、それは天野の教育改革論が間違っていたからではない。少なくとも、天野のいう「徹底的惨敗者」とは、天野が生きた激動の時代との格闘においての「惨敗」であり、あくまでも思想的な意味での敗北ではないからである。

たしかに、天野は時代と激しく格闘した。その過程では、たびたびぶつかり合い、挫折も絶望も「心境の変化」も経験した。かつて田中耕太郎は、一九四九年（昭和二十四）刊行の『天野貞祐著作集』に寄せて次のように述べたことがある（『回想　天野貞祐』）。

今日学界や思想界において、法、政治、哲学、教育等の分野に関する限り、戦前に発表したものを何等訂正を加えることなくそのまま再び刊行し得るような人物は極めて寥々たるものがある。そうして天野博士はこの極めて寥々たる人物の中に数えられる一人である。又博士は研究や教育において、極端な国家主義の怒涛に屈しないで敢然と所信を実行してこられ、又現在の唯物主義的風潮の汎濫の中においても同じ態度を守り続けられている少数者の一人である。（中略）我々は、この節操は「徳」「道」「理性」「倫理」「道徳」等に対する信念、換言すれば古今東西を問わない「自然法」の存在についての確信によって基礎づけられていることを忘れてはならない。カント的良心をもって守られる自然法的道徳原理の主張こそは、博士の発言をして真に権威あらしめるものである。

本書で述べたように、田中の言葉の後、天野には「修身科」や「平和」論についての「心境の変化」はあった。それを「転向」とする批判もあったが、天野の思想的な軸がぶれていないことは本書で指摘した通りである。少なくとも天野はそう信じていた。仮に、それが「転向」だとしても、そうした批判にどれ程の意味があるのか疑問である。一人の人間の思想が変化することは当たり前のことであり、天野にとっての「心境の変化」は、逆に天野の思想に拡がりを持たせ、より強靭にしていった。強いて言えば、多くの「転向者」とは違い、天野は「心境の変化」を隠すことなく堂々と公言し、必要な部分は謙虚に修正しただけである。

道理を信じ、道理に生きる

その意味では、田中の指摘で重要なのはむしろ後半である。田中は、カトリック的な「自然法」と表現しているが、天野に対しては、それを「道理」に置き換えることができる。本書で指摘したように、天野には物事を道徳的な観点から判断する傾向が強かった。そのため、高山岩男が指摘したように、軍部の横暴を批判するが、その欠陥の要因を深く掘り下げることはなかった。また、大学紛争においても、「大学の大衆化」と学生の変質の意味を考えることも少なかった。しかしそれは、天野の思想的な限界を意味するものではない。天野にとっては、軍部も学生の暴力もそれ自体が「道理」において否定すべき対象であったからである。天野は自らの思想の結晶である「道理」に照らして判断し、決してぶれることなく「道理」を貫き、「道理」に生きた。天野の批判した軍部や学生の暴力は、それ自体が手段としても「道理」に反していたのであり、カント的にいえば、定言命法に間違いであるということである。

天野の「道理」は、天野自身の生き方にまで昇華されていた。天野の思想は、この点において強靭さと迫力を纏うことになる。天野は次のよう述べている（『人生読本』）。

私の人生観は極めてわかり易い。要するに道理を信じ、道理に仕え、道理の実現のために力をつくし、道理の媒介者と成ることに人生の意味を認める思想である。わたしは道理というが道と云っても神と云ってもよい。それに仕えその媒介者と成ることは誰にでもできる。病人にさえもできる、病人の愛や忍耐は道理の実現である。できないと言う人があるならば、できないのではなくして為さないのである。人間には境遇とか才能とかいろいろの条件がある。言わばそれぞれに運命を負うている。それぞれの分に応じて誠をつくせばよいのである。わたし達は才能がどうあろうと位地がどうあろうと道理の媒介者として他人をも尊重し、自分も卑下したくないと思う。

もちろんこれは、天野が晩年になって辿り着いた人生観ではなく、天野が繰り返し述べ続けてきた人生観であった。それは、かつて上田薫が、天野の京都帝国大学時代について、「当時の京大哲学科には、学者として英才をほこる知名の人がすくなからずいたのだが、人間としての迫力ある生き方からいえば、先生におよぶ者はついになかったといっても言いすぎではない」（『回想　天野貞祐』）と述べたことにもつながるものであった。

天野は、中学校時代に内村鑑三の『後世への最大遺物』によって「精神革命」を経験した。天野の生涯を振り返れば、後世に「財産」を遺したとはいえない。たしかに、獨協学園や自由学園など「事業」を残したとはいえる。また、時代との格闘の中で研ぎ澄まされた独自の「思想」を遺したのは間違いない。しかし、それ以上に天野が後世に記憶されるのは、「思想」と一体となった「高尚にして勇気ある生涯」ではなかったか。天野にとってそれは、「道理を信じ、道理に生きる」という、清廉で誠実な生涯であり、同時に時代に媚びることのない堂々とした「反骨」の生き方であった。

その後

天野の遺骨は、郷里の鳥屋と東京の雑司ヶ谷霊園に分骨された。天野が亡き後も天野家と自由学園との交流は続いた。羽仁恵子は、吉祥寺の天野の妻タマのもとをたびたび訪問し、特に天野の誕生日である九月三十日には自由学園の教員や学生が天野の自宅を訪れた。また、タマの白寿の誕生日には、自由学園の学生がお祝いの手作りケーキを届けたという心温まる記事や、天野が神に召された後にタマがかぎ棒編みを始め、自由学園女子部卒業生のセールにソックスを出品したりしたなどの記事が、折に触れて『学園新聞』で紹介されている。

そのタマも、一九九〇年（平成二）四月十六日、神の御許に旅立った。満百一歳九ヶ月の生涯であった。雑司ヶ谷霊園には二つの墓が並んでいる。向かって左側が、兄康虎の墓であり、右側が天野家の墓である。閑静な霊園の一角にある天野家の墓で、天野は妻タマ、長男誠一、次男勇二郎、そして長女和子とともに静かな眠りについている。天野家の墓のすぐ近くには、羽仁もと子と吉一、そして恵子が眠っている。毎年、三月六日の天野の命日には、天野に供えられたのと同じ花が羽仁家の墓にも供えられている。

主要参考文献

天野貞祐の主要著作（編著・共著を一部含む）

『プロレゴーメナ（哲学序説）』（カント著　桑木厳翼・天野貞祐共訳）東亜堂、一九一四年。

『縮刷　哲学序説』（カント著　桑木厳翼・天野貞祐共訳）東亜堂、一九二〇年。

『純粋理性批判　上』（カント著　天野貞祐訳）岩波書店、一九二一年。

『プロレゴーメナ（カント著作集6）』（カント著　桑木厳翼・天野貞祐共訳）東亜堂、一九二六年。

『プロレゴーメナ』岩波文庫、一九二七年
『純粋理性批判　上』岩波文庫、一九二九年。

『純粋理性批判　下』岩波書店、一九三一年。

『意識の問題・社会と歴史の問題（岩波講座哲学第八巻）』（共著）岩波書店、一九三一年。

『人格と自由』（岩波講座哲学　分冊版）岩波書店、一九三三年。

『カント純粋理性批判――純粋理性批判の形而上学的性格』岩波書店、一九三五年。

『道理の感覚』岩波書店、一九三七年。

『学生に与ふる書』岩波新書、一九三九年。

『道理への意志』岩波書店、一九四〇年。

『私の人生観』岩波書店、一九四一年。

『人倫の形而上学序説』（岩波講座　倫理学第十二冊）一九四一年。

『信念と実践』岩波書店、一九四四年。

『民主主義十二講』（共著）日本放送出版協会、一九四七年。

『生きゆく道』細川書店、一九四八年。

『若き女性のために』要書房、一九四八年。

『カント（近代精神叢書）』（編著・監修）山根書店、一九四九年。

『如何に生くべきか』雲井書店、一九四九年。

『教育試論』岩波書店、一九四九年。

『人間の哀しみ』（アテネ文庫）弘文堂、一九四九年。

『大学生活』（編著）光文社、一九四九年。

『天野貞祐著作集』（全五巻）細川書店、一九四九年〜一九五〇年。

Ⅰ．人生論
Ⅱ．教育論
Ⅲ．若き人たちへ
Ⅳ．忘れえぬ人々
Ⅴ．随想録

『今日に生きる倫理〔要選書〕』要書房、一九五〇年。

『ここに希望あり　1950年――日本人の希望と絶望』（共著）東京出版社、一九五〇年。

『真実を求めて』雲井書店、一九五〇年。

『スポーツに学ぶ』細川書店、一九五一年。

主要参考文献

『日々の生活』中央公論社、一九五二年。
『学生論（単行普及版）』河出書房、一九五二年。
『人生論（単行普及版）』河出書房、一九五二年。
『私のスポーツ観』河出書房、一九五二年。
『随想録（単行普及版）』河出書房、一九五三年。
『忘れえぬ人々——自伝的回想』河出書房、一九五三年。
『わが青年時代』（共著）大蔵省印刷局、一九五三年。
『国民実践要領』酣燈社、一九五三年。
『わたしの生涯から』青林書院、一九五三年。
『安倍能成・天野貞祐・辰野隆集（昭和文学全集10）』角川書店、一九五三年。
『真実を求めて（雲井新書）』雲井書店、一九五三年。
『日日の倫理——わたしの人生案内』酣燈社、一九五四年。
『阿部次郎　天野貞祐集（現代随想全集第四巻）』創元社、一九五四年。
『今日に生きる女性の道』要書房、一九五四年。
『生きゆく道』（角川文庫）角川書店、一九五五年。
『人間・政治・教育』（共著）新日本教育協会、一九五五年。
『学問と人生』河出書房、一九五六年。
『若き女性のために』（現代教養文庫）社会思想社、一九五七年。
『高校生のために』東西文明社、一九五七年。
『新時代に思う』東京創元社、一九五八年。

『天野貞祐集（私たちはどう生きるか）』ポプラ社、一九五八年。
『道理の感覚』（角川文庫）角川書店、一九五八年。
『道理への意志』（角川文庫）角川書店、一九五九年。
『高校生のために』塙書房、一九六〇年。
『天野貞祐著作集』塙書房、一九六〇年。
Ⅰ．人生論
Ⅱ．教育論
Ⅲ．若き人たちへ
Ⅳ．忘れえぬ人々
Ⅴ．随想録
＊前掲『天野貞祐著作集』細川書店の復刻。
『医家と教養』金原出版、一九六〇年。

『天野貞祐集（現代知性全集３）』日本書房、一九六三年。

『人生読本』春潮社、一九六四年。

『改訂　今日に生きる倫理』春潮社、一九六四年。

『天野貞祐集』雪華社、一九六六年。

『君の情熱と僕の真実』（武者小路実篤と共著）日本ソノサービスセンター、一九六八年。

『カント哲学の精神』学藝書房、一九六八年。

『宗教的情操の教育――その原理と方法および資料』（編著代表）日本連合教育会、一九六八年。

『安倍能成、天野貞祐、田中美知太郎集』小学館、一九六九年。

主要参考文献

『天野貞祐全集』栗田出版会、一九七〇年～一九七二年。
1　道理の感覚
2　学生に与うる書
3　信念と実践
4　今日に生きる倫理
5　教育論
6　道徳教育
7　カント研究
8　純粋理性批判　上
9　純粋理性批判　下
『若い人達へ（リンデンバウム叢書1）』獨協大学図書館、一九七一年。

『今の世を生きぬく力』ポプラ社、一九七二年。

『教育五十年』南窓社、一九七四年。

『わが人生』自由学園出版部、一九七九年。

『「純粋理性批判」について』（講談社学術文庫）講談社、一九八〇年。

『西田幾多郎とその哲学』（共著）一燈園燈影舎、一九八五年。

『日日に新たに（リンデンバウム叢書4）』獨協中学校・高等学校図書館、一九八六年。

『天野貞祐全集』日本図書センター、一九九九年。
1　道理の感覚
2　学生に与うる書

3　信念と実践
4　今日に生きる倫理
5　教育論
6　道徳教育
7　カント研究
8　純粋理性批判　上
9　純粋理性批判　下
＊前掲『天野貞祐全集』（栗田出版会、一九七〇年〜一九七二年）の復刻。
『天野貞祐――わたしの生涯から』日本図書センター、二〇〇四年。
＊前掲『わたしの生涯から』（青林書院、一九五三年）を底本としたものである。
『天野貞祐講話集』獨協学園、一九九四年。

天野貞祐の論文（全集、著作集、主要著作等に未収載のもの）

天野貞祐他「青年と政治―1―（鼎談）」『心』一九四九年一月号。

天野貞祐他「青年と政治―2―（鼎談）」『心』一九四九年二月号。

天野貞祐他「戦後青年討論（対談）」『思索』一九四九年八月号。

天野貞祐他「次代を背負うものを如何に教育するか（対談）」『婦人公論』一九四九年十二月号。

天野貞祐「永久平和への熱願――死して生きる覚悟」『世界』一九五〇年四月号。

天野貞祐他「われら如何に生きん（座談会）」『日本評論』一九五〇年四月号。

天野貞祐「理想的な教師―理想的な教師とは」『社会と学校』一九五〇年七月号。

天野貞祐他「哲学者と政治（座談会）」『日本評論』一九五〇年十二月号。

天野貞祐「君が代・日の丸・修身科」『読売評論』一九五一年一月号。

天野貞祐他「修身科問題をめぐって（対談）」『ニューエイジ』一九五一年二月号。

天野貞祐「秀才論」『新潮』一九五一年十一月号。

天野貞祐「国家の中心と『実践要領』」『婦人公論』一九五二年一月号。

天野貞祐他「国家と道徳（鼎談）」『改造』一九五二年一月号。

天野貞祐他「伝統と進歩の道は相互に矛盾するものか——矛盾せざる得ないものか（鼎談）」『婦人之友』一九五二年七月号。

天野貞祐「文部大臣という名の官職」『文藝春秋』一九五二年十一月号。

天野貞祐他「新教育制度の再検討（座談会）」『心』一九五二年十一月号。

天野貞祐「基本的人権の哲学的基礎」『心』一九五五年六月号。

天野貞祐「愛国心について（特別寄稿）」『小・中学校における道徳実践指導講座2（原理編）』光風出版、一九五六年。

天野貞祐他「道徳教育は如何にすべきか（座談会）」『心』一九五七年四月号。

天野貞祐他「現在の教育縦談（座談会）」『心』一九五七年十月号。

天野貞祐「徳目に即して行う道徳教育」『教育技術』一九五七年十二月号。

天野貞祐他「教育制度の検討（対談）」『心』一九五八年四月号。

天野貞祐「道徳教育について」『心』一九五八年七月号。

天野貞祐「学校給食と人間形成」日本学校給食会、一九六二年。

天野貞祐「戦争・平和・公害」『心』一九七二年八月号。

天野貞祐「道徳教育について」『心』一九五八年七月号。

天野貞祐他「憂うべき教育問題」『心』一九六八年一月号。

天野貞祐「誠意と恩情」『心』一九六八年二月号。

天野貞祐他「大学生の今昔」『心』一九六九年七月号。

天野貞祐他「大学はかくあるべきだ（対談）」『心』一九六九年九月号。

天野貞祐他「教育改革の前途」『心』一九七二年十月号。

天野貞祐他「日本の前途を憂う」『心』一九七四年十月号。

天野に関する研究文献（研究書・研究論文）

武田清子「『道徳』の岐路・天野貞祐」『日本』第八巻第四号、一九六五年四月。

大井正『日本の思想―福沢諭吉から天野貞祐まで』青木書店、一九五四年。

鈴木志乃恵「天野貞祐における大学論」『獨協大学教養諸学研究』第二十八巻一号、一九九三年。

貝塚茂樹『戦後教育改革と道徳教育問題』日本図書センター、二〇〇一年。

貝塚茂樹『戦後教育のなかの道徳・宗教』文化書房博文社、二〇〇三年。

山田哲史「天野貞祐と『道理の感覚』について」『道徳と教育』第三一八・三一九号合併号、二〇〇三年。

山田哲史「天野貞祐の『道理の感覚』をめぐる筆禍事件の顛末」『道徳と教育』第三一八・三一九号合併号、二〇〇四年。

鈴村裕輔「天野貞祐と野球」『ベースボーロジー』第五号、二〇〇四年。

貝塚茂樹『戦後教育のなかの道徳・宗教〈増補版〉』文化書房博文社、二〇〇六年。

貝塚茂樹「天野貞祐における教師論と教員養成――教育刷新委員会での議論を中心に」『武蔵野大学文学部紀要』

第七号、二〇〇六年。

貝塚茂樹「天野貞祐における『平和』の問題」『武蔵野大学文学部紀要』第八号、二〇〇六年。

雪山伸一「天野貞祐の二つの教育現場——自由学園と獨協学園」『獨協学園資料センター研究年報』第一号、二〇〇九年。

森川多聞「天野貞祐の規範意識」『日本思想史学』第四十二号、二〇一〇年。

三羽光彦「戦後改革における二つの中等教育論——教育刷新委員会における天野貞祐と牛山英治」芦屋女子短期大学『研究紀要』第三十六号、二〇一〇年。

雪山伸一「天野—高田『貧乏論争』を読む」『獨協学園資料センター研究年報』第二号、二〇一〇年。

雪山伸一「天野貞祐と戦後教育改革」『獨協学園資料センター研究年報』第三号、二〇一一年。

雪山伸一「天野貞祐と戦後教育改革（承前）」『獨協学園資料センター研究年報』第四号、二〇一二年。

貝塚茂樹「戦後における天野貞祐の女性論と教養」武蔵野大学教養教育リサーチセンター紀要『The Basis』第三号、二〇一三年。

貝塚茂樹『戦後道徳教育の再考——天野貞祐とその時代』文化書房博文社、二〇一三年。

貝塚茂樹「天野貞祐の高等教育改革論と新学制批判」『戦後教育史研究』第二七号、二〇一四年。

雪山伸一「文部大臣・天野貞祐の二年三ヶ月」『獨協学園資料センター研究年報』第七号、二〇一五年。

天野の評伝・回想等

志賀太郎『教育者天野貞祐先生の生涯と思想　上・下』一九八〇年。非売品。

獨協大学百年史編纂室『回想　天野貞祐』獨協学園、一九八六年。

松崎貞良編著『天野貞祐先生とヒューマニズム——先生と信州』一九八七年。非売品。

蝦名賢造『天野貞祐伝』西田書店、一九八七年。

貝塚茂樹「天野貞祐――戦後教育改革と道徳教育の振興」行安茂・廣川正昭編『戦後道徳教育を築いた人々と21世紀の課題』教育出版、二〇一二年。

貝塚茂樹「天野貞祐――道理を尊び、道理を畏れた教育改革の実践者」沖田行司編『人物で見る日本の教育』ミネルヴァ書房、二〇一二年。

関連文献

九鬼周造『をりにふれて』岩波書店、一九四一年。

田中耕太郎『教育と権威』岩波書店、一九四六年。

田中耕太郎『教育と政治』好学社、一九四六年。

安倍能成『戦中戦後』白日書院、一九四六年。

前田多門『山荘静思』羽田書店、一九四七年。

教育法令研究会編『教育基本法の解説』国立書院、一九四七年。

安倍能成『一日本人として』白日書院、一九四八年。

梅根悟『現代訓育論』明治図書出版、一九五〇年。

平野武夫『道徳教育の指導計画――新教育の倫理的点睛』堀池博進堂、一九五一年。

岩波茂雄『茂雄遺文抄』岩波書店、一九五二年。

大達茂雄『私の見た日教組――教育二法案を繞る国会論争』新世紀社、一九五五年。

大達茂雄伝記刊行会編『大達茂雄』『追想の大達茂雄』大達茂雄伝記刊行会、一九五六年。

長坂端午「社会科の生いたち」『信濃教育』第八二五号、第八二六号、第八二八号、第八三〇号、一九五五年七月〜一九五六年一月。
羽仁吉一『雑司ヶ谷短信』上・下巻、婦人の友社、一九五六年。
安倍能成『岩波茂雄伝』岩波書店、一九五七年。
吉田茂『回想十年』(全四巻)新潮社、一九五七年〜一九五八年。
大島康正『道徳教育をめぐって』有信堂、一九五七年。
竹山道雄『昭和の精神史』新潮文庫、一九五八年。
久野収・鶴見俊介・藤田省三『戦後日本の思想』中央公論社、一九五九年。
安倍能成『戦後の自叙伝』新潮社、一九五九年。
久山康編『戦後日本精神史』創文社、一九六一年。
田中耕太郎『教育基本法の理論』有斐閣、一九六一年。
小林珍雄『岩下神父の生涯』中央出版社、一九六一年。
宗像誠也『教育と教育政策』岩波新書、一九六一年。
高坂正顕『西田幾多郎と和辻哲郎』新潮社、一九六四年。
高坂正顕『私見　期待される人間像』筑摩書房、一九六六年。
日高第四郎『民主主義の回顧と展望』学習研究社、一九六六年。
清水幾太郎「安倍学習院長追悼の辞」『世界』一九六六年九月号。
羽仁恵子『自由学園の教育』自由学園、一九六七年。
信夫清三郎『戦後日本政治史Ⅳ』勁草書房、一九六七年。
高坂正顕『大学問題と学生運動』南窓社、一九六八年。
高坂正堯『宰相　吉田茂』中央公論社、一九六八年。

南原繁ほか編『矢内原忠雄――信仰・学問・生涯』岩波書店、一九六八年。
『戦後日本の教育改革』全十巻、東京大学出版会、一九六九年〜一九七六年。
五十嵐顕『戦後教育の歴史』青木書店、一九七〇年。
日本教育新聞編集局編『戦後教育史への証言』教育新聞社、一九七一年。
森戸辰男『教育不在――占領政策と権力闘争の谷間』鱒書房、一九七二年。
森戸辰男『第三の教育改革――中教審答申と教科書裁判』第一法規、一九七三年。
勝田守一『勝田守一著作集2　国民教育の課題』国土社、一九七三年。
劔木亨弘『戦後文教風雲録――続牛の歩み』小学館、一九七七年。
八木淳『文部大臣列伝――人物でつづる戦後教育の軌跡』学陽書房、一九七八年。
大田堯編『戦後日本教育史』岩波書店、一九七八年。
武田清子『天皇観の相剋』岩波書店、一九七八年。
出射義夫『石叫ばん』提言刊行会、一九七八年。
山住正巳『教育勅語』朝日新聞社、一九八〇年。
船山謙次『戦後道徳教育論史　上・下』青木書店、一九八一年。
読売新聞戦後史班編『昭和教育史――教育のあゆみ』読売新聞社、一九八二年。
鈴木英一『日本占領と教育改革』勁草書房、一九八三年。
今村武雄『小泉信三伝』文藝春秋、一九八三年。
久保義三『対日占領政策と戦後教育改革』三省堂、一九八四年。
袖井林二郎『占領した者された者』サイマル出版会、一九八四年。
八木淳『文部大臣の戦後史』ビジネス社、一九八四年。

槙枝元文『文部大臣は何をしたか——私の目で捉えた戦後教育史』毎日新聞社、一九八四年。

高橋英夫『偉大なる暗闇——師岩元禎と弟子たち』新潮社、一九八四年。

羽仁進『自由学園物語』講談社、一九八四年。

勝部真長・渋沢久子『道徳教育の歴史——修身科から『道徳』へ』玉川大学出版部、一九八四年。

田中正隆『牛歩八十五年　劒木亨弘聞書』教育問題研究会、一九八六年。

大嶽秀夫『アデナウアーと吉田茂』中央公論社、一九八六年。

木田宏監修『証言　戦後の文教政策』第一法規出版、一九八七年。

清水義弘『なにわざを。われはしつつか。』東信堂、一九八七年。

大嶽秀夫『再軍備とナショナリズム』中央公論社、一九八八年。

高山岩男『西田哲学とは何か』一燈園燈影舎、一九八八年。

久保義三『占領と神話教育』青木書店、一九八八年。

陣内靖彦『日本の教員社会——歴史社会学の視野』東洋館出版社、一九八八年。

斎藤道子『羽仁もと子——生涯と思想』ドメス出版、一九八八年。

立川正世「羽仁もと子の教育思想」『名古屋大學教育學部紀要　教育学科』第三十五巻、一九八八年。

勝野尚行『教育基本法の立法思想——田中耕太郎の教育改革思想研究』法律文化社、一九八九年。

モサック・原山編『キリストに倣いて——岩下壮一神父　永遠の面影』学苑社、一九九一年。

土持ゲーリー法一『米国教育使節団の研究』玉川大学出版部、一九九一年。

打越孝明「新制高等学校の漢文教育をめぐる昭和27年の論議について」『戦後教育史研究』第8号、一九九二年。

土持ゲーリー法一『六・三制教育の誕生——戦後教育の原点』悠思社、一九九二年。

中村正則『戦後史と象徴天皇』岩波書店、一九九二年。

明神勲「占領教育政策と『逆コース』論」『日本教育史研究』第十二号、一九九二年。

モサック・原山編『続　キリストに倣いて――岩下神父、マザー亀代子、シスター愛子の面影』学苑社、一九九三年。

黒羽亮一『戦後大学政策の展開』玉川大学出版部、一九九三年。

片上宗二『日本社会科成立史研究』風間書房、一九九三年。

山田昇『戦後日本教員養成史研究』風間書房、一九九三年。

明星大学戦後教育史研究センター『戦後教育改革通史』明星大学出版部、一九九三年。

久保義三『昭和教育史　上・下』三一書房、一九九四年。

籠谷次郎『近代日本における教育と国家の思想』阿吽社、一九九四年。

黒澤英典『戦後教育の源流』学文社、一九九四年。

吉野源三郎『平和への意志――『世界』編輯後記1946―55年』岩波書店、一九九五年。

筒井清忠『日本型「教養」の運命』岩波書店、一九九五年。

坂本多加雄『知識人――大正・昭和精神史断章』読売新聞社、一九九六年。

土持ゲーリー法一『新制大学の誕生――戦後私立大学政策の展開』玉川大学出版部、一九九六年。

加藤節『南原繁――近代日本と知識人』岩波書店、一九九七年。

渡辺かよ子『近現代日本の教養論――一九三〇年代を中心に』行路社、一九九七年。

岡本洋三『開放制教員養成制度論』大空社、一九九七年。
H．J．ワンダリック著、土持ゲーリー法一監訳『占領下日本の教科書改革』玉川大学出版部、一九九八年。
北岡伸一・五百旗頭真編『占領と講和――戦後日本の出発』情報文化研究所、一九九九年。

『戦後教育の総合評価』刊行委員会編『戦後教育の総合評価――戦後教育改革の実像』国書刊行会、一九九九年。

三羽光彦『六・三・三制の成立』法律文化社、一九九九年。

竹内洋『学歴貴族の栄光と挫折（日本の近代12）』中央公論新社、一九九九年。

高坂節三『昭和の運命を見つめた眼』PHP研究所、二〇〇〇年。

五百旗頭真『戦争・占領・講和1941～1955（日本の近代6）』中央公論新社、二〇〇一年。

竹田篤司『物語「京都学派」』中央公論新社、二〇〇一年。

藤田正勝編『京都学派の哲学』昭和堂、二〇〇一年。

TEES研究会編『「大学における教員養成」の歴史的研究――戦後「教育学部」史研究』学文社、二〇〇一年。

押谷由夫『「道徳の時間」成立過程に関する研究――道徳教育の新たな展開』東洋館出版社、二〇〇一年。

佐伯啓思『国家についての考察』飛鳥新社、二〇〇一年。

坂本多加雄『国家学のすすめ』ちくま新書、二〇〇一年。

小熊英二『〈民主〉と〈愛国〉――戦後日本のナショナリズムと公共性』新曜社、二〇〇二年。

竹内洋『教養主義の没落――変わりゆくエリート学生文化』中公新書、二〇〇三年。

森田尚人・森田伸子・今井康雄『教育と政治――戦後教育史をよみなおす』勁草書房、二〇〇三年。

鈴木範久『我々は後世に何を遺してゆけるのか――内村鑑三『後世への最大遺物』の話』学術出版会、二〇〇五年。

土持ゲーリー法一『戦後日本の高等教育改革政策――「教養教育」の構築』玉川大学出版部、二〇〇六年。

新宮謙治『獨逸学協会学校の研究』校倉書房、二〇〇七年。

苅部直『日本の〈現代〉5　移りゆく教養』NTT出版、二〇〇七年。

鳥居朋子『戦後初期における大学改革構想の研究』多賀出版、二〇〇八年。

貝塚茂樹『戦後教育は変われるのか――「思考停止」からの脱却をめざして』学術出版会、二〇〇八年。

佐伯啓思『日本の愛国心——序説的考察』NTT出版、二〇〇八年。

山口周三『資料で読み解く　南原繁と戦後教育改革』東信堂、二〇〇九年。

小熊英二『1968』新曜社、二〇〇九年。

菱村幸彦『戦後教育はなぜ紛糾したのか』教育開発研究所、二〇一〇年。

宗教教育研究会『宗教を考える教育』教文館、二〇一〇年。

藤田祐介・貝塚茂樹『教育における「政治的中立」の誕生——「教育二法」成立過程の研究』ミネルヴァ書房、二〇一一年。

竹内洋『革新幻想の戦後史』中央公論新社、二〇一一年。

輪島一広「岩下壮一の生涯と思想形成（その1）」『愛知江南短期大学紀要』第三十九号、二〇一〇年。

市川昭午『愛国心——国家・国民・教育をめぐって』学術出版会、二〇一一年。

貝塚茂樹『道徳教育の取扱説明書——教科化の必要性を考える』学術出版社、二〇一二年。

十重田裕一『岩波茂雄——低く暮らし、高く想ふ』ミネルヴァ書房、二〇一三年。

中島岳志『岩波茂雄——リベラル・ナショナリストの肖像』岩波書店、二〇一三年。

佐藤卓己『物語　岩波書店百年史2——「教育」の時代』岩波書店、二〇一三年。

貝塚茂樹『道徳の教科化——「戦後七〇年」の対立を超えて』文化書房博文社、二〇一五年。

江島顕一『日本道徳教育の歴史——近代から現代まで』ミネルヴァ書房、二〇一六年。

天野郁夫『新制大学の誕生——大衆高等教育への道　上・下』名古屋大学出版会、二〇一六年。

関連資料（全集・著作集・資料集など）

『羽仁もと子著作集』（全二十巻）婦人之友社、一九二九年〜一九七〇年。

『安倍能成選集』全五巻、小山書店、一九四八～一九四九年。

自由学園出版局『学園新聞』第六号～第四一二号、一九五一年六月～一九九〇年六月。

『京都大学文学部五十年史』京都大学文学部、一九五六年。

東京都教職員組合編『都教組十年史』東京都教職員組合、一九五九年。

『和辻哲郎全集』（全二十七巻、補遺。別巻二）岩波書店、一九六一～一九九二年。

自由民主党編『自由民主党十年の歩み』自由民主党、一九六六年。

日本教職員組合編『日教組20年史』労働旬報社、一九六七年。

甲南学園50年史出版委員会編『甲南学園50年史』一九七〇年。

『緑風会十八年史』中央公論事業出版、一九七一年。

文部省編『学制百年史（記述編・資料編）』帝国地方行政学会、一九七二年。

国立教育研究所編『日本近代教育百年史　第一巻　教育政策1』国立教育研究所、一九七三年。

獨協学園百年史編纂委員会編『独協百年』（全五号）一九七九～一九八一年。

『九鬼周造全集』（全十一巻）岩波書店、一九八〇年～一九八二年。

『内村鑑三全集』（全四十巻）岩波書店、一九八〇年～一九八四年。

獨協学園百年史編纂委員会編『目で見る獨協百年』獨協学園、一九八三年。

獨協大学創立二十周年記念事業企画委員会編『獨協大学創立二十年史』獨協大学、一九八四年。

関湊氏を偲ぶ会『人間・関湊――１９０７～１９８４あるばむ』獨協学園、一九八六年。

日本教職員組合編『日教組四〇年史』労働教育センター、一九八九年。

財団法人吉田茂記念事業財団編『吉田茂書翰』中央公論社、一九九四年。

鈴木英一・平原春好編『資料　教育基本法50年史』勁草書房、一九九八年。

日本近代教育史料研究会編『教育刷新委員会教育刷新審議会会議録』全十三巻、岩波書店、一九九六年〜一九九八年。

獨協学園百年史編纂委員会編『獨協学園史――1881―2000』獨協学園、二〇〇〇年。

獨協学園百年史編纂委員会編『獨協学園史　資料集成』獨協学園、二〇〇〇年
『西田幾多郎全集』（全二十四巻）岩波書店、二〇〇二〜二〇〇九年。

岩波書店編集部編『岩波茂雄への手紙』岩波書店、二〇〇三年。

貝塚茂樹編『戦後日本の道徳教育関係資料に関する基礎的調査研究』（日本学術振興会科学研究費補助金基盤研究（C）研究成果報告書）国立教育政策研究所、二〇〇三年。

市川昭午・貝塚茂樹監修『文献選集《愛国心と教育》』（全十三巻）日本図書センター、二〇〇七年。

貝塚茂樹監修『戦後道徳教育文献資料集』（全三十六巻）日本図書センター、二〇〇三年〜二〇〇四年。

貝塚茂樹監修『文献資料集成　日本道徳教育論争史』（全十五巻）日本図書センター、二〇一二年〜二〇一五年。

市川昭午監修・編集、貝塚茂樹他編集『資料で読む　戦後日本と愛国心』（全三巻）日本図書センター、二〇〇八年〜二〇〇九年。

あとがき

天野貞祐先生の御長男である誠一様にお会いしたのは、一九九七年（平成九）十二月十八日であった。場所は、かつて獨協大学にあった天野貞祐記念室。現在の獨協大学天野貞祐記念館一階の「獨協歴史ギャラリー」と比較すると質素な一室であった。師走の肌寒い霙交じりの夕方であった。天野先生とは違い長身の誠一様は、すでに八十歳を超えられていたにもかかわらず矍鑠とされておられた。天野先生の書斎が復元された一室で、天野先生の愛用されたソファーに誠一様が座られ、その正面のソファーに座らせて頂いた。「その席は、かつて父に大臣就任を求められた、吉田首相が座られたソファーです」とおっしゃられた優しい笑顔を今でも思い出す。

私の不躾な質問にも一つ一つ丁寧且つ誠実にお答え頂いた御姿に私の中の天野先生の御人柄が重なった。なかでも、「なぜ、天野先生は無教会でもなく、プロテスタントでもなくカトリックに入信されたのでしょうか」という私の質問に、「長女、和子のことがあったと思います」と私の目を見てはっきりお答え頂いた時の御声が懐かしく耳に残っている。誠一様も二〇〇六年（平成十八）八月二十五日に八十九年の御生涯を閉じられ、東京の雑司ヶ谷霊園で天野先生と共に静かな眠りの中におられる。

あれからすでに二十年の時間が過ぎようとしている。その間、私の頭の中をずっと離れることがなかったのは間違いなく天野先生であった。「近いうちに天野先生の評伝を書きます」。誠一様にそう約束したにもかかわらず、とうとう約束を果たせなかったことが今も無念である。二十年前の約束が遅れたお詫びをしながら、誠一様に感謝をもって本書を捧げたい。

「やっとここまで辿り着けた」というのが今の正直な気持ちである。ただし、決して十分ではない、という思いの方がはるかに強い。天野先生の御生涯と思想は、この程度の頁数にまとめることができないし、何より天野先生の御生涯を描ききれない自身の力のなさが悲しい。しかし、天野先生であれば、拙い本書も「中間報告」として温かく許して頂けるのではないか。今は天野先生にそう甘えてみたい気持ちもある。本書の執筆中には、しばしば天野先生を身近に感じる経験があった。本当に自分が書いているのか、と疑問に思う瞬間もあった。少なくとも、私自身は天野先生と対話をしながら本書を書き上げた、というある意味での満足感だけはある。

文部大臣として天野先生が声をあげられた「修身科」復活の提言が、六十年以上の時を経て実現しようとしている。小学校は、二〇一八年度（平成三十）、中学校は二〇一九年度（平成三十一）に「特別の教科　道徳」が設置され、道徳の教科化が実現することになる。道徳の教科化は、「天野先生の道徳教育論の勝利だ」と声高らかに主張するつもりはない。おそらく天野先生はそうは言われないはずだ。かつて、「修身科」復活に反対した教え子の上田薫氏に「わたしはとにかくみんなが道徳の問題をしっかり考えてくれれば、それでいいんだよ」と言われたことを今回も繰り返されるような気がする。それはわかっていても、どうしても天野先生贔屓になってしまう私には、「先生は徹底的惨敗者ではありません。先生の道理は歴史が証明しました」と言い切ってしまいたい衝動がないわけではない。たとえそう言っても天野先生には許して頂けるような気もする。

さて、本書の刊行にあたっては、多くの方々に励ましとご協力を頂いた。『天野貞祐伝』をご執筆になった蝦名賢三先生には、一九九八年（平成十）十月に東京・神田の学士会館でお話を直接に伺い、その後もお手紙などで貴重なご指導を頂戴した。また、獨協大学の天野貞祐記念室におられた村山新市さんには天野先生の資料に関して格別のご教示と温かい御配慮を頂戴した。天野誠一様と蝦名賢三先生にご紹介下さったのも村山さんである。また、獨協大学教務課の昼間良次さんにも折に触れてお励ましを頂戴した。昼間さんにご紹介頂いた神奈川県相模原市鳥屋の天野家御当主である天野望様からも貴重な御教示を頂戴する機会を得ることができた。記して感謝申し上げる次第である。

また、本書刊行を勧めて頂いたのは、ミネルヴァ書房東京支社の東寿浩さんである。東さんの粘り強い励ましと原稿への的確な御助言がなければ本書の刊行は実現しなかった。本書執筆のお話を最初に頂いてから随分と長い時間が経過してしまった。この間、東さんには別の企画を先行してお願いするというわがままを静かに聞き入れて下さった。刊行が遅れたことへのお詫びとともに、いつもながらの丁寧で慎重な編集に心から感謝申し上げたい。

本書の原稿の最初の読者となり、意見を言ってくれたのは妻であり、わかりにくい表現にかなりの数の付箋を付けてくれたのは娘であった。天野先生の御生涯を描き切れていないことへの不安と失望も大きかったが、天野先生が御逝去になる所で涙を流している妻を見て「書いてよかった」と素直に思った。

本書の校正で天野先生の御逝去を伝える新聞を読み返した時、天野先生の訃報と並んで某有名私立大学の「入試問題漏洩事件」が掲載されていることに改めて気づいた。入学試験の弊害と闘い続けた天野先生の御逝去の記事の上に「入試問題漏洩事件」が掲載されていることに複雑な想いが去来した。しかし、少なくとも天野先生がこの記事をご覧になり、心乱れることだけは確実になかった。そう思うと涙がこぼれた。

本書を書き終えたばかりの今は、安心感と虚脱感が入り交じった気持ちが先立ち、改めて内容に思いを巡らす余裕と気力がない。本書を恩師、齋藤太郎先生がどうお読み下さるか。先生の御評価を謙虚に受け止めた上で、再び天野先生としっかり向き合う準備をしたい。天野先生について書きたいこと、書かねばならないことは、まだまだある。

二〇一七年三月六日　天野先生が神の御許に旅立たれた日に

貝塚茂樹

天野貞祐略年譜

＊「天野貞祐年譜」（『天野貞祐全集　第七巻』収載、栗田出版会、一九七一年）及び「天野貞祐略年譜」（『回想　天野貞祐』収載、獨協学園、一九八六年）を参考に作成した。前者は、天野自身の作成によるものであり、本年譜で引用する場合には「　」で示した。一般・関連事項については、加藤友康他編『日本史総合年表』（吉川弘文館、二〇〇一年）及び『学制百年史（資料編）』（帝国地方行政学会、一九七二年）を参照した。

和暦	西暦	齢	関連事項	一般事項
明治一七	一八八四	0	9・30神奈川県津久井郡鳥屋村（現在の相模原市）に父藤三、母タネ（種）の四男として生まれる。	
二三	一八九〇	6		10月教育勅語渙発。
二四	一八九一	7	4月鳥屋村小学校に入学。祖父三郎助没。	
三〇	一八九七	13	4月獨逸学協会学校中学校に入学。	
三四	一九〇一	17	野球の試合の捻挫で休学。母と共にチフスに罹り、8月に母タネ死去（享年45）。チフス回復後に胃病が悪化。獨逸学協会学校中学校退学。	
三七	一九〇四	20		2・8日露戦争開戦。

三八	一九〇五	21	健康がほぼ回復し、獨逸学協会学校中学校五年次に再入学。母の死後、再入学までの間に内村鑑三の著作に親しみ、「精神革命」を経験する。再入学にあたっては教育者になる志をたて、志望を文科に変更。口演部の大会で「運動部振起策」を演舌して、校長大村仁太郎より激賞される。	9・5日比谷焼打事件。
三九	一九〇六	22	4月獨逸学協会学校中学校卒業。「卒業生総代として答辞を文章として読まずに口頭にて述べる。これはさきの演舌にひどく感服した大村校長の指示によるものである。この答辞の内容は、当時横浜で発行されていたドイツ新聞によって報道されるなど昔日の怠惰平凡な一生徒はここに思いがけぬ面目を施すことになった」。8月第一高等学校入学。在学中に九鬼周造、岩下壮一、児島喜久雄らと親しく交わり、殊に九鬼とは無二と親友となる。また、九鬼を通じて岩元禎からも影響を受ける。9月新渡戸稲造が第一高等学校校長に着任。京都帝国大学文科大学開校。	
四二	一九〇九	25	第一高等学校卒業。9月京都帝国大学文学部哲学科に入学。桑木厳翼博士の指導を受けて専らカントを学ぶ。	10・26伊藤博文暗殺される。

四三	一九一〇	26		8月韓国併合。この年、大逆事件が起こる。
四五	一九一二	28	卒業論文「物自体の問題」を提出して卒業。大学院入学。哲学研究室副手を嘱託される。カント『プロレゴメーナ』の翻訳を始める。	
大正 二	一九一三	29	論文「カント学徒としてのフィヒテ」を雑誌『藝文』に発表。初めて学界にその存在を認められる。智山派観学院専門学校で「西洋哲学史」担当の講師となる。	
三	一九一四	30	5・1兄康虎死去（享年37）8月第七高等学校造士館にドイツ語講師として採用され、鹿児島に赴任。桑木厳翼博士の校閲を得て、共訳として『プロレゴーメナ（哲学序説）』を東亜堂より出版する。	7月第一次世界大戦が始まる。
四	一九一五	31	7・19第七高等学校造士館教授となる。9・6青木タマと結婚。第七高等学校造士館在職中は、岩下壮一、ドクトル・クレスレルと親しく交わり、カント『純粋理性批判』の翻訳に従事する。	
六	一九一七	33	1・27長男誠一誕生。	3月ロシア革命（二月革命、十月革命）。
七	一九一八	34		8月シベリア出兵

八	一九一九	35	1月10日、長女カズ（和子）誕生。8・16西田幾太郎の推薦によって学習院教授に転任。	
一〇	一九二一	37	2月『純粋理性批判　上巻』を岩波書店より刊行。	
一一	一九二二	38		12月ソヴィエト社会主義連邦成立
一二	一九二三	39	ドイツ留学。ハイデルベルク大学に学び、もっぱらリッケルト、ホフマン両教授の講義を聴く。	9・1関東大震災。
一三	一九二四	40	病気のため留学満期前に帰朝。	
一四	一九二五	41		4月治安維持法公布。5月普通選挙法公布。
一五	一九二六	42	8・19京都帝国大学文学部助教授となる。「元来、大学教授となる考えがなく早く研究室を去って高等学校教育に一生を捧げるつもりであったがドイツ留学によって学問研究への熱意が高まってきたのと、当時の学習院には到底永く留まりがたいように感じたため京大文学部の招きに応ずる決心をしたのである」。『純粋理性批判』の翻訳に精力を傾ける。カント『縮刷　哲学序説』（桑木厳翼・天野貞祐共訳）を東亜堂より刊行。	
昭和　二	一九二七	43		3月金融恐慌が始まる。

三	一九二八	44	3・8父藤三没（享年74）。	3・15三・一五事件。
四	一九二九	45		10月世界恐慌が始まる。
五	一九三〇	46	『純粋理性批判　下巻』の訳業を完了。「大正三年この業を始めて以来ある時は絶望して筆を投じ、また勇気をとりもどして仕事にとりかかるなど苦心惨憺辛うじて完了することを得たのである」。3・28内村鑑三死去（享年69）。	
六	一九三一	47	1月カント『純粋理性批判　下巻』を岩波書店より刊行。3・31京都帝国大学文学部教授となる。6・8学位請求論文「カント純粋理性批判の形而上学的性格」において文学博士号を授与される。11月岩波講座第七次『哲学』刊行。	9・18満洲事変勃発。
七	一九三二	48		3月「満洲国建国」。5・15五・一五事件。
八	一九三三	49	1月『人格と自由』（岩波講座哲学　分冊版）を岩波書店より刊行。10・15新渡戸稲造死去（享年71）。	3月日本、国際連盟脱退。
一〇	一九三五	51	10月学位論文『カント純粋理性批判――純粋理性批判の形而上学的性格』を岩波書店より刊行。	
一一	一九三六	52		2・26二・二六事件。
一二	一九三七	53	7・10『道理の感覚』を岩波書店より刊行。「第一	7・7盧溝橋事件、日中戦争が

次世界大戦後のドイツに駐留して敗戦国民の悲壮暗澹たる苦難をまのあたりに見、敗戦の恐ろしさを身を以て味わい、その深酷痛切な体験を抱いて故国に帰り来った著者は、ドイツ潰滅の諸原因を祖国日本においてさながら見出し、祖国の前途に対して憂慮禁じえざるものがあった。その焦心憂慮を率直に告白して国家衰滅の危険をわが国民に警告せんとしたのが本書である。浜田耕作博士京大総長に就任。総長の懇請により学生課長を兼任する。『道理の感覚』を支配する反軍思想の故をもって文部省は反対であったのを総長が文部省当局を説得して行った人事であった」。

始まる。11・25日独伊防共協定調印。

一三　一九三八　54

『道理の感覚』が物議をかもすことになった。著者は当時の社会情勢からこのことのあるを覚悟し、序文に『朝聞道夕死可矣』というのが著者の最も望む生き方であると記したのである。果たして右翼分子を利用して著者を葬らんとする策謀家が配属将校に迫ってことを起こさしめた。しかし浜田総長の断然たる態度と配属将校川村大佐の理解ある処置は著者の自発的絶版ということをもって事件を落着せしめ

4・1国家総動員法公布。

			てしまった」。7・25濱田耕作死去（享年57）。	
一四	一九三九	55	2・22兄・三祐死去（享年60）。8月『学生に与ふる書』を岩波書店より刊行。	5・12ノモンハン事件起こる。9月第二次世界大戦が始まる。
一五	一九四〇	56	3月津田左右吉が出版法違反で起訴される。10月『道理への意志』を岩波書店より刊行。12・3岩下壮一死去（享年52）。	9月日独伊三国同盟調印。10月大政翼賛会発足。
一六	一九四一	57	1・1顧問として甲南高等学校校長事務代行に就任。4・9長兄・康三死去（享年67）。5・6九鬼周造死去（享年53）。9月『私の人生観』を岩波書店より刊行。岩波講座倫理学に「人倫の形而上学序論」を発表。	3・1国民学校令公布。4・13日ソ中立条約調印。12・8真珠湾攻撃、太平洋戦争が始まる。
一八	一九四三	59		10・21出陣学徒壮行会開催。
一九	一九四四	60	2月『信念と実践』を岩波書店より刊行。9・30京都帝国大学を定年退官。11・7甲南高等学校校長に就任。	
二〇	一九四五	61	6・7西田幾多郎死去（享年75）。8・5甲南地区への空襲で罹災し自宅全焼。	3・10東京大空襲。8・6広島に原爆投下。8・9長崎に原爆投下。8・15ポツダム宣言受諾、敗戦。
二一	一九四六	62	2・9第一高等学校校長に就任。「さきに昭和十六	1月天皇人間宣言。公職追放令。

			年七月橋田邦彦氏が一高校長より文部大臣へ転ずるに当たり一高校長就任の交渉を受け承諾したに拘わらず、自由主義者の故をもって文部省内に異議あり、成立するに至らなかったが、ここに再び機会を生じ、一高校長に就任することになった」。2・18甲南高等学校校長辞任の承諾。日本側教育家委員会の委員に就任。4・25岩波茂雄死去（享年64）。同日弟・五六死去（享年58） 8・10教育刷新委員会委員に就任。12・15桑木厳翼死去（享年73）。	11・3日本国憲法公布。
二三	一九四八	64	2・9第一高等学校校長を辞任。4月学習院教授に就任。5月『生きゆく道』を細川書店より刊行。6・22大日本育英会会長に就任。9・22京都帝国大学名誉教授の名称を受ける。10月『若き女性のために』を要書房より刊行。	
二四	一九四九	65	4月『如何に生くべきか』を雲井書店より刊行。編著『大学生活』を光文社より刊行。5・30文教審議会委員に委嘱される。6月『如何に生くべきか』を雲井書店より刊行。7・10日本学生野球協会会長に就任（～一九六一年）。10月細川書店より『天野貞祐著作集』（全五巻）の刊行開始（～一九五〇年五	

二五	一九五〇	66	月）。11月『カント（近代精神叢）』を山根書店より、『人間の哀しみ』を弘文社より刊行。3月『真実を求めて』を雲井書店より刊行。4月『今日に生きる倫理』を要書房より刊行。5・6第三次吉田内閣の文部大臣に就任。5・28故郷の鳥屋にて大臣就任祝賀式。	6・25朝鮮戦争始まる。
二六	一九五一	67	5・16自由学園30周年記念式典に出席。9・18朝永三十郎死去（享年80）。11月『スポーツに学ぶ』を細川書店より刊行。	9・8サンフランシスコ講和条約。
二七	一九五二	68	1・6中央教育審議会委員に委嘱される。1月『日日の生活』を中央公論社より刊行。8・12文部大臣辞任「二年三ヶ月文部行政に没頭し、白線浪人の救済、私学振興法、文化功労者年金法案、義務教育費国庫負担法、近代美術館の設立等を成立せしめる」。10月『人生論（単行普及版）』、11月『私のスポーツ観』、12月『学生論（単行普及版）』をそれぞれ河出書房より刊行。12・27獨協中学校・高等学校長に就任。「母校独協学園の状況見るに忍びず校長に就任。半世紀前ここにおいて教育者たらんとする志を立て、今日この荒廃した母校に帰り来たり、その復興を図	8・8義務教育国庫負担法公布。

			らんとするわけである」。	
二八	一九五三	69	2月『随想録（単行普及版）』、『忘れえぬ人々――自伝的回想』を河出書房より刊行。3・10『国民実践要領』を酣燈社より刊行。10月『わたしの生涯から』を青林書院より刊行。10・26中央教育審議会総会において「教育の政治的中立法」をめぐって矢内原忠雄と論争。	8・7教育課程審議会「社会科の改善、特に道徳教育、地理・歴史教育について」を答申。8・22文部省「社会科の改善についての方策」を発表。
二九	一九五四	70	2月『今日に生きる女性の道』を要書房より刊行。6月『日日の倫理――わたしの人生案内』を酣燈社より刊行。	1・18中央教育審議会が「教員の政治的中立性維持に関する答申」を提出。
三〇	一九五五	71	1月中央教育審議会会長に就任。ドイツ連邦共和国から「星付大功労十字章」を授与される。10・26羽仁吉一死去（享年75）。11月自由学園理事に就任。	
三一	一九五六	72	6月『学問と人生』を河出書房から刊行。	
三二	一九五七	73	4・7羽仁もと子死去（享年84）。6月自由学園理事長となる。文部省主催の「中学校高等学校社会科倫理講座」で講師を務める。10月『高校生のために』を東西文明社から刊行。	
三三	一九五八	74	2月『新時代に思う』を東京創元社から刊行。5月から7月にかけて西ドイツの教育事情を視察。12月	3・15教育課程審議会「小学校・中学校教育課程の改善につ

三四	一九五九	75	『天野貞祐集（私たちはどう生きるか）』をポプラ社から刊行。	いて」を答申。9月小中学校に「道徳の時間」が設置。
三五	一九六〇	76	日本連合教育会会長に就任。『医家と教養』を金原書店から刊行。12・26和辻哲郎死去（享年71）。	6・23新安保条約発効。
三六	一九六一	77	文化功労者となる。	
三七	一九六二	78	4・29田邊元死去（享年77）。	
三八	一九六三	79	4・13中央教育審議会会長を退任。10月『天野貞祐集（現代知性全集）』を日本書房から刊行。「幸いにＰＴＡおよび校友諸君の献身的努力に助けられ十年間に校舎の改築、講堂の建設、校外施設の整備を完了することができた。だまたま学園創立八十周年を機会に多年の大学構想を実現しようと決意した。『入るは難く出ずるに易い』一般の大学と反対に『入るは易く出ずるに難い』独協大学の創設に踏み切ったのである」。	
三九	一九六四	80	2月『人生読本』を春潮社から刊行。4月獨協大学を開校し、学長に就任。6・4国立教育会館館長に就任。6月『改訂　今日に生きる倫理』を春潮社から刊行。	

四一	一九六六	82	5・11小泉信三死去（享年78）6・7安倍能成死去（享年82）。	10・31中央教育審議会「期待される人間像」を答申。
四二	一九六七	83	5・27中央教育審議会委員を退任。	
四三	一九六八	84	国立教育会館館長を辞職。10月『カント哲学の精神』を学藝書房から刊行。	
四四	一九六九	85	5・30天野、獨協大学学長辞任を表明、6・4理事会にて獨協大学学長の辞任を承認。12・9高坂正顕死去（享年69）。	1・19東大安田講堂封鎖解除。8・7「大学の運営に関する臨時措置法」成立。
四五	一九七〇	86	4・1獨協学園長に就任。9月『天野貞祐全集』（全9巻）を栗田出版会から刊行開始（～１９７２年）獨協中学校・高等学校の名誉校長となる。	
四六	一九七一	87	3月ＮＨＫ放送文化賞を受賞。5月、自由学園創立五十周年式典で理事長として挨拶。9・30旧制一高の卒業生による「米寿を祝う会」開催（パレスホテル）。	6・11中央教育審議会「今後における学校教育の総合的な拡充整備のための基本的施策について」を答申（四六答申）。
四七	一九七二	88	5月『今の世を生きぬく力』をポプラ社より刊行。	
四八	一九七三	89	勲一等旭日大綬章を受章。野球殿堂（特別表彰）入り。	
四九	一九七四	90	2月『教育五十年』を南窓社より刊行。竹中育英会顧問に就任。日本連合教育会名誉会長に就任。	

五二	一九七七	92	12・14日高第四郎死去（享年81）。
五四	一九七九	94	3月妻のタマとともにカトリックに入信。9月『わが人生』を自由学園出版部より刊行。
五五	一九八〇	95	3・6東京都武蔵野市吉祥寺の自邸にて老衰により死去（享年95）。3・7カトリック吉祥寺教会で密葬。3・25獨協中学校・高等学校でお別れ会。東京カテドラル聖マリア大聖堂にて獨協学園葬。5・17自由学園で追悼式。従二位、銀杯下賜。

人名索引

あ　行

か　行

さ　行

た　行

な　行

は　行

ま　行

や　行

事項索引

さ　行

た　行

な　行

は　行

ま　行

や　行

ら　行

わ　行

《著者紹介》

貝塚茂樹（かいづか・しげき）

1963年 茨城県生まれ。
筑波大学大学院博士課程教育学研究科単位取得退学。筑波大学博士（教育学）。

現 在 武蔵野大学教授。放送大学客員教授。

著 書 『戦後教育改革と道徳教育問題』日本図書センター，2001年。

『道徳教育の教科書』学術出版会，2009年。

『教えることのすすめ――教師・道徳・愛国心』明治図書，2010年。

『戦後道徳教育の再考――天野貞祐とその時代』文化書房博文社，2013年。

『道徳の教科化――「戦後70年」の対立を超えて』文化書房博文社，2015年。

『教育における「政治的中立」の誕生――「教育二法」成立過程の研究』共著，ミネルヴァ書房，2011年。

『日本の教育文化史を学ぶ――時代・生活・学校』共著，ミネルヴァ書房，2014年。

ミネルヴァ日本評伝選

天《あま》野《の》貞《てい》祐《ゆう》

――道理を信じ，道理に生きる――

2017年4月10日 初版第1刷発行 〈検印省略〉

定価はカバーに
表示しています

著 者 貝 塚 茂 樹
発行者 杉 田 啓 三
印刷者 江 戸 孝 典

発行所 株式会社 ミネルヴァ書房
607-8494 京都市山科区日ノ岡堤谷町1
電話代表（075）581-5191
振替口座 01020-0-8076

共同印刷工業・新生製本

ISBN978-4-623-08030-4

Printed in Japan

刊行のことば

歴史を動かすものは人間であり、興趣に富んだ人間の動きを通じて、世の移り変わりを考えるのは、歴史に接する醍醐味である。

しかし過去の歴史学を顧みるとき、人間不在という批判さえ見られたように、歴史における人間のすがたが、必ずしも十分に描かれてきたとはいえない。二十一世紀を迎えた今、歴史の中の人物像を蘇生させようとの要請はいよいよ強く、またそのための条件もしだいに熟してきている。

この「ミネルヴァ日本評伝選」は、正確な史実に基づいて書かれるのはいうまでもないが、単に経歴の羅列にとどまらず、歴史を動かしてきたすぐれた個性をいきいきとよみがえらせたいと考える。そのためには、対象とした人物とじっくりと対話し、ときにはきびしく対決していくことも必要になるだろう。

今日の歴史学が直面している困難の一つに、研究の過度の細分化、瑣末化が挙げられる。それは緻密さを求めるが故に陥った弊害といえるが、その結果として、歴史の大きな見通しが失われ、歴史学を通しての社会への働きかけの途が閉ざされ、人々の歴史への関心を弱める危険性がある。今こそ歴史が何のためにあるのかという、基本的な課題に応える必要があろう。評伝という興味ある方法を通じて、解決の手がかりを見出せないだろうかというのも、この企画の一つのねらいである。

狭義の歴史学の研究者だけでなく、多くの分野ですぐれた業績をあげている著者たちを迎えて、従来見られなかった規模の大きな人物史の叢書として、「ミネルヴァ日本評伝選」の刊行を開始したい。

平成十五年（二〇〇三）九月

ミネルヴァ書房

ミネルヴァ日本評伝選

企画推薦
梅原　猛
ドナルド・キーン
佐伯彰一
角田文衞

監修委員
上横手雅敬
芳賀　徹

編集委員
石川九楊
伊藤之雄
猪木武徳
今谷　明
今橋映子
熊倉功夫
佐伯順子
坂本多加雄
武田佐知子
竹西寛子
西口順子
兵藤裕己
御厨　貴

上代

*俾弥呼　古田武彦
日本武尊　西宮秀紀
*仁徳天皇　若井敏明
雄略天皇　吉村武彦
継体天皇　若井敏明
*蘇我氏四代　遠山美都男
推古天皇　義江明子
聖徳太子　仁藤敦史
斉明天皇　武田佐知子
小野妹子・毛人　大橋信弥
*額田王　梶川信行
弘文天皇　遠山美都男
天武天皇　新川登亀男
持統天皇　丸山裕美子
阿倍比羅夫　熊田亮介
*藤原四子　木本好信
*柿本人麿　古橋信孝
*元明天皇・元正天皇　渡部育子
聖武天皇　本郷真紹
光明皇后　寺崎保広
*孝謙・称徳天皇　勝浦令子
藤原不比等　荒木敏夫
橘諸兄・奈良麻呂　遠山美都男
吉備真備　今津勝紀
*藤原仲麻呂　木本好信
道鏡　吉川真司
*藤原種継　木本好信
大伴家持　和田　萃
*行　基　吉田靖雄

平安

*桓武天皇　井上満郎
嵯峨天皇　西別府元日
宇多天皇　古藤真平
醍醐天皇　石上英一
村上天皇　京樂真帆子
花山天皇　上島　享
*三条天皇　倉本一宏
藤原薬子　中野渡俊治
*藤原良房・基経　瀧浪貞子
菅原道真　竹居明男
*紀貫之　神田龍身
源高明　所　功
*安倍晴明　斎藤英喜
藤原実資　橋本義則
*藤原道長　朧谷　寿
*藤原伊周・隆家　倉本一宏
藤原定子　山本淳子
清少納言　三田村雅子
紫式部　竹西寛子
和泉式部　ツベタナ・クリステワ
大江匡房　小峯和明
*阿弖流為　樋口知志
坂上田村麻呂　熊谷公男
*源満仲・頼光　元木泰雄
平将門　西山良平
藤原純友　寺内　浩
最　澄　吉田一彦
円　珍　岡野浩二
*空　也　石井義長
奝　然　上川通夫
*源　信　小原　仁
慶滋保胤　吉原浩人
*後白河天皇　美川　圭
式子内親王　奥野陽子
建礼門院　生形貴重
*藤原秀衡　入間田宣夫
平時子・時忠　元木泰雄
平維盛　根井　浄
守覚法親王　阿部泰郎
藤原隆信・信実　山本陽子

鎌倉

源頼朝　川合　康
*源義経　近藤好和
源実朝　神田龍身
*九条兼実　加納重文
九条道家　上横手雅敬
北条時政　野口　実
熊谷直実　佐伯真一
*北条政子　関　幸彦
北条義時　岡田清一
曾我十郎・五郎　杉橋隆夫
北条時頼　山本隆志
北条時宗　近藤成一
安達泰盛　山陰加春夫
平頼綱　細川重男
竹崎季長　堀本一繁
西　行　光田和伸
鴨長明　浅見和彦
藤原定家　赤瀬信吾
*京極為兼　今谷　明
*兼　好　島内裕子
重　源　横内裕人
*運　慶　根立研介
快　慶　井上一稔
法　然　今堀太逸
慈　円　大隅和雄
明　恵　西山　厚
*親　鸞　末木文美士

恵信尼・覚信尼　西口順子
覚如　今井雅晴
*道元　船岡　誠
叡尊　細川涼一
*忍性　松尾剛次
*日蓮　佐藤弘夫
一遍　蒲池勢至
夢窓疎石　原田正俊
*宗峰妙超　竹貫元勝

南北朝・室町

後醍醐天皇　上横手雅敬
*護良親王　新井孝重
*赤松氏五代　渡邊大門
*北畠親房　岡野友彦
楠正成　兵藤裕己
*新田義貞　山本隆志
*光厳天皇　深津睦夫
足利尊氏　市沢　哲
*足利直義　亀田俊和
佐々木道誉　下坂　守
円観・文観　田中貴子
足利義詮　早島大祐
足利義満　川嶋将生
足利義持　吉田賢司
足利義教　横井　清
*大内義弘　平瀬直樹
伏見宮貞成親王　松薗　斉
*山名宗全　山本隆志
細川勝元・政元　古野　貢
足利成氏　阿部能久
世阿弥　西野春雄
雪舟等楊　河合正朝
宗祇　鶴崎裕雄
*満済　森　茂暁
一休宗純　原田正俊
蓮如　岡村喜史

戦国・織豊

北条早雲　家永遵嗣
北条氏政　黒田基樹
大内義隆　藤井　崇
斎藤氏三代　木下　聡
*毛利元就　岸田裕之
*毛利輝元　光成準治
*今川義元　小和田哲男
六角氏五代　村井祐樹
*武田信玄　笹本正治
*武田勝頼　笹本正治
*真田氏三代　笹本正治
*三好長慶　天野忠幸
*宇喜多直家・秀家　渡邊大門
*上杉謙信　矢田俊文
島津義久・義弘　福島金治
*長宗我部元親・盛親　平井上総
吉田兼倶　西山　克
山科言継　松薗　斉
*雪村周継　赤澤英二
正親町天皇・後陽成天皇　神田裕理
足利義輝・義昭　山田康弘
織田信長　三鬼清一郎
豊臣秀吉　藤井讓治
*北政所おね　田端泰子
*淀殿　福田千鶴
前田利家　東四柳史明
*黒田如水　小和田哲男
*蒲生氏郷　藤田達生
*細川ガラシャ　田端泰子
伊達政宗　伊藤喜良
*支倉常長　田中英道
*長谷川等伯　宮島新一
顕如　神田千里
教如　安藤　弥

江戸

*徳川家康　笠谷和比古
*徳川家光　野村　玄
徳川吉宗　横田冬彦
*後水尾天皇　久保貴子
光格天皇　藤田　覚
崇伝　杣田善雄
*春日局　福田千鶴
宮本武蔵　渡邊大門
*池田光政　倉地克直
保科正之　八木清治
シャクシャイン　岩崎奈緒子
*田沼意次　藤田　覚
*二宮尊徳　小林惟司
末次平蔵　岡美穂子
*高田屋嘉兵衛　生田美智子
*林羅山　鈴木健一
吉野太夫　渡辺憲司
中江藤樹　辻本雅史
*山崎闇斎　澤井啓一
山鹿素行　前田　勉
*北村季吟　島内景二
伊藤仁斎　澤井啓一
貝原益軒　辻本雅史
松尾芭蕉　楠元六男
*ケンペル　B・M・ボダルト＝ベイリー
新井白石　大川　真
荻生徂徠　柴田　純
*雨森芳洲　上田正昭
石田梅岩　高野秀晴
白隠慧鶴　芳澤勝弘
前野良沢　松田　清
平賀源内　石上　敏
本居宣長　田尻祐一郎
杉田玄白　吉田　忠
木村蒹葭堂　有坂道子
*大田南畝　沓掛良彦
菅江真澄　赤坂憲雄
*鶴屋南北　諏訪春雄
良寛　阿部龍一
*山東京伝　佐藤至子
*滝沢馬琴　高田　衛
平田篤胤　山下久夫
国友一貫斎　太田浩司
シーボルト　宮坂正英
本阿弥光悦　岡　佳子
小堀遠州　中村利則
狩野探幽・山雪　山下善也
尾形光琳・乾山　河野元昭
*二代目市川團十郎　田口章子
伊藤若冲　狩野博幸
鈴木春信　小林　忠
*佐竹曙山　成瀬不二雄
葛飾北斎　岸　文和
酒井抱一　玉蟲敏子
孝明天皇　青山忠正
*和宮　辻ミチ子
徳川慶喜　大庭邦彦
島津斉彬　原口　泉
横井小楠　沖田行司
*古賀謹一郎　小野寺龍太
*永井尚志　高村直助
岩瀬忠震　小野寺龍太
*栗本鋤雲　小野寺龍太

大村益次郎　竹本知行
河合継之助　小川和也
西郷隆盛　家近良樹
＊塚本明毅　塚本学
＊月性　海原徹
＊吉田松陰　海原徹
＊高杉晋作　海原徹
久坂玄瑞　一坂太郎
ペリー　遠藤泰生
ハリス　福岡万里子
オールコック　佐野真由子
アーネスト・サトウ　奈良岡聰智
緒方洪庵　米田該典

近代

＊明治天皇　伊藤之雄
＊大正天皇　F・R・ディキンソン
＊昭憲皇太后・貞明皇后　小田部雄次
大久保利通　三谷太一郎
山県有朋　鳥海靖
木戸孝允　落合弘樹
井上馨　伊藤之雄
＊松方正義　室山義正
北垣国道　小林丈広
板垣退助　小川原正道
長与専斎　笠原英彦

大隈重信　五百旗頭薫
伊藤博文　坂本一登
井上毅　大石眞
＊井上勝　老川慶喜
＊桂太郎　小林道彦
＊渡邉洪基　瀧井一博
＊乃木希典　佐々木英昭
星亨　小林道彦
林董　奈良岡聰智
＊児玉源太郎　小林道彦
＊高宗・閔妃　木村幹
山本権兵衛　室山義正
＊金子堅太郎　松村正義
高橋是清　鈴木俊夫
小村寿太郎　簑原俊洋
＊犬養毅　小林惟司
＊加藤高明　櫻井良樹
牧野伸顕　小宮一夫
田中義一　黒沢文貴
内田康哉　高橋勝浩
石井菊次郎　廣部泉
平沼騏一郎　堀田慎一郎
＊鈴木貫太郎　小堀桂一郎
宇垣一成　北岡伸一
＊宮崎滔天　榎本泰子
＊浜口雄幸　川田稔
幣原喜重郎　西田敏宏
関一　玉井金五
水野広徳　片山慶隆

広田弘毅　井上寿一
安重根　上垣外憲一
＊グルー　廣部泉
＊永田鉄山　森靖夫
東條英機　牛村圭
今村均　前田雅之
蔣介石　劉岸偉
石原莞爾　山室信一
木戸幸一　波多野澄雄
＊岩崎弥太郎　武田晴人
伊藤忠兵衛　末永國紀
五代友厚　田付茉莉子
大倉喜八郎　村上勝彦
＊安田善次郎　由井常彦
渋沢栄一　武田晴人
益田孝　鈴木邦夫
山辺丈夫　宮本又郎
武藤山治　阿部武司・桑原哲也
池田成彬　松浦正孝
西原亀三　森川正則
小林一三　橋爪紳也
大倉恒吉　石川健次郎
大原孫三郎　猪木武徳
＊河竹黙阿弥　今尾哲也
イザベラ・バード　加納孝代
＊林忠正　木々康子
＊森鷗外　小堀桂一郎
＊二葉亭四迷　ヨコタ村上孝之

＊夏目漱石　佐々木英昭
徳冨蘆花　半藤英明
巌谷小波　千葉信胤
樋口一葉　佐伯順子
＊島崎藤村　十川信介
泉鏡花　東郷克美
上田敏　小林茂
＊有島武郎　亀井俊介
永井荷風　川本三郎
北原白秋　平石典子
菊池寛　山本芳明
芥川龍之介　高橋龍夫
＊宮沢賢治　千葉一幹
高浜虚子　坪内稔典
与謝野晶子　佐伯順子
＊種田山頭火　村上護
＊斎藤茂吉　品田悦一
＊高村光太郎　湯原かの子
石川啄木　先崎彰容
萩原朔太郎　エリス俊子
＊原阿佐緒　秋山佐和子
＊狩野芳崖・高橋由一　古田亮
＊小堀鞆音　小堀桂一郎
竹内栖鳳　北澤憲昭
黒田清輝　高階秀爾
中村不折　石川九楊
横山大観　高階秀爾
＊橋本関雪　西原大輔

小出楢重　芳賀徹
土田麦僊　天野一夫
岸田劉生　北澤憲昭
＊山田耕筰　後藤暢子
松旭斎天勝　川添裕
中山みき　鎌田東二
佐田介石　谷川穣
＊ニコライ　中村健之介
出口なお・王仁三郎　川村邦光
島地黙雷　阪本是丸
＊新島襄　太田雄三
新島八重　佐伯順子
木下広次　冨岡勝
海老名弾正　西田毅
嘉納治五郎　クリストファー・スピルマン
柏木義円　片野真佐子
津田梅子　田中智子
＊澤柳政太郎　新田義之
河口慧海　高山龍三
山室軍平　室田保夫
大谷光瑞　白須淨眞
＊久米邦武　髙田誠二
フェノロサ　伊藤豊
井上哲次郎　井ノ口哲也
三宅雪嶺　長妻三佐雄
＊岡倉天心　木下長宏
志賀重昂　中野目徹
徳富蘇峰　杉原志啓

*竹越与三郎 西田 毅
内藤湖南・桑原隲蔵 礪波 護
*廣池千九郎 橋本富太郎
岩村 透 今橋映子
*西田幾多郎 大橋良介
*金沢庄三郎 石川遼子
柳田国男 鶴見太郎
厨川白村 張 競
*天野貞祐 貝塚茂樹
大川周明 山内昌之
西田直二郎 林 淳
折口信夫 斎藤英喜
シュタイン 瀧井一博
*西 周 清水多吉
*福澤諭吉 平山 洋
成島柳北 山田俊治
福地桜痴 山田俊治
島田三郎 武藤秀太郎
田口卯吉 鈴木栄樹
*陸 羯南 松田宏一郎
黒岩涙香 奥 武則
長谷川如是閑 織田健志
*吉野作造 田澤晴子
山川 均 米原 謙
*岩波茂雄 十重田裕一
*北 一輝 岡本幸治
*穂積重遠 大村敦志
中野正剛 吉田則昭
*満川亀太郎 福家崇洋
エドモンド・モレル 林田治男
*北里柴三郎 福田眞人
高峰譲吉 木村昌人
田辺朔郎 秋元せき
*南方熊楠 飯倉照平
石原 純 金子 務
*辰野金吾 河上眞理・清水重敦
*七代目小川治兵衛 尼崎博正
ブルーノ・タウト 北村昌史

現代

昭和天皇 御厨 貴
高松宮宣仁親王 後藤致人
*李方子 小田部雄次
吉田 茂 中西 寛
マッカーサー 柴山 太
石橋湛山 増田 弘
重光 葵 武田知己
市川房枝 村井良太
*池田勇人 藤井信幸
高野 実 篠田 徹
和田博雄 庄司俊作
朴正熙 木村 幹
田中角栄 新川敏光
竹下 登 真渕 勝
*松永安左エ門 橘川武郎
鮎川義介 井口治夫
*出光佐三 橘川武郎
松下幸之助 米倉誠一郎
渋沢敬三 井上 潤
*本田宗一郎 伊丹敬之
井深 大 武田 徹
*佐治敬三 小玉 武
幸田家の人々 金井景子
*正宗白鳥 大嶋 仁
大佛次郎 福島行一
*川端康成 大久保喬樹
*薩摩治郎八 小林 茂
坂口安吾 千葉一幹
太宰 治 安藤 宏
松本清張 杉原志啓
安部公房 鳥羽耕史
*三島由紀夫 島内景二
井上ひさし 成田龍一
R・H・ブライス 菅原克也
柳 宗悦 熊倉功夫
バーナード・リーチ 鈴木禎宏
イサム・ノグチ 酒井忠康
熊谷守一 古川秀昭
川端龍子 岡部昌幸
藤田嗣治 林 洋子
*井上有一 海上雅臣
*手塚治虫 竹内オサム
古賀政男 藍川由美
*吉田 正 金子 勇
武満 徹 船山 隆
*八代目坂東三津五郎 田口章子
*力道山 岡村正史
*西田天香 宮田昌明
安倍能成 中根隆行
サンソム夫妻 平川祐弘・牧野陽子
和辻哲郎 小坂国継
矢代幸雄 稲賀繁美
石田幹之助 岡本さえ
*平泉 澄 若井敏明
*早川孝太郎 須藤 功
安岡正篤 片山杜秀
島田謹二 小林信行
田中美知太郎 川久保剛
前嶋信次 杉田英明
唐木順三 澤村修治
保田與重郎 谷崎昭男
*福田恆存 川久保剛
井筒俊彦 安藤礼二
佐々木惣一 伊藤孝夫
小泉信三 都倉武之
*瀧川幸辰 伊藤孝夫
矢内原忠雄 等松春夫
式場隆三郎 服部 正
*フランク・ロイド・ライト 大久保美春
*中谷宇吉郎 杉山滋郎
大宅壮一 有馬 学
今西錦司 山極寿一
清水幾太郎 庄司武史

*は既刊

二〇一七年四月現在